中国区际刑事警务合作

荆长岭　易志华　郭　睿　著

中国人民公安大学出版社
·北京·

图书在版编目（CIP）数据

中国区际刑事警务合作/荆长岭，易志华，郭睿著.—北京：中国人民公安大学出版社，2016.9
ISBN 978-7-5653-2704-9

Ⅰ.①中… Ⅱ.①荆…②易…③郭… Ⅲ.①公安工作—研究—中国 Ⅳ.①D631

中国版本图书馆CIP数据核字（2016）第211421号

中国区际刑事警务合作
荆长岭　易志华　郭　睿　著

出版发行：	中国人民公安大学出版社
地　　址：	北京市西城区木樨地南里
邮政编码：	100038
经　　销：	新华书店
印　　刷：	北京普瑞德印刷厂
版　　次：	2016年9月第1版
印　　次：	2016年9月第1次
印　　张：	11.375
开　　本：	880毫米×1230毫米　1/32
字　　数：	265千字
书　　号：	ISBN 978-7-5653-2704-9
定　　价：	40.00元
网　　址：	www.cppsup.com.cn　www.porclub.com.cn
电子邮箱：	zbs@cppsup.com　zbs@cppsu.edu.cn

营销中心电话：010-83903254
读者服务部电话（门市）：010-83903257
警官读者俱乐部电话（网购、邮购）：010-83903253
公安综合分社电话：010-83901870

本社图书出现印装质量问题，由本社负责退换
版权所有　侵权必究

前　言

本书是广东省高校哲学社会科学课题——"全球化时代的国际与区际刑事警务合作"成果的第二部分，主要针对"一国两制"框架下的中国区际刑事警务合作进行了系统的研究，也是课题成果第一部分——《全球化时代的国际刑事警务合作》的姊妹篇。笔者历经10余年耕耘，终于成书出版，与读者见面。

与国际警务合作一样，"一国两制"框架下中国的区际警务合作也分为区际刑事警务合作、区际行政警务合作、区际安保警务合作、区际服务警务合作四个方面。比较而言，我国内地（大陆）对区际刑事警务合作的理论研究有发端早、空间大、底蕴深、成果丰的特点，但尚未形成较为完整、成熟的理论体系。

本书以尝试建构"一国两制"框架下的中国区际刑事警务合作系统理论为宗旨，以"一国两制"框架下中国的"跨法区犯罪"概念为起点，论述了区际刑事警务合作的概念、特征、范围、理论基础、基本原则和联络途径，并在此基础上探讨了区际侦查管辖、区际协查、区际紧急堵截、区际追逃、区际追缴犯罪收益、区际控制下交付等具体业务的开展。最后，提出了我国"一国两制"框架下区际多边刑事警务合作机制的构想。

本书与之前许多理论成果显著不同的地方有以下几点：一是使用了"跨法区犯罪"这一概念，并通过与"跨境犯罪"、"跨法域犯罪"概念的比较，对该概念做了较为详尽的论述。二是提出了跨法区犯罪适用"范围制双重犯罪"的原则，论述了适用该原则的法理依据和实践依据。三是将国际法中的"控制下交付"这一侦查措施引入中国区际侦查合作中，论述了区际控制下交付的实施条件和策略。四是前瞻性地提出了区际多边刑事警务合作新机制，论述了其实施的步骤和途径。除此之外，在全书十二章的每一章中也都提出了一些新的观点和看法。

在课题研究进行过程中，我们得到了著名法学家、广东省人大常委会内务委员会委员、广东省政府参事、广州市政府参事、广东财经大学马进保教授的精心指导和帮助。马进保教授在百忙之中，不仅提供了有关资料，而且还对课题研究提出了自己的一些观点和意见。在此，我们对马进保教授表示衷心感谢。

本书稿在广东警官学院校内虽然作为教材使用并多次修改，但由于笔者水平有限，错误甚至谬误之处在所难免，我们真诚欢迎读者对本书内容提出宝贵意见和批评。

著 者
2016 年 8 月 31 日

目 录

第一编 总 论

第一章 "一国两制"框架下中国的跨法区犯罪概述 …… (3)
 第一节 跨法区犯罪的概念 ………………………… (3)
 第二节 跨法区犯罪的基本特征 …………………… (13)
 第三节 跨法区犯罪的分类 ………………………… (27)
 第四节 跨法区犯罪的突出表现及其原因 ………… (38)

第二章 区际刑事警务合作概念解析 ………………… (48)
 第一节 区际刑事警务合作的内涵和类型 ………… (48)
 第二节 区际与国际刑事警务合作的异同 ………… (54)
 第三节 区际刑事警务合作与相关概念的异同 …… (59)
 第四节 区际刑事警务合作的特性和特点 ………… (69)

第三章 中国区际刑事警务合作的渊源 ……………… (77)
 第一节 中国区际刑事警务合作的中华渊源 ……… (77)
 第二节 中国区际刑事警务合作的政治渊源 ……… (80)
 第三节 中国区际刑事警务合作的法律渊源 ……… (83)

第四章　区际刑事警务合作的基本原则 ……………………（ 92 ）
第一节　基本原则的学理分析 ………………………………（ 92 ）
第二节　区际刑事警务合作的价值原则 ……………………（ 99 ）
第三节　区际刑事警务合作的协商原则 ……………………（104）
第四节　区际刑事警务合作的行动原则 ……………………（119）

第五章　区际刑事警务合作的范围和途径 ………………（126）
第一节　区际刑事警务合作的范围 …………………………（126）
第二节　区际刑事警务合作的途径 …………………………（136）
第三节　区际刑事警务合作的程序 …………………………（146）

第六章　区际侦查管辖冲突与解决 ………………………（151）
第一节　区际侦查管辖及其冲突 ……………………………（151）
第二节　各法区的刑事管辖权和侦查管辖制度 ……………（161）
第三节　解决区际侦查管辖冲突的原则 ……………………（169）

第二编　分　　论

第七章　区际交流情报信息和送达 ………………………（179）
第一节　区际交流情报和信息 ………………………………（179）
第二节　委托送达刑事诉讼文书 ……………………………（185）

第八章　区际委托调查取证 …………………………………（200）
第一节　刑事证据与举证及证明责任 ………………………（200）
第二节　委托调查收集人证材料 ……………………………（209）
第三节　委托调取物证、书证和视听资料 …………………（214）

第九章 区际协查与即行追堵 (218)

第一节 区际协查的概念 (218)

第二节 区际协查案件的种类 (222)

第三节 区际协查的对象和内容 (225)

第四节 区际协查方略 (231)

第五节 边防巡查与即行追堵 (234)

第十章 区际追逃与追缴犯罪所得 (240)

第一节 区际追捕逃犯 (241)

第二节 区际移交逃犯 (247)

第三节 区际追缴犯罪所得 (258)

第三编 展　望

第十一章 区际控制下交付 (267)

第一节 控制下交付的概念和实践意义 (267)

第二节 控制下交付的应用特征 (275)

第三节 控制下交付的实施条件和策略 (283)

第四节 区际控制下交付的实施 (288)

第十二章 区际多边刑事警务合作新机制 (302)

第一节 共建区际多边综合协商协调机制 (302)

第二节 共建刑事司法资源共享制度 (307)

第三节 共建特殊侦查手段使用制度 (310)

第四节 共建新的区际追逃制度 (315)

第五节 共建区际多边刑事警务合作机制的路径 (326)

第四编　附　录

公安部关于对《关于港澳台人员刑事拘留或逮捕后
　　家属通知书如何送达的请示》的批复 …………………（337）
公安部关于加强对内地公安机关赴港澳调查取证工作
　　管理的通知 ……………………………………………（338）
公安部　国务院台湾事务办公室关于协调处理涉台
　　重大刑事案件的通知 …………………………………（341）
公安部关于实施大陆与台湾双向遣返工作的通知 …………（343）
海峡两岸红十字组织在金门商谈达成有关海上遣返协议 …（347）
海峡两岸共同打击犯罪及司法互助协议 ……………………（349）

参考文献 ………………………………………………………（355）

第一编 总 论

第一编 总 论

第一章 "一国两制"框架下中国的跨法区犯罪概述

国际刑事警务合作理论和实践的客体是国际性犯罪,具体指国际犯罪、跨国犯罪、非跨国涉外犯罪三种,以跨国犯罪为主。而中国区际刑事警务合作理论和实践的客体是"一国两制"框架下中国的区际互涉犯罪,具体指跨法区犯罪、非跨法区互涉犯罪两种,以跨法区犯罪为主。为给以后各章建构中国区际刑事警务合作理论奠定基础,本章阐述跨法区犯罪的概念、特征、分类和发展变化的原因。

第一节 跨法区犯罪的概念

如何称谓和界定"一国两制"框架下,跨越中国内地(大陆)与香港、澳门、台湾的犯罪,理论界已有多个学术术语。其中具有代表性的有三个:跨境犯罪、跨法域犯罪和跨法区犯罪。本节在分析和比较三个术语语义和内涵的过程中,确立跨法区犯罪在本书概念体系中的基础和核心地位。

一、跨境犯罪语义和内涵分析

(一)跨境犯罪的各种观点

关于跨境犯罪,在中国内地现有论著中主要有四种观点:

中国区际刑事警务合作

第一,跨国、跨境等同说。有学者将跨国犯罪称为跨境犯罪①,甚至还有学者使用了"跨境(国)犯罪"这一术语。后者认为:按照论证犯罪学的观点,当犯罪行为和犯罪结果或犯罪交易,发生在两个以上地区或国家即两个不同法域,并违反了它们的法律时,该犯罪就通称跨境或跨国犯罪。②

第二,跨越边境说。其中又分为"特指边境说"和"法域边境说"两种。持"特指边境说"的学者认为:跨境犯罪中的"境"应包括国境与边境,"国境"是指一个国家行使主权的领土范围,"边境"则一般是指由于历史等因素形成的主权国家内部的特殊边界,在中国特指内地(大陆)与港、澳、台地区之间地域界限。跨境犯罪包括跨国犯罪,是跨国犯罪的上位概念。③ 为进一步说明"境"的含义,有学者指出:跨境犯罪是指犯罪的行为事实带有跨境因素的犯罪。这里的"境",指大陆和台、港、澳之间的边境,而不包括台、港、澳之间的边境。④ 持"法域边境说"的学者认为:当某一犯罪行为从策划、实施到危害结果的发生、犯罪分子的逃匿等整个过程跨越两个以上法域的边境时,此类犯罪就被称为跨境犯罪。⑤

---

① 梁道冲等:《云南跨境犯罪研究》,载《湖北公安高等专科学校学报》2000年第2期。
② 周密:《论跨境犯罪及其控制策略》,载《江苏公安专科学校学报》2000年第4期。
③ 康均心、王文波:《现状·趋势·对策——谈经济全球化与我国的跨境犯罪》,载《贵州警官职业学院学报》2003年第4期。
④ 杨方泉:《大陆和台、港、澳合作打击跨境犯罪对策之论证》,载《政法学刊》1994年第4期。
⑤ 康均心、王文波:《现状·趋势·对策——谈经济全球化与我国的跨境犯罪》,载《贵州警官职业学院学报》2003年第4期。

第三，跨越法域说。持该观点的学者认为：在香港、澳门回归祖国之后，中国实际上已形成了"一国两制三法系四法域"的局面，即在统一的中国主权下，内地（大陆）实行社会主义制度，港澳台保持其原有的资本主义制度；内地（大陆）法律属于社会主义法系，香港法律属于英美法系，而澳门、台湾法律则属于大陆法系，而且内地（大陆）、香港、澳门、台湾早已形成了各自独立的法域，因此我国已成为一个复杂、特殊的多法域国家。以此推论，所谓跨境犯罪，即"犯罪行为的准备、实行或犯罪结果跨越了一国内两个或两个以上法域，使得两个或两个以上不同法域的法院都可以依照各自的法律对其进行刑事处罚"①。又如，犯罪主体、犯罪行为或结果跨越了一国内不同的法域，使得不同的法域依照各自法律规定可以对其进行刑事处罚的，称为跨境犯罪。②

第四，跨越地域说。持该观点的学者将内地（大陆）与港、澳、台地区之间跨越地域界线的犯罪称为跨境犯罪。③

据上可见，对"境"的不同理解和界定，直接关涉跨境犯罪的语义界定和内涵确立。

（二）"境"的内涵与外延

现代汉语中的"境"有两方面的含义：一是地理意义之"境"，即汉语词典释义中的"疆界、边界"和"地方、地域、区域、疆域"。"疆界、边界"即线状之"境"；"地方、地域、区

---

① 赵秉志等：《跨国跨地区犯罪的惩治与防范》，中国方正出版社1996年版，第3～4页。
② 李娜：《论跨境犯罪的特征及发展趋势》，载《广西大学学报（哲学社会科学版）》2002年第3期。
③ 任克勤、陈秀云：《改革开放前沿的跨境犯罪问题研究》，载《中国人民公安大学学报》1997年第5期。

域、疆域"即面状之"境"。二是非地理意义之"境",即汉语词典释义中的"境况、境地、境界、境遇"等。非地理意义之"境"与跨境犯罪无关。地理意义之"境"虽与跨境犯罪相关,但需作进一步解释。

自古以来,国家和地方政治实体就存在地理之"境",因而地理之"境"也就有国家之"境"、地方之"境"两层含义。自面状"国境"(领土范围)具有主权属性以来,国家便越来越严格地按照面状"国境"来划定自己的主权范围。但由于面状"国境"是以线状"国境"(国境线)为依据划定的,因而线状"国境"(国境线)决定着一个国家主权的边界和范围,并可在此基础上进一步划分国家内部不同行政区域的治权边界和范围。

中国的地理之"境",其外延更具多样性。它既可指称中国的主权边界和范围——主权之"境",也可指称中国内地(大陆)各省、市、县的治权边界和范围——同质治权区之"境",还可以指称"一国两制"体制下中国内地(大陆)、香港、澳门、台湾四个行政区域之间的治权边界和范围——异质治权之"境"。

(三)跨境犯罪各种观点的语义与内涵分析

就上述"跨境犯罪"的各种观点而言,"跨国、跨境等同说"的定义项并不包含"境"这一意素,因而导致定义项与被定义项无逻辑关联,即跨境犯罪中的"境"与定义中的"法域"错位,"境"未被释义。"跨越边境说"中的"特指边境说"虽指出"这里的'境'是大陆和台、港、澳之间的边境",但因其未厘清用于论证"境"之内涵的"国境"与"边境"的层次逻辑,从而导致"国境"与"边境"关系混乱,使其立论难以成立。"法域边境说"将跨境犯罪中的"境"释义为"两个以上法域的边境",但因为"法域"具有多种含义，而使"法域的边境"也同样具有多种含义（在下文中详细阐述），进而使跨境犯罪这一术语继续陷入语义歧义泥潭和交流障碍之中。"跨越地域说"将"内地（大陆）与港、澳、台地区之间跨越地域界线的犯罪称为跨境犯罪"在逻辑上虽可成立，但其不乏"帽大头小"之嫌。因为他人也可将"跨越国家地域界线的犯罪称为跨境犯罪"。

从上可见，地理意义之"境"虽与跨境犯罪相关，但地理之"境"的含义与跨境犯罪之"境"的含义并不相同。地理之"境"的含义大于跨境犯罪之"境"的含义，从而导致跨境犯罪这一术语歧义丛生，内涵混乱，且与跨国犯罪等概念交叉，难以形成科学严密的概念。

二、跨法域犯罪的语义和内涵分析

鉴于跨境犯罪存在的上述问题，有学者使用了"跨法域（刑事）犯罪"这一术语。[①] 他们虽未对其作出明确定义，但从法域的指称性来看，跨法域犯罪的语义也是歧义的，因而其也存在内涵不清和可替代性。

关于法域，学术界通常认为，是指享有相对独立的立法权和司法权，并具有自己独立法律制度的特定地域。[②] 根据该定义，法域具有两个特点：第一，法域具有地域区分意义，即法域也属于地理空间上的划分；第二，法域具有独特的法律制度。该概念体

[①] 吕岩峰：《论中国跨法域刑事犯罪的管辖权冲突及其解决》，载《湖南社会科学》2000年第5期。冯树梁：《关于跨法域刑事司法协助的思考》，载《江苏公安专科学校学报》2000年第1期。

[②] 赵相林：《国际私法》，中国政法大学出版社2002年版。陈晖：《中国区际刑事司法协助概念的研讨》，载《求索》2006年第2期。

中国区际刑事警务合作

现了法域可以作为一种法律制度的实施区域,也可以作为一个法律体系的效力所及的范围。① 中国的复合法域比较有特色,新中国成立后近半个世纪里,中国一直是单一法域。但随着香港、澳门的回归,中国由单一法域向复合法域转变。香港和澳门特别行政区的政制架构、经济制度、立法体制、法律构成均保持其特有的形式和内涵,形成与内地截然不同的法律特征。两岸未来的统一,一个中华人民共和国主权范围内,我国将形成四个具备不同法律制度的平行法域,并得到中国宪法、国际条约和港澳基本法(包括将来的台湾地区基本法)的确认。②

然而,在国际上,法域的地理空间意义并不仅限于国家内部。英国《2003 年引渡法》将引渡合作伙伴划分为"第一类法域"和"第二类法域"。这里所说的"法域"不仅是指主权国家,而且还包括某些不具有主权地位的地区。例如,该法将我国的香港特别行政区列为"第二类法域"③。可见,法域既可指称"国家法域",也可指称"地区法域";进而,"法域的边境"既可指称"国家法域的边境",也可指称"地区法域的边境"。

另外,还有学者主张应从广义上去理解法域这一概念,而不应拘泥于其空间范围。国际法专家黄进教授指出:"法域为特定的范围。这个特定的范围既可能是空间范围,又可能是成员范围,还可能是时间范围。正是基于此,法域有属地性法域、属人性法域和属时性法域之分。"④ 沈娟博士在对法域进行划分中又增加了

---

① 陈晖:《中国区际刑事司法协助概念的研讨》,载《求索》2006 年第 2 期。
② 陈晖:《中国区际刑事司法协助概念的研讨》,载《求索》2006 年第 2 期。
③ 黄凤、王君祥:《关于建立我国区际逮捕令制度的设想》,载《法学》2009 年第 6 期。
④ 黄进:《区际冲突法研究》,学林出版社 1996 年版,第 2 页。

"属法性法域"的新子项。①

综上可见,法域有属地性法域、属人性法域、属时性法域和属法性法域之分。就此而言,跨法域犯罪中的"法域"是哪一种法域呢?其指称显然不明。进而,即使将跨法域犯罪的"法域"界定为"属地性法域",但由于属地性法域又有"国家法域"与"地区法域"之分,跨法域犯罪中的"法域"仍然指称不明。显然,只有将跨法域犯罪中的"法域"界定为"一国两制"体制下的"属地性法域","跨法域犯罪"才能成为一个内涵清晰的术语,但需要作烦琐冗长的说明。

三、跨法区犯罪的语义与内涵分析

地域划分有多种需要和标准。就像基于行政、经济、战争的需要和标准,可以将地域划为行政区、经济区、战区一样,也可基于司法和警务合作的需要,以法律制度的独立性为标准,将地域划分成不同的法区(Law District)。

由于法区也是由"法制"与"地域"两个词素结合而成的学术概念②,因而其意涵也应该通过两个词素的基本意义来显现:第一,法区的成立取决于是否存在独立的立法体制、法律制度和司法体系;第二,法区既可作为一种独立法律制度的实施区域,也可作为一个法律体系效力的地域范围。

鉴于法区与属地性法域在内涵和指称上的一致性,法区在国

---

① 沈娟:《中国区际冲突法研究》,中国政法大学出版社1999年版,第4页。
② 陈晖博士认为:法域是一个法制与地域相结合的概念,是在一定地域范围内立法体制、法律体系、司法制度自成一体并具独立性的含义。参见陈晖:《中国区际刑事司法协助概念的研讨》,载《求索》2006年第2期。

际上就有国家法区和地区法区两种形态。当一个国家只有一种独立法律制度时,这个国家属于单一法区国家。当一个国家有两个以上独立法律制度时,这个国家在国际上就属于复合法区国家。复合法区国家内的两个以上法区,即两个以上具有独立法律制度的地区——法域性地区。

中国的复合法区在国际上独具特色。在新中国成立后的近半个世纪里,中国的法区一直是单一的。但随着香港、澳门的回归,中国由单一法区国家转变为复合法区国家。香港和澳门特别行政区的政制架构、经济制度、立法体制、法律构成均保持其特有的形式和内涵,形成了与内地截然不同的独立法律制度,因而香港和澳门均已成为中国"一国两制"体制下的两个独立法区。就现实来看,台湾方面已经认同以"一个中国"为核心内容的"九二共识"。这表明"一国两制"在台湾已得到形式上的确立,因而台湾也已成为"一个中国"框架内的一个独立法区。

鉴于上述对法区的阐释,词语逻辑上的"跨法区犯罪"包含三个层次:一是指跨越国家法区的犯罪,即典型性跨国犯罪。二是指交叉跨越法区的犯罪——犯罪所跨越的法区至少一个是国家法区、一个是复合法区国家中的地区法区。此类犯罪在国际上也视为跨国犯罪。三是指一国之内跨越地区法区的犯罪。

就中国而言,相对于外国,中国内地(大陆)属于国家法区;相对于香港、澳门、台湾,中国内地(大陆)则属于地区法区。鉴于论域差异,中国的跨法区犯罪又有广义与狭义之分。广义的跨法区犯罪以跨越中国四个法区的犯罪为论域,其内涵是指犯罪行为的准备、实施或结果跨越了中国至少两个法区,使得至少两个法区均可对其进行刑事处罚的犯罪。狭义的跨法区犯罪以跨越中国内地(大陆)与香港、澳门、台湾三法区的犯罪为论域,其内涵是指犯罪行为的准备、实施或结果跨越了中国内地（大陆）法区和香港、澳门、台湾三法区中的至少一个法区，使得中国内地（大陆）法区和香港、澳门、台湾三法区中的至少一个法区均可以对其进行刑事处罚的犯罪。鉴于狭义跨法区犯罪的前提是"一国两制"，因而本书将其称为"一国两制"框架下中国的跨法区犯罪，以下简称"跨法区犯罪"。

四、三种概念比较分析

"任何学术思想体系的基础和核心都是学术术语及其所指的学术概念。学术语言的第一条基本规范是学术概念明晰的规范——理想的学术术语和学术概念具有一一对应的关系，即一个学术术语只对应一种概念。"[①] "现代语言学普遍认为，语言的能指（signifier）和所指（signified）构成概念遵循一定的客观规律、符合一定的逻辑。"[②] 反之，"遵循一定的客观规律、符合一定的逻辑"是语言能指和所指构成概念的基本原则。

鉴于学术概念由学术术语指称，学术术语又由术语词语指称，语言能指和所指构成概念的基本原则就表现为：在术语词义（指称术语的实词本身的词义）、术语含义（在限定学科内指称概念的术语词的学术含义）、概念含义（内涵与外延）三者间的联结应遵循一定客观规律、符合一定的逻辑，且达到"一个学术术语只对应一种概念"的境界。

首先，基于术语词义与术语含义的直接统一性，应选择词义

---

① 黎志敏：《学术语言基本规范的理论研究》，载《学术界》2009年第4期。
② 刘世理：《指称、意义和语境——隐喻意义的语用分析》，载《外语与外语教学》2006年第5期。

单一且与概念含义吻合的实词作为术语词语,使术语词义与术语含义直接统一指称概念含义。但在实践中,这样的情形并不常见。若只能选择多义实词作为术语词语,则应选择其中一个与概念含义吻合的词义作为术语含义。

其次,当只能选择的术语词义与概念含义不直接吻合时,则应基于术语含义指称概念含义,此时需在术语词义的基础上界定术语词的学术含义,使术语词具有术语含义,再用术语含义指称概念含义。术语词义与概念含义不直接吻合是指术语词义大于或小于概念含义。"大于"是指,当某一术语词在指称某一概念时其含义又可包含或指称别的概念,此时会因为概念含义扩大或与别的概念交叉而导致歧义;"小于"是指,当某一术语词在指称某一概念时不能完全包含该概念含义,此时会因为概念含义缩小而导致概念外延被排除。

再次,在某个学术术语对应几个不同概念时,可以根据概念创造新的学术术语,最终使每个概念都有一个对应的术语。反之亦然。有时我们还会在学术研究的过程中产生某种全新的概念,这时可以自创一个术语来进行对应,这是一种全新的术语(概念)创新。①

最后,在几个不同术语对应一个概念时,可以从多个角度对这些术语进行优劣比较,选择一个最优或较优的术语指称概念;也可根据概念创造新的术语,最终使每个概念都有一个对应的术语。

鉴于"跨境犯罪"这一术语词义包含国际上的跨国(境)犯罪、一国之内的跨特殊边境犯罪和跨法域(边境)犯罪等不同概

---

① 黎志敏:《学术语言基本规范的理论研究》,载《学术界》2009年第4期。

念,"跨法域犯罪"这一术语词义包含着跨国家法域犯罪、跨地区法域犯罪、跨部门法域犯罪三个不同概念,致使二者歧义丛生,不能直接、明确指称"一国两制"框架下中国跨越内地(大陆)与香港、澳门、台湾的犯罪。比较而言,"跨法区犯罪"这一术语虽也存在多概念包含问题——包含跨国家法区犯罪和跨地区法区犯罪,但只要将其限制在"一个中国"之内,无须烦琐阐述就能直接、明确指称跨越中国内地(大陆)与香港、澳门、台湾的犯罪。

进而,"跨境犯罪"这一术语不但歧义丛生,且在犯罪学理论中无法与国际上广泛承认的跨国犯罪概念明确分立和对应,也缺乏与区际刑事司法或警务合作的逻辑联结。"跨法域犯罪"这一概念不但不能克服与"跨境犯罪"同样的弊端,而且不易被广大非专业人士所理解和接受,即使在学术界也很少人使用。为追求概念术语的简单性、明确性,实现概念术语与概念内涵的统一,便于使用和易于接受,也便于与区际刑事警务合作概念的逻辑联结,依据上述术语词义、术语含义、概念内涵三者间的能指和所指逻辑,笔者在本书中创造使用"跨法区犯罪"这一新的概念术语。

第二节 跨法区犯罪的基本特征

"跨法区犯罪"并不是一个法律用语,中国内地(大陆)和港、澳、台刑法均无这一类罪和这一种罪。它是犯罪学和刑事司法学在对此类犯罪进行描述时生成的揭示其形态特征的犯罪概念和犯罪类型。跨法区犯罪只有具备犯罪学和刑事司法学双重特征,才具有实际意义。

一、跨法区犯罪的犯罪学特征

"犯罪学遵循表述犯罪现象、揭示犯罪原因、寻求犯罪对策的研究路径,其中揭示犯罪原因是核心。这一研究特征折射到犯罪分类上,犯罪学的犯罪分类重在展示犯罪人的犯罪人格特征或者犯罪行为的社会表现特征。"[①] "所谓'征',是指征表、表象,'特征'就是事物特殊的征表、表象,任何事物都有不同于其他事物的地方,如果这种不同的地方表现在外部,就是特征。可见,特征属于现象范畴,而不属于本质范畴。"[②] "犯罪特征就是犯罪这种社会现象区别于其他社会现象的特殊的征表、表象。犯罪与其他的社会现象既有内在的区别,又有外在的区别,这种内在的区别就是犯罪的质与本质,外在的区别就是犯罪特征。虽然犯罪本质也是犯罪区别于其他社会现象的属性,但是这种区别是一种内在的区别。"[③] "犯罪特征是犯罪本质的外化,是犯罪区别于其他社会现象的外在表象,在犯罪与其他社会现象的关系中得到表现。"[④]

在犯罪现象范畴内认识和把握犯罪特征,需先把犯罪现象放入一个学科或学科层面并依据一定标准对其进行梳理和分类,才能对犯罪特征进行抽象性概括,否则就难以使之具有理论特性。这里的"一定标准"不但多种多样而且具有层次性。"刑法学的基本任务是定罪量刑,是故刑法学所研究的犯罪形态应与定罪量刑

---

① 张小虎:《犯罪分类的观念与形态》,载《河南省政法管理干部学院学报》2006 年第 5 期。
② 马克昌:《犯罪通论》,武汉大学出版社 1999 年版,第 137 页。
③ 欧阳本祺:《犯罪特征辨析》,载《湖南科技学院学报》2007 年第 1 期。
④ 欧阳本祺:《犯罪特征辨析》,载《湖南科技学院学报》2007 年第 1 期。

相关，也即以犯罪构成为中心。"① 而"犯罪学除了承认犯罪的法律特征之外，还将犯罪置于动态社会生活的背景下，视其为一种社会现象和行为演变的过程，并且以预防、治理犯罪为研究活动的归宿"②。

从犯罪学的特殊需要出发，依据犯罪形态中的核心形态——"行为与结果"形态，分析跨法区犯罪所得出的结论是：跨法区犯罪是犯罪行为或结果跨越两个以上法区的犯罪。详言之，即犯罪行为或结果跨越中国内地（大陆）法区和香港、澳门、台湾三个法区中的至少一个，因而构成跨越两个以上法区的犯罪。从犯罪过程来看，跨法区犯罪的这一规定理所当然地排除了犯罪人在实施单法区犯罪后的跨法区逃匿。从犯罪构成理论来看，此类犯罪的构成要件与抽象的犯罪构成要件完全相同，也包括犯罪主体、客体和主观要件、客观要件四个方面，所不同的是此类犯罪在客观要件的具体表现形态上具有跨法区性，即犯罪行为或结果跨越了中国内地（大陆）和香港、澳门、台湾三个法区中的至少一个，给所跨越的法区造成了社会危害。当然，这里的犯罪行为包括犯罪实行前的预谋、策划等准备活动和犯罪实行过程中的遥控指挥、协助等。从跨法区犯罪与跨国犯罪、单法区犯罪的双重比较来看，如果犯罪行为或结果跨越了国与国之间的边界（国境），那就属于跨国犯罪；如果犯罪行为或结果跨越的仅仅是中国同一法区内不同地区的边界（如我国内地的省界、市界、县界），那就不属于跨法区犯罪，而属于单法区犯罪。

除上述意义之外，"犯罪行为或结果跨越两个以上法区"这一

---

① 吴振兴等：《犯罪形态研究纲要》，载《法制与社会发展》2002年第4期。
② 马进保主编：《跨境犯罪研究》，群众出版社2002年版，第12~13页。

跨法区犯罪的形态内涵，还有利于厘清跨法区犯罪与"涉港澳台犯罪"和"区际互涉犯罪"两个概念的关系。

涉港澳台犯罪通常是指在内地（大陆）发生的涉及港澳台的犯罪。从犯罪的构成要件、要素来看，涉港澳台犯罪是犯罪主体、客体和对象、行为和结果等涉及港澳台的犯罪；从涉及的事项来看，涉港澳台犯罪是刑事管辖、刑事司法协助或刑事警务合作涉及港澳台的犯罪。可见，涉港澳台犯罪的外延较广泛，跨法区犯罪只是其中的一个类别，是犯罪行为或结果涉及港澳台的犯罪，并由此在刑事管辖、刑事司法协助或刑事警务合作方面也涉及港澳台的犯罪。从出发点来看，"涉港澳台犯罪"是以中国内地（大陆）为基准点而形成的犯罪概念，只能适用于中国内地（大陆）。跨法区犯罪是以中国内地（大陆）与香港、澳门、台湾的互相性为视域而形成的犯罪概念，对中国内地（大陆）和香港、澳门、台湾都适用。

"区际互涉犯罪"是指内地（大陆）与香港、澳门、台湾互相涉及的犯罪。它也是以中国内地（大陆）与香港、澳门、台湾的互相性为视域而形成的犯罪概念，对中国四法区都适用。从外延来看，无论是在犯罪主体、客体和对象、行为和结果上的互涉犯罪，还是在刑事管辖、刑事司法协助或刑事警务合作上的互涉犯罪，都属于发生在内地（大陆）与香港、澳门、台湾之间的互涉犯罪。可见，"区际互涉犯罪"的外延比跨法区犯罪的外延宽，跨法区犯罪只是"区际互涉犯罪"的一个类别。除跨法区犯罪外，"区际互涉犯罪"还包括"非跨法区互涉犯罪"，即犯罪行为和结果均发生在一个法区，但由于犯罪主体在犯罪后逃匿（窜）至另一法区或证人、物证、书证等处于另一法区或多个法区，因而需要通过区际刑事司法协助或刑事警务合作关系进行追诉的犯罪。

二、跨法区犯罪的刑事司法学特征

(一) 跨法区犯罪刑事司法学特征的不同观点

"刑事司法学可定义为,为了根据刑法规定进行行为处理而定出的制度,是把重点集中在诸如警察、刑事审判、矫正等的职能和作用上的一个研究领域。刑事司法学的研究主要关心的是刑事司法的决策过程,其中包括了警察、检察、法院、矫正设施这些控制犯罪的机关的决策过程。"①

传统的刑事司法学以国家和地区内部的刑事司法决策过程为主要研究对象。而当国家、地区刑事司法机关为追诉跨国犯罪、跨法区犯罪而开展国际、区际刑事司法协助时,刑事司法学就不得不关注国家、地区在国际、区际刑事司法协助中的相互决策过程,即一方(请求方)作出协助请求决策并提交给另一方(被请求方),继而由被请求方作出予以协助或不予协助的决策,予以协助的付诸行动,不予协助的搁置或退回协助请求。

"一国两制"框架下中国的区际刑事警务合作并非都基于追诉跨法区犯罪。但当基于追诉跨法区犯罪而进行区际协查案件、侦查管辖移转、被强制人移管等区际刑事警务合作事项时,其相互决策过程归属于区际刑事司法协助的相互决策过程。因而,跨法区犯罪的刑事司法学特征就是跨法区犯罪在区际刑事司法协助相互决策过程中表现出来的特征。

跨法区犯罪所涉法区的双重性决定了其刑事司法学特征的双重性。而后一个双重性又表现在两个方面:实体特征和程序特征。

---

① [日] 藤本哲也著:《美国刑事司法学与犯罪学研究现状》,高作宾译,载《国外社会科学》1985年第7期。

实体特征是跨法区犯罪在区际刑事司法协助相互决策过程中表现出的刑事实体法特征。程序特征是跨法区犯罪在区际刑事司法协助相互决策过程中表现出的刑事程序法特征。实体特征与程序特征的关系是：实体特征是基础和核心特征，程序特征是依附和派生特征。实体特征决定程序特征，程序特征依附于实体特征；没有实体特征，也就没有程序特征。若区际刑事司法协助双方仅认可实体特征，而不认可程序特征，协助也无法进行。可见，只有协助双方一致认可跨法区犯罪的两种特征并作出相互一致决策，区际刑事司法协助才能进行。

然而，当中国内地（大陆）与香港、澳门、台湾的刑法发生冲突时，区际刑事司法协助双方对跨法区犯罪实体特征的判定，就会产生是仅适用请求方的刑法，还是适用请求和被请求双方刑法的问题，即确认某一犯罪是否属于跨法区犯罪，是适用单一犯罪原则还是适用双重犯罪原则的问题。因该问题事关相关法区的刑事管辖权以及协助关系、途径、程序的确定和启动，相关法区必须相互作出决策。

对上一问题，学界有"双重犯罪论"、"单一犯罪论"、"灵活处理论"三种观点。有双重犯罪论者认为："犯罪行为的准备、实行或犯罪结果跨越了一国内两个或两个以上法域，使得两个或两个以上不同法域的法院都可以依照各自的法律对其进行刑事处罚。"[①] 有单一犯罪论者认为："区际侦查合作属于一国内不同法域之间的合作，不存在国与国之间的主权关系，在合作中没有必要

---

① 赵秉志等：《跨国跨地区犯罪的惩治与防范》，中国方正出版社1996年版，第3~4页。这里的"跨境犯罪"在词语上虽容易引发歧义，但其实质内涵与"跨法区犯罪"并无差别。

过分强调'双重归罪'的原则,只要行为人违反了行为地的法律,按照该法律规定应当承担刑事责任的,犯罪地法域的司法当局就可以向罪犯逃匿地的侦查机关发出协助请求。经被请求方审查,虽然按本法域实体法规定不属于犯罪,但是,只要属于犯罪地刑法应受制裁的范围,就应当提供侦查协助。"①"灵活处理论"认为:双重犯罪原则作为国际刑事司法协助的一项基本原则在区际刑事司法协助中既不能普遍适用,也不能绝对排除,应当根据具体的司法协助内容灵活应用。

综上可见,在区际刑事司法协助相互决策中存在两个问题:一是要不要对所指跨法区犯罪适用双重犯罪原则,二是适用什么样的双重犯罪原则。这两个问题均属于跨法区犯罪实体特征的判定标准问题。

基于中国已实行"一国两制"以及中国四法区在"一国两制"中的地位和关系,并考虑到中国四法区刑法之间确实存在冲突且短期内难以消除这一现实,笔者认为:在区际刑事司法协助相互决策中,对所指跨法区犯罪适用"范围制双重犯罪"原则更加可行。所谓"范围制双重犯罪"是指,在确定某一跨法区犯罪是否属于双重犯罪时,只要该犯罪属于两个以上法区刑法规定的应受刑事处罚的范围,即可认为其是双重犯罪,不要求其一定属于两个以上法区刑法中的某个罪名和犯罪类别,也不要求其与两个法区刑法规定的犯罪构成完全对应。

(二)跨法区犯罪适用双重犯罪原则的根据

对区际刑事司法协助相互决策所指跨法区犯罪适用"双重犯

---

① 马进保著:《中国区际侦查合作》,群众出版社2003年版,第125页。

罪"原则的理由如下：

第一，对跨法区犯罪适用双重犯罪原则，是在"一国两制"体制下对香港、澳门和台湾法律的尊重。香港和澳门已是中国的两个特别行政区，全国人民代表大会通过立法的方式授权两个特别行政区"实行高度自治，享有行政管理权、立法权、独立的司法权和终审权"①。《香港特别行政区基本法》第8条规定："香港原有法律，即普通法、衡平法、条例、附属立法和习惯法，除同本法相抵触或经香港特别行政区的立法机关作出修改者外，予以保留。"《澳门特别行政区基本法》第8条规定："澳门原有的法律、法令、行政法规和其他规范性文件，除同本法相抵触或经澳门特别行政区的立法机关或其他有关机关依照法定程序作出修改者外，予以保留。"台湾在未来成为中国的特别行政区之后，也将实行高度自治，享有行政管理权、立法权、独立的司法权和终审权。

在香港、澳门和台湾具有"立法权、独立的司法权和终审权"的前提下，对跨法区犯罪认定的相互决策就应以"双重犯罪"为标准。如果一种行为或结果跨越了两个以上的法区，一法区刑法规定为犯罪，而另一法区刑法不认为是犯罪，后者就无法定立案依据和刑事管辖权，也无法对前者提出的刑事司法协助请求作出协助的决策。可见，在针对跨法区犯罪的区际刑事司法协助中，适用双重犯罪原则既是请求方实现其刑事管辖权和刑罚权的先决条件，也是被请求方积极协助，保障请求方刑事诉讼活动顺利进行的基本前提。否则，被请求方依据什么作出这种协助决定呢？

---

① 参见《中华人民共和国香港特别行政区基本法》、《中华人民共和国澳门特别行政区基本法》的序言和第2条。

仅仅依据请求方的刑法吗？很显然，仅仅依据请求方的刑法而将被请求方不认为是犯罪的行为人采取强制性的协助措施，可能构成对被请求方法治的伤害。适用双重犯罪原则，同时依据请求方和被请求方的刑法来判断是否对当事人进行调查、缉捕、移交，正是对不同法区法律制度的尊重，也是"一国两制"中"两制"的应有之义。

第二，对跨法区犯罪适用双重犯罪原则，与国家主权无直接的必然联系。有论者认为：跨国犯罪的双重犯罪原则是由国家主权决定的，而跨法区犯罪是发生在中国主权领域内的犯罪，所以无须适用这一原则。这实际上是对跨国犯罪双重犯罪原则的片面理解。虽然在习惯国际法上跨国犯罪适用双重犯罪原则在产生之初主要是为了相互尊重国家主权，但随着国际刑事司法协助实践的发展以及人权在国际社会的普遍重视，跨国犯罪的双重犯罪原则在更大程度上被看作是保护人权的一项基本原则。

就中国而言，跨越两个以上法区的某些犯罪，如叛国、分裂国家、煽动叛乱、颠覆中央人民政府，以及窃取国家机密等危害国家安全的犯罪确与国家主权和安全有重大关系，各法区都应该制定这方面的立法。澳门特别行政区立法会已于2009年1月5日通过了《维护国家安全法》法案。但香港特别行政区立法会至今尚未对《香港特别行政区基本法》第23条规定的"特别行政区应自行立法禁止任何叛国、分裂国家、煽动叛乱、颠覆中央人民政府及窃取国家机密的行为"进行立法。台湾在与大陆统一之前也不会进行该项立法。这种法律现实虽然对侦查和惩治跨越两个以上法区的危害国家安全犯罪、维护国家主权和安全不利，但这不是司法问题，而是立法问题。因此，对发生在中国主权领域内的跨法区犯罪，在刑事司法协助上适不适用双重犯罪原则都与国家主权无直接的必然联系，没有必要从国家主权的角度否定或肯定双重犯罪原则，而应从各法区的人权意识对立法影响的角度看待该项原则。如果对跨法区犯罪实行单一犯罪原则，被请求方应请求方要求对依照本法区刑法不构成犯罪的当事人（被请求人）采取了人身强制措施，将会被被请求方法区居民认为是无视当事人（被请求人）的基本人权，极易导致被请求方法区社会各界的不满。

第三，对跨法区犯罪适用双重犯罪原则，更容易促成四法区对跨法区犯罪的刑事司法协助，具有可接受性。有论者常以中国区际刑事司法协助应通过有效的协助使犯罪分子得到及时惩治为理由，主张对跨法区犯罪不适用双重犯罪原则。这一愿望固然有一定合理性，但其忽略了长期以来中国四法区间的政治制度、社会制度、法律制度差异较大的事实。实际上，内地与港澳之间的刑事司法协助一直存在诸多困境，其原因之一就是对跨法区犯罪适用原则的立场和认识不同，这种状况在港澳回归祖国以后并没有大的改变。

澳门现行《刑事诉讼法典》已明确规定了公共秩序保留条款。该法典第216条第1款规定："如属下列情况，须拒绝遵行请求书：……b）要求做出之行为系法律所禁止或违反公共秩序者；c）请求书之执行侵害本地区之基本原则或安全。"依据该法典第220条的规定，双重犯罪（处罚）原则、澳门法律禁止之刑罚（如死刑、无期徒刑）、政治性犯罪均为拒绝确认外地法院作出之刑事判决之理由。澳门于2006年7月颁布实施的《刑事司法协助法》第6条"双重处罚"要求"引致提起刑事司法互助请求的违法行为，按照请求方及被请求方的法律，均应可科处刑事处分"。①香港法律虽未专门规定"双重犯罪（处罚）原则"，但香港法院通过判例法的形式确立了公共秩序保留制度。在司法实践中，对于涉及双方的刑事案件，香港法律界人士常以犯罪发生在香港为依据与内地争夺刑事管辖权，如李育辉案②、张子强案③，或以不具备双重犯罪（处罚）为由拒绝有关的刑事司法协助请求。

相反，由于大陆与台湾双方对互涉犯罪适用双重犯罪原则达成了共识，使得台湾海峡交流基金会和大陆海峡两岸关系协会于2009年4月26日签署了《海峡两岸共同打击犯罪及司法互助协议》。该协议第4条第1款规定"双方同意采取措施共同打击双方均认为涉嫌犯罪的行为"，并于第2款规定了可进行合作打击的具体犯罪种类。从上述两款规定来看，在共同打击犯罪的范围上，协议采取的基本立场是"双重犯罪"原则。不过，作为例外，协议第4条第3款规定："一方认为涉嫌犯罪，另一方认为未涉嫌犯罪但有重大社会危害，得经双方同意个案协助。"笔者认为，与其急切地主张跨法区犯罪不适用双重犯罪原则以致阻碍了内地与港澳的刑事司法协助安排的达成，不如正视当前内地与港澳之间社会制度、政治制度、法律制度差异较大的事实，承认跨法区犯罪的双重犯罪原则，更能务实地减少安排协商中的分歧，促使内地与港澳尽快达成刑事司法协助安排。

---

① 方泉：《澳门与内地移交逃犯的法律问题——兼议澳门〈刑事司法互助法〉的原则规定》，载《中国刑事法杂志》2009年第7期。

② 齐文远：《法律文化视野中的区际刑事司法协助原则思考》，载《京师刑事法治网》，www.criminallawbnu.cn。

③ 赵秉志、田宏杰：《中国内地与香港刑事管辖权冲突研究——由张子强案件引发的思考》，载《法学家》1999年第6期。

(三) 跨法区犯罪适用"范围制双重犯罪"原则的根据

在对跨法区犯罪适用双重犯罪原则的前提下，还有一个适用什么样的双重犯罪原则的问题，笔者认为应适用"范围制双重犯罪"原则，其理由如下：

第一，对跨法区犯罪适用"范围制双重犯罪"原则，既不违背"罪刑法定"这一现代刑事诉讼的基本原则，又不恪守"机械的罪刑法定"。国际和区际刑事司法协助都是对刑事追诉活动的实际参与，都应当遵循"罪刑法定"这一现代刑事诉讼的基本原则，只追究那些触犯刑法的犯罪行为，而不追究刑法无明文规定的行为，所以有学者将罪刑法定主义称为双重犯罪原则的理论根据。[①]但若恪守"机械的罪刑法定"原则，势必缩小刑事司法协助的范围，不利于惩罚犯罪。所谓"机械的罪刑法定"，是指依据双重犯罪原则，刑事司法协助请求所指向的犯罪行为必须与请求、被请求双方刑法的规定完全吻合，即在罪名、犯罪类别和犯罪构成要件甚至在法定刑上，与请求方和被请求方刑法规定的行为完全相同。而若对跨法区犯罪适用单一犯罪原则又会破坏被请求方的"罪刑法定"原则。故二者均不可取。相反，"范围制双重犯罪"原则既可消除两个极端造成的障碍，也不违背"罪刑法定"这一基本原则。

第二，对跨法区犯罪适用"范围制双重犯罪"原则，符合国际社会双重犯罪原则的发展趋势。双重犯罪原则原本是适用于国家间引渡逃犯的一项原则，随着国际刑事司法协助形式从单一到多样化的发展，双重犯罪原则也成为多种国际刑事司法协助形式

---

① 黄风：《引渡制度》，法律出版社 1997 年版，第 62 页。

普遍适用的原则。然而，由于各国意识形态不同，社会制度、法律制度、文化风俗各异，在认定逃犯所犯罪行问题上，各国标准不一。有些行为在一国看来是犯罪行为，而在另一国看来则是非犯罪行为。所以，双重犯罪原则也很容易给国际刑事司法协助造成障碍，尤其是在奉行"机械的罪刑法定"原则的国家之间。为了解决这一问题，在国际组织和各国的共同努力下，双重犯罪原则本身呈现出一些新的发展趋势：

首先，不要求罪名和犯罪类别一致。鉴于在适用双重犯罪原则上存在要求请求国与被请求国在罪名和犯罪类别方面一致而不利于开展刑事司法协助（含引渡）的情况，当今被国际法所普遍采纳的见解是："只要同一行为既触犯了请求国的刑事法律，又（在虚拟条件下）触犯了被请求国的法律，就可以认为符合双重犯罪的条件，至于在罪名和犯罪分类方面的差异则是无关紧要的。"[1]因为"各个国家都有着自己基于不同社会和文化传统的法律制度，同样的侵害行为在不同国家的刑法中可能有着不同的罪名或者被归入不同犯罪类别。"[2] 在我国与外国缔结的引渡条约中，无一例外地都规定了不要求罪名和犯罪类别相一致，如《中华人民共和国和柬埔寨王国引渡条约》第 2 条第 3 款规定："在确定一项犯罪是否违反缔约双方法律时，缔约双方法律是否将构成该项犯罪的行为归入同一犯罪种类或使用同一罪名不应产生影响。"

其次，不要求具备相同的犯罪构成要件。鉴于在适用双重犯

---

[1] 黄风：《〈中华人民共和国引渡法〉评注》，中国法制出版社 2001 年版，第 33 页。

[2] 黄风：《〈中华人民共和国引渡法〉评注》，中国法制出版社 2001 年版，第 33 页。

中国区际刑事警务合作

罪原则上存在要求请求国与被请求国在犯罪构成要件方面相同而不利于开展刑事司法协助（含引渡）的情况，联合国大会于1990年通过的《联合国引渡示范条约》第2条第2款第（2）项的规定代表了其发展趋势，即在确定某一犯罪行为是否构成违反缔约国双方法律的犯罪行为时："应对请求国提出的行为或不行为作整体考虑，而不论根据缔约国双方法律规定该犯罪行为的组成部分是否有别。"该条规定表明，被请求国只需审查引渡请求所针对的犯罪是否符合本国法律为该犯罪规定的所有要件，而不考虑本国的法定要件同被请求国的法定要件之间是否存在差异。"实际上，这一规定与关于不要求罪名或犯罪类别一致的规定一样，意在避免因各国法律对犯罪构成要件的不同规定而影响双重犯罪条件的成立，它强调的是：不拘泥于犯罪构成要件的完全对应。"①

中国内地（大陆）与香港、澳门、台湾刑法的冲突十分明显，而且在短时期内无法实现一致，若完全要求区际刑事司法协助所针对的跨法区犯罪必须属于两个法区刑法中的某个罪名、某一犯罪类型，甚至要求其完全符合两个法区刑法规定的犯罪构成要件，势必削弱区际刑事司法协助的功能，给中国的整体法治造成极大的损害。

第三，对跨法区犯罪适用"范围制双重犯罪"原则，其双重性并非难以判断，具有可行性。有论者认为：对跨法区犯罪采用双重犯罪原则会使其双重性难以判定。笔者认为，这种担心没有必要。其一，"范围制双重犯罪"原则不要求所针对的跨法区犯罪在罪名、犯罪类别和犯罪构成要件上，必须与请求方和被请求方

---

① 黄风：《〈中华人民共和国引渡法〉评注》，中国法制出版社2001年版，第34页。

刑法的规定完全相同，只要求请求方和被请求方的法律都视其为犯罪而予以处罚。这将大大降低双重犯罪判定的难度与障碍。其二，虽然内地刑法对行为是否构成犯罪往往有"质"和"量"的要求，澳门、香港刑法往往只有"质"的要求，但这并不会使双方在认定犯罪上出现大的差距，只不过内地刑法对行为构成犯罪"量"的要求表现在立法上，而香港、澳门则表现在司法上。"以盗窃罪为例，内地、香港、澳门规定盗窃行为构成犯罪，但内地刑法明确规定必须'数额较大'盗窃行为才构成盗窃罪，而香港、澳门刑法没有此要求，但这并不意味着香港、澳门会将盗窃100元港币或澳门元的行为都作为盗窃罪起诉定罪，往往在检控官阶段就作不起诉处理了。"①

第三节　跨法区犯罪的分类

跨法区犯罪是一种比较复杂的犯罪现象，它既不同于跨国犯罪，也不同于同一法区内的跨地区犯罪。在不同的学科体系和层面上，跨法区犯罪有不同的分类方法。若按照刑法所规定的犯罪种类对跨法区犯罪进行划分，既难以完全列举，也无必要，而按照犯罪学的方法进行划分，又与刑法学方法有交叉。因此，我们在这里不进行严格的学科分界，而是运用犯罪学与刑法学交叉的方法，对跨法区犯罪进行划分，以使其分类对犯罪预防和惩治具有意义。

---

①　苏彩霞：《我国区际刑事司法协助适用"双重犯罪原则"新论》，载《政治与法律》2009年第6期。

一、依据跨法区犯罪行为和结果形态所进行的分类

犯罪的行为和结果形态反映着犯罪客观方面的各种特征，它既是刑法学有关犯罪构成的必备要件；也是犯罪学通过犯罪现象，研究犯罪行为和结果发生的条件和社会环境，发现犯罪演变和发展规律的一个不可或缺的视域，在刑事司法上尤其是对犯罪管辖和刑事司法协助具有重要意义。

第一，依据犯罪行为跨越法区或犯罪结果跨越法区，在一级划分上可将跨法区犯罪分为行为型跨法区犯罪、结果型跨法区犯罪和行为与结果兼合型跨法区犯罪三种。

行为型跨法区犯罪是指犯罪行为跨越了两个以上法区，而犯罪结果只发生在一个法区内的跨法区犯罪。由于跨法区犯罪行为也包括准备行为和实施行为，在二级划分上可将之分为准备型跨法区犯罪和实施型跨法区犯罪。所谓犯罪准备，是指个体犯罪分子、犯罪团伙和犯罪集团，为实施跨法区犯罪而制定方案、准备工具或相互间进行的联系、预谋、策划、安排等。这时，犯罪行为的实施虽然尚未开始，但准备行为已经具备跨法区要素。

结果型跨法区犯罪是指犯罪行为存在于一个法区，而犯罪结果却跨越了两个以上法区的跨法区犯罪。当然，"犯罪行为存在于一个法区"包括犯罪的准备行为和实施行为两个方面，若犯罪准备行为和实施行为有一项具备跨法区要素，就不属于该种犯罪。

行为与结果兼合型跨法区犯罪，是指犯罪行为在跨越两个以上法区的同时，犯罪结果也发生在两个以上法区的跨法区犯罪。如跨法区走私、贩毒和偷渡犯罪，其犯罪行为跨越几个法区，其犯罪结果就发生在几个法区。

第二，依据犯罪主体是否跨越法区，可将跨法区犯罪分为主

体跨越型跨法区犯罪和技术传导型跨法区犯罪。

所谓主体跨越型跨法区犯罪,是指犯罪主体的人身跨越两个以上法区与犯罪行为跨越两个以上法区牵连在一起的跨法区犯罪。传统的跨法区犯罪大多属于这一形态。从已查清的案件事实看,该类跨法区犯罪与犯罪主体在犯罪过程中的区际出入境行为紧密相随,犯罪主体在犯罪过程中的区际出入境行为跨越几个法区,犯罪行为就会发生在几个法区,如前述的跨法区走私、贩毒、偷渡等犯罪。当跨法区走私、贩毒行为需通过人体携带物品(含毒品)来完成时,其犯罪主体就必须在犯罪过程中同时实施区际出入境行为。从出入境管理的角度看,跨法区偷渡犯罪是以犯罪主体非法的区际出入境行为为前提的,没有非法的区际出入境行为就不能构成跨法区偷渡犯罪。

所谓技术传导型跨法区犯罪,是指犯罪在实施过程中,犯罪主体依靠技术的传导作用,使其人身无须跨越法区就可完成的跨法区犯罪。该类跨法区犯罪与犯罪主体的区际出入境行为无关,是犯罪主体跨越法区与犯罪行为和犯罪结果跨越法区分离的一种跨法区犯罪形态。例如,邮寄型的跨法区走私、贩毒和敲诈勒索犯罪,当犯罪主体在邮寄物品(含毒品)或可以用来进行敲诈勒索的文件时,其犯罪主体本身并未跨越法区,但其犯罪行为通过技术的传导作用跨越了两个或多个法区,邮寄的物品和文件到达另一法区后,则对另一法区造成危害,发生犯罪结果。不过,这还是比较传统的技术传导型跨法区犯罪。近些年来,由于科学技术的高速发展,各种新型的技术传导型跨法区犯罪层出不穷。

按照犯罪行为还是犯罪结果跨越法区,技术传导型跨法区犯罪还可分为行为传导型、结果传导型和行为结果兼合传导型三种类型。行为传导型跨法区犯罪是指犯罪主体依靠技术的传导作用,

中国区际刑事警务合作

把犯罪行为从一法区延伸至另一法区，但犯罪结果却仍在行为地法区的跨法区犯罪，如利用区际集装箱运输业务和区际商品快递业务实施的跨法区走私犯罪和跨法区贩运毒品、文物犯罪等。结果传导型跨法区犯罪是指犯罪主体依靠技术的传导作用，在一法区内实施犯罪行为而把犯罪结果传导给另一法区的跨法区犯罪。例如，一法区不法企业在本法区制造假药，而后通过区际营销和区际运输渠道将假药销售至另一法区，使后者居民在使用后死亡或身体严重受害。行为结果兼合传导型跨法区犯罪是指犯罪主体依靠技术的作用，把在一法区内实施的犯罪行为和犯罪结果均传导给其他法区的跨法区犯罪，如跨法区电信诈骗犯罪和入侵他法区网络系统的跨法区网络犯罪等，又如已为公众熟知的通过国际互联网实施的跨法区网络诈骗犯罪、利用国际通信网络实施的跨法区电信诈骗犯罪等。

第三，依据跨法区犯罪是否牵连跨国犯罪和是否属于国际犯罪，将跨法区犯罪分为单一的跨法区犯罪、跨国兼跨法区犯罪。

当某一犯罪行为和结果只具有区际要素，即犯罪行为和结果只跨越中国两个以上法区的边境时，这种犯罪就是单一的跨法区犯罪。当某一犯罪行为和结果既具有国际要素又具有区际要素时，即犯罪的行为和结果既跨越外国国境，又跨越中国两个以上法区的边境时，这种犯罪就是跨国兼跨法区犯罪。该类跨法区犯罪成立的条件是其行为既触犯了外国法律，也触犯了中国至少两个法区的法律，既构成跨国犯罪，也构成跨法区犯罪，如某乙从缅甸携带毒品到中国内地（大陆），再从内地（大陆）将毒品携带至香港或澳门、台湾。某乙从缅甸至中国内地（大陆）的贩毒行为已属于跨国犯罪，从内地（大陆）至香港或澳门、台湾的贩毒行为又属于跨法区犯罪，再如某丙从内地（大陆）偷渡到香港或澳门、台湾，然后再从香港或澳门、台湾偷渡至外国。某丙从内地（大陆）到香港或澳门、台湾的偷渡行为已属于跨法区犯罪，再从香港或澳门、台湾至外国的偷渡行为又属于跨国犯罪。

第四，依据跨法区犯罪行为或结果可构成罪名的个数，可将跨法区犯罪分为单罪型跨法区犯罪和数罪型跨法区犯罪。单罪型跨法区犯罪是指犯罪行为或结果跨法区一次或多次构成同一种罪名的跨法区犯罪。数罪型跨法区犯罪是指犯罪行为或结果跨法区一次或多次构成两种以上罪名的跨法区犯罪。

二、依据跨法区犯罪主体所进行的分类

犯罪主体是刑法学中犯罪构成的一个基本要件，它反映着犯罪实施者的各种特征。从犯罪学的角度看，犯罪主体为人们研究犯罪现象提供了大量的信息，其中包括犯罪主体的身份特征、实施犯罪的目的和动机、对犯罪结果的积极追求程度，对犯罪主体的分析具有特殊意义。同时，犯罪主体的现实状况及其发展趋势，也是对犯罪实行预防和控制战略需要考虑的因素。

第一，按照犯罪主体的国籍，可将跨法区犯罪分为中国主体实施的跨法区犯罪、外国主体实施的跨法区犯罪和混合主体实施的跨法区犯罪三类。

在内地（大陆）刑法理论中，犯罪主体包括自然人和单位（港澳台刑法称为法人）。由于国籍既适用于自然人，也适用于单位，采用两分法划分，也就有中国籍自然人和单位与外国籍自然人和单位之分。

所谓中国主体实施的跨法区犯罪，是指具有中国国籍的自然人和单位实施的跨法区犯罪。从范围上讲，中国主体当然包括中国内地（大陆）、香港、澳门、台湾四地区具有中国国籍的自然人

和单位，而不管自然人居住何地或单位在何地注册成立。对于具有外国国籍的港澳永久性居民，根据港澳两个特别行政区基本法和《全国人民代表大会常务委员会关于〈中华人民共和国国籍法〉在香港特别行政区实施的几个问题的解释》、《全国人民代表大会常务委员会关于〈中华人民共和国国籍法〉在澳门特别行政区实施的几个问题的解释》，在他们的外国国籍变更为中国国籍之前，这些人不具有中国国籍，仍是外国人。因台湾地区法律允许具有双重国籍，有些台湾居民既具有中国国籍，又具有外国国籍。但按照中国国籍法，他们都是中国人。

所谓外国主体实施的跨法区犯罪，是指不具有中国国籍，而具有外国国籍的自然人和单位实施的跨法区犯罪。因中国大陆有关法律将无国籍人列入外国人的范围，因而无国籍人实施的跨法区犯罪也应属于外国主体实施的跨法区犯罪。

混合主体实施的跨法区犯罪，是指由中国主体与外国主体共同实施的跨法区犯罪。从实践来看，混合主体主要是自然人混合主体，单位与自然人混合主体或单位混合主体的比较少见。从可能实施的犯罪来看，混合主体既可能实施跨国兼跨法区犯罪，也可能实施单一的跨法区犯罪。

第二，依照犯罪主体有无组织和组织形态，可将跨法区犯罪分为个体跨法区犯罪、群体跨法区犯罪和单位跨法区犯罪三种。

1. **个体跨法区犯罪**

个体是针对群体而言的。犯罪个体是指实施犯罪的个体自然人，包括内地（大陆）居民、港澳台居民和外国人（含无国籍人）三种。个体实施的犯罪虽然比不上有组织犯罪的社会危害性大，但由于这些散兵游勇的人员基数大，且惯于利用地缘关系、亲朋关系、业务联系以及出入境的方便条件，寻找法律漏洞，调整犯罪方式、方法，因而许多跨法区犯罪都有他们的踪迹。

2. 群体跨法区犯罪

由于内地学者对有组织犯罪的定义和组织形态的划分不同，使群体跨法区犯罪的定义及其组织形态划分也不同。对有组织犯罪，内地学者的观点可分为广义和狭义两大类。"持广义观点的学者认为：有组织犯罪是指三人以上故意实施的一切有组织的共同犯罪或者集团犯罪活动。它包括团伙犯罪、集团犯罪、黑社会组织犯罪等。狭义的观点认为，有组织犯罪主要是指犯罪集团实施的犯罪活动，犯罪集团只包括黑社会性质的组织和某些特殊犯罪集团。有人甚至主张有组织犯罪只能是特指那些臭名昭著的黑社会组织所实施的犯罪。"① 笔者认为，定义有组织犯罪并划分其组织形态，应以国内刑法和国际刑事公约的规定为依据。

中国内地《刑法》第25条第1款规定："共同犯罪是指二人以上共同故意犯罪。"第26条第2款规定："三人以上共同实施犯罪而组成的较为固定的犯罪组织，是犯罪集团。"之外，中国内地《刑法》还在第294条规定了组织、领导、参加黑社会性质组织罪；第300条规定了组织和利用会道门、邪教组织或者利用迷信破坏法律法规实施的犯罪。《联合国打击跨国有组织犯罪公约》在第2条"术语的使用"中规定：在本公约中，（a）有组织犯罪集团系指由三人或多人所组成的在一定时期内存在的为了实施一项或多项严重犯罪或根据本公约确立的犯罪以直接或间接获得金钱或其他物质利益而一致行动的有组织结构的集团。……（c）有组织结构的集团系指并非为了立即实施一项犯罪而随意组成的集团但

---

① 胡训珉：《论有组织犯罪的几个基本问题》，载《公安理论与实践》2000年第1期。

不必要求确定成员职责也不必要求成员的连续性或完善的组织结构。综合上述规定,从刑法学和犯罪学交叉的角度看,犯罪群体的组织形态大致分为犯罪团伙和有组织犯罪集团两大类别,而有组织犯罪集团除具有基本共同特征的普通犯罪集团外,还有一些个性特征突出的犯罪集团,如黑社会组织(集团)。

"犯罪团伙是组织性比较松散的犯罪群体,其作案活动具有冲动性、随机性、纠合性等特点,其成员绝大多数是青少年。犯罪团伙是最普通、最初级的组织形式,可以在各种社会环境中生存,即使是管控最严密的社会中,犯罪团伙也会存在。"① 与犯罪团伙相比,普通犯罪集团"是指三人以上,为共同实施犯罪而组成的,具有相对稳定性的犯罪群体"②。其群体特征具体表现为:"(1)犯罪人数较多,基本成员较为固定;(2)组织结构比较稳固,有明显的核心层和外围层,首要分子有着一定权威;(3)犯罪事先有预谋,作案方式和类型已有定势;(4)经常纠集在一起实施一种或数种犯罪,并有能力实施一些危害严重、影响恶劣的大案要案。"③

黑社会组织一般具备以下特征:其一,有长期、稳定的庞大犯罪组织和经费来源;其二,内部有独特的行为、生活方式与准则;其三,活动一般处于秘密状态,但在一定条件下公开;其四,不同黑社会组织之间的犯罪活动有行业与地域的区别;其五,行为有强烈的掠夺性、寄生性和反社会性。与普通犯罪集团相比,黑社会组织是一种特殊的、更高级的有组织犯罪集团。它除具有

---

① 胡训珉:《论有组织犯罪的几个基本问题》,载《公安理论与实践》2000年第1期。
② 朱蓓莉:《有组织犯罪的界定及其类型特征》,载《政法论丛》2000年第2期。
③ 王秀梅:《黑社会性质的有组织犯罪刍议》,载《山东法学》1999年第2期。

普通犯罪集团所共有的基本特征外，还具有较强的、经常性的外部社会控制机能。普通犯罪集团和黑社会组织虽都有控制机能，但普通犯罪集团的控制机能主要发生在集团内部，而黑社会组织的控制机能不但发生在其内部，而且还发生在一定地域的外部社会。应该说，外部社会控制机能的有无、强弱和时间连续性是黑社会组织与普通犯罪集团的主要区别所在。

中国内地学者们对于内地目前有没有黑社会这样的犯罪组织的认识有严重分歧。一种观点认为，内地的集团犯罪，还没有发展到黑社会组织的程度。犯罪学家宋浩波教授指出："不要误以为当前的打黑除恶行动就是打黑社会。我国目前根本没有什么黑社会。"① 另一种观点则与之相反。例如，有学者认为："我国内地有些黑恶势力的犯罪行为，已经完全符合黑社会组织的基本特征，仍按1997年刑法的规定将这类犯罪认定为'黑社会性质组织罪'，已经不符合当前的实际。"② 对于上述分歧，笔者赞成第一种观点，其理由是：目前内地个别的犯罪集团虽然已具备了黑社会组织的特征，但绝大多数只是黑社会组织的雏形，在内地连续不断开展"打黑除恶"专项斗争的打击和全面治理之下，这些黑社会组织的雏形对外部社会的控制能力还较弱、时间连续性也较短，很难升级为严格的黑社会组织，把其定性为"黑社会性质组织"比较符合这类犯罪集团的总体形态。

综上所述，把群体跨法区犯罪分为团伙性跨法区犯罪、一般组织性跨法区犯罪和特殊组织性跨法区犯罪三种，与内地法律和司法实践比较吻合，在逻辑上也能成立，对于预测、预防、处置

---

① 参见《中国经济时报》，2000年1月10日。
② 参见《广州日报》，2001年5月30日。

和侦查跨法区犯罪更具有理论和实践意义。但特殊组织不止有黑社会性质组织一种，除此之外还包括恐怖组织、会道门组织、邪教组织等。因这些组织策划和实施的跨法区犯罪比较少见，故暂不论述。

3. 单位跨法区犯罪

中国内地刑法规定的单位犯罪是指公司、企业、事业单位、机关、团体实施的依法应当承担刑事责任的危害社会的行为。就词语逻辑而言，作为犯罪主体的单位和有组织犯罪集团、黑社会组织等虽然都可称为组织，但二者有本质不同。有组织犯罪集团、黑社会组织等是由自然人组成的非法组织，在社会中没有合法地位；而单位则是依法设立的组织，在社会中具有合法地位。这是把二者作为不同犯罪主体的根本依据所在。

通常来说，单位犯罪都是为了牟取非法的经济利益。其基本特征表现为：由单位的决策者作出决定并交由具体的业务人员实施，或者是由单位领导制定经营方案，业务人员按照要求并以单位的名义进行非法经营活动；犯罪所获得的非法收益全部归单位所有；犯罪的刑事责任由单位和具体决策者、实施者共同承担，对单位除可判处罚金、没收等附加刑之外，还应判处其承担相应的行政法律责任，而对具体决策者和实施者可判处主刑和罚金等附加刑。

近些年来，单位在跨法区犯罪中也有淋漓尽致的表现，如单位走私、诈骗、制假售假、金融犯罪、组织进行的"黄赌毒"犯罪等，其中犹以单位走私最为严重。在内地海关查获的走私犯罪中，大案要案多是由单位与港澳不法商人联手实施的。2010年5月3日，在内地海关的情报支持下，香港海关共调动约140人，采取代号"海澄"的大规模行动，搜查全港19处地方，包括海上油趸、写字楼及住宅单位等，拘捕19名（12男7女）涉案人士，年龄介于21岁至56岁，包括嫌疑集团主脑人物、涉案公司董事、油趸工人，共查获嫌疑涉及走私得益的资产约2亿元，主要包括银行存款、贵重财物及7家住宅物业。这宗集团走私案件涉及多家香港公司，涉嫌利用旗下海上油趸，大量供应红油给增大油缸容量的渔船，以密集方式偷运红油至内地，经输油管、油泵等驳油装置运到岸边的油罐车，再运至地下柴油脱色工场，加工脱色后混入内地市场牟取暴利。①

除上述分类之外，还可依据其他标准对跨法区犯罪进行分类。如依据犯罪侵犯的客体不同，可把跨法区犯罪分为妨害公共安全型跨法区犯罪、侵犯人身权利型跨法区犯罪、侵犯财产型跨法区犯罪、破坏经济秩序型跨法区犯罪、破坏社会管理型跨法区偷渡犯罪等。再如，以犯罪侵害对象的身份为划分标准，可把跨法区犯罪分为以自然人为对象的跨法区罪和以单位为对象的跨法区罪。以自然人为对象的跨法区犯罪又可分为以中国公民为对象的跨法区犯罪和以外国人为对象的跨法区犯罪。以中国公民为对象的跨法区犯罪还可再分为以港澳台居民为对象的跨法区犯罪和以内地（大陆）居民为对象的跨法区犯罪。

综上可见，本章对跨法区犯罪进行的分类均是从内地（大陆）视角、按内地（大陆）法律进行的，若从港澳台视角、按港澳台法律，这些分类未必合适，尚需进行全面和深入的研究。

---

① 参见《南方都市报》，2010年6月8日。

第四节 跨法区犯罪的突出表现及其原因

一、利用区际出入境的方便条件，主体跨域型跨法区犯罪和两地勾结实施的跨法区犯罪仍然突出

自内地改革开放以来，港澳居民就可凭《港澳同胞回乡证》随时来往内地。港澳回归祖国后，内地与港澳之间的联系日益密切，各种交流、交往活动日趋频繁，港澳居民来往内地的人数成倍增长。经济合作、商贸往来、旅游观光等，无论是范围还是规模都呈现出快速发展的趋势。为适应这种可喜现象，国家不断对港澳居民来往内地的区际出入境管理进行改革。公安部出入境管理局于1999年1月推出与信用卡相同（ISO 7810ID-1标准）的《港澳居民来往内地通行证》，代替了原先的书本式的《港澳同胞回乡证》。该种通行证在有效期内不限次数来往内地与港澳。

为了繁荣珠江三角洲的旅游业，经国务院批准，从1994年开始，除未与中华人民共和国建交的国家的公民和个别特殊身份人士外，其他到香港的外国旅客均可通过"72小时便利签证"进入深圳特区旅游。[①] 2000年12月，经国务院批准，"便利签证"政策的实施范围，由深圳扩大到珠江三角洲9个城市和汕头市，外国游客在深圳等地旅游的停留时间也由原来的72小时延长到144小时。对已到香港、澳门特别行政区持普通护照的建交国家的外国人可组团进入广州、深圳、珠海、惠州等10个地区。[②]

[①] 参见《梅州网》，www.meizhou.cn，2010年4月8日。
[②] 参见《人民日报·华南新闻》，2000年11月10日第1版。

第一编 总 论

　　与上述改革进行的同时，对内地居民申请赴港澳旅游、探亲、经商或进行文化交流的，有关的政策和规章也作出了一系列调整。内地居民因私申请短期往来港澳通行证和签注的手续已大大简化，出入境管理部门审批和制证的时间也由以前的2个月改为15个工作日，再次申请签注的10个工作日内办结，符合"急事急办"的5个工作日内就能办结。2003年7月28日，自广东省对4个指定城市的居民率先开始实行第1期港澳个人游以来，现时全国共53个城市的居民，可以"个人游"身份到港旅游。[①] 2006年4月9日，公安部出入境管理局宣布：自今日起，各省、自治区、直辖市公安机关出入境管理部门将陆续启用2005版往来港澳签注。签注种类由现行14种调整为6种，即探亲（T）、商务（S）、团队旅游（L）、个人旅游（G）、其他（Q）和逗留（D）签注。《往来港澳通行证和签注受理、审批、签发管理工作规范》开始实施，内地居民短期往来港澳地区10项便民利民措施同步出台。[②]

　　就人员出入境通关的方便程度来看，2003年1月27日零时，与香港陆地连接的深圳皇岗出入境口岸实现了常年24小时通关。[③] 2005年3月，自珠海拱北出入境口岸在全国率先开通港澳居民自助过关以来，目前全国已有珠海、深圳、广州、北京、上海等大中城市的出入境口岸由港澳居民自助过关。拱北口岸从最早的两条自助通道（又称e道）发展到目前的60条通道，每天验放港澳居民达10多万人次，占到该口岸当日旅客总量的五成。港澳居民北上通关使用人工验放通道耗时10多分钟，但自助通道却不到1

---

① 参见《中国新闻网》，2003年8月29日。
② 参见《大洋网》，2006年4月10日。
③ 参见《广州日报》，2003年1月27日。

分钟。据珠海拱北公安边检站披露,目前深圳、珠海各口岸对港澳居民办理的自助采集资料信息已实行共享,即港人仅在深圳口岸办理自助过关手续,便可同时适用于在珠海口岸通关;至今在深、珠口岸已办理自助通关的港澳居民约370万人。[①] 根据来自深圳市口岸办公室的消息,"十一五"(2006—2010年)和"十二五"(2011—2015年)期间,深圳规划新增6个出入境口岸,其中深圳湾口岸、福田口岸已分别于2007年7月1日和8月15日开通,莲塘口岸规划已启动,大铲湾海港口岸整体工程将于未来两年半时间内完工并投入使用。[②]

在大陆与台湾人员往来方面,1979年全国人大常委会在《告台湾同胞书》中提出要实现海峡两岸直接"通邮、通航、通商"。1987年10月15日,台湾方面通过了《台湾地区民众赴大陆探亲办法》,正式宣布自该年12月1日起,民众可赴大陆。1991年12月17日,国务院颁布《中国公民往来台湾地区管理办法》,有关部门着手准备签发《大陆居民往来台湾通行证》,开始签发《台湾居民来往大陆通行证》,以代替过去对台湾居民签发的《台湾同胞旅行证明》,使中国公民往来台湾管理走上了规范化、专门化的轨道。2001年1月1日,海峡两岸实现了小规模的通商、通航和通邮。2008年12月15日,根据海协会与海基会台北会谈达成的协议,两岸海运直航、空运直航、直接通邮全面启动,宣告两岸"三通"时代来临。大三通开辟的两岸直接航行,为两岸民众提供了安全、便捷、经济的交通运输条件,进一步扩大了人员往来与两岸经济合作。2008年6月13日,海峡两岸关系协会与台湾海峡

[①] 参见《中国新闻网》,2010年10月8日。

[②] 参见《新华网深圳》,2008年9月13日。

交流基金会在北京签署了《海峡两岸关于大陆居民赴台湾旅游协议》和《海峡两岸包机会谈纪要》。据统计,截止到2009年12月18日,大陆居民赴台旅游已累计达到24564个团、639991人次。①根据台湾媒体报道,2014年内地赴台湾旅游人数达到393万人次,其中自由行增长明显,同比增幅达到125%。台湾方面表示,2015年内地赴台自由行人数在总人数中占比还会提高。同时,台湾地区赴内地旅游人数也在增长,预计2015年双方往来游客人数将突破千万。国家旅游局数据显示,截至2014年11月,台湾赴内地旅游人数超过487万人,同比增长2.4%。②

上述一系列区际出入境管理的改革措施,既有利于内地(大陆)与港澳台人员的相互往来,也有利于促进两岸四地的经济发展和社会繁荣,又顺应了全球经济一体化的发展趋势。但是,这种方便人员的区际出入境管理也是一把"双刃剑",它在促进两岸四地经济与社会发展的同时,也给犯罪分子跨越跨法区边境实施犯罪提供了便利条件。犯罪分子要么单独跨越法区边境实施犯罪,要么利用各种社会关系进行里应外合的犯罪活动。而随着内地(大陆)与港澳台经济联系的日益密切,四地的犯罪组织以经贸活动为掩护而大力向外地扩充地盘的劲头也有增无减。港澳台的犯罪组织已不满足于港澳台的狭小空间,贪婪地窥伺着内地的广阔空间,精心策划要到内地大干一番。而内地(大陆)的犯罪组织也极力想在港澳台寻求合作伙伴,以便实施新目标的跨法区犯罪。于是,港澳台与内地(大陆)的犯罪组织便纷纷相互渗透、发展成员。有关资料显示,港澳台的一些黑社会组织已在内地(大陆)

---

① 参见《中国台湾网》,2009年12月30日。
② 参见中国互联网数据中心,2015年1月8日。

建立起新的立足点,正在秘密扩大地盘,内外勾结进行各种犯罪活动,其中相当的一部分犯罪属于跨法区犯罪。

二、"蚂蚁搬家"式的走私犯罪司空见惯

自内地于1998年组建海关走私犯罪侦查局,对沿海地区的走私活动进行严厉打击以来,单位走私和大型的海上走私案件已大大减少,而小型的"蚂蚁搬家"式的个人走私活动却又猖獗起来。针对这种个人走私浪潮,海关走私犯罪侦查局不得不一次又一次地大规模开展"灭蚁"行动,但形势仍时好时坏,个人海上走私并不能从根本上得到遏制。

从陆路来看,捎带型的小规模个体走私也司空见惯。由于目前港澳经济已经与内地经济融为一体,港澳居民的原籍又大多数是在内地,他们中的一些人在深圳、珠海购置了房产,每天从内地过关到港澳工作,晚上回深圳、珠海居住。这样一来,少数人就利用经常过关的方便条件,从港澳向内地捎带进口小商品,向港澳携带文物、生活用品逃避海关的监管。在过关时,一旦携带的物品被海关监管人员查获,属于正当商品的常常是补交税款放行,属于禁止进出境物品的予以没收,因偷逃税款数额小达不到处罚限度而"教育"后放行了事,真正受到刑事追究的是极少数。2000年10月深圳市中级人民法院以走私罪判处香港居民钟银风有期徒刑8个月的案件,就是一个典型的"蚂蚁搬家"式的个人走

私案例。① 一份数据显示，每天进出拱北口岸的水客规模大约有10000人，几年前这支队伍还只有4000人。一名水客一天至少进入拱北10次，多的50次。有人给记者算了一笔账，按最保守的计算，每人每次带三条烟，1万人每天10次就是30万条。事实上，拱北口岸已经成了走私集散地。一位知情人说，洋酒进入中国只有两条途径，要么正规关税进入，要么走私入境，后者主要是通过珠海和深圳的口岸。据称，广州许多走私高档洋酒就是从澳门—珠海这条"水路"进入的。②

自国务院港澳办和公安部决定于2009年4月1日在深圳试行"一签多行"政策以来，大量深圳户籍民众赴港给深港两地带来了大量商机，但也令"水货客"（"蚂蚁搬家"式的小额走私）问题日益严重。根据深圳海关发布的最新数据，过去4年（2011—2014年）海关先后截获职业"水货客"3.3万人，其中2万名为香港人，而在被定罪的163宗走私货物案中，香港人更高达80%。③

三、有些跨法区犯罪活动已经融入国际犯罪、跨国犯罪浊流

在全球化进程加快，全球经济和区域经济一体化不断加强的

---

① 2000年上半年，香港居民钟银风利用在深圳有住屋的条件，每天从香港带小商品来深圳出售牟利，后来发展到雇请马仔帮其带货过关（每次支付一马仔12港元劳务费）。罗湖口岸海关发现后采取了监控措施，查扣了她当日携带走私入境的香烟15条、一次性注射针筒2000支，并在其住处查获走私入境的胃仙U、海狗丸等药品及其他商品一批。经核定，这些走私货物税价人民币19万余元，偷逃税款54418元。深圳市中级人民法院以走私罪判处钟银风有期徒刑8个月，并处罚金54418元。

② 参见《羊城晚报》，2010年7月18日。

③ 罗琦：《香港水货客：水货客中港人约占一半》，载《第一财经日报》，2015年3月2日。

中国区际刑事警务合作

现在和未来,犯罪分子也迅速乘机而上,跨出地区,走出国门,迈向世界。所以,在对跨法区犯罪进行深入研究时,我们还应清醒地认识到,目前中国内地的犯罪势力并不把自己的犯罪范围仅仅限定于内地的30多个省、自治区和直辖市,也不认为在中国内地(大陆)、香港、澳门、台湾进行大串联就达到了最高境界。他们早已跨洲越洋,与国际犯罪势力相勾结,深深地融入国际犯罪、跨国犯罪的浊流之中。例如,渗透到粤港澳以经营毒品为主的犯罪团伙,已不满足于就地转手,从中渔利,搞小打小闹式的经营活动。他们已与缅甸、泰国、老挝三国交界的"金三角"地区的犯罪分子相勾结,直接从国外进货,在途经内地的云南、贵州、广东等省后,再从广东的沿海水域偷运出境,进而转经港澳地区远销欧美市场。显而易见,这是跨国与跨法区犯罪相结合的犯罪形态,是国际与区际犯罪组织相互勾结形成的犯罪托拉斯。北京政法大学郭翔教授在对跨境犯罪的特征进行描述时说:"这种勾结不仅带有互补性,而且常常是跨境犯罪整个实施过程中的一个环节,一个组成部分。境内犯罪与跨境犯罪相结合,跨境犯罪与跨国犯罪相结合,这是跨境犯罪变化趋势中日益显现出的一个特征。"① 广东省警方于1992年破获的加拿大籍华人李秋萍制贩"冰"毒案就是一个从跨法区犯罪开始,进一步发展成为跨国犯罪

---

① 郭翔、白岚:《跨境犯罪发展趋势研究》,载《越境犯罪与控制对策》,中国社会科学出版社1995年版,第13页。

的典型实例。① 而近些年来，港澳台和内地（大陆）的犯罪组织与国际上臭名昭著的黑社会组织相互勾结危害中国和国际社会的例子也屡见不鲜。可见，这种跨国兼跨法区犯罪案件不仅应列入中国区际协查的范围，而且也是中国参与国际刑事警务合作，与世界各国警方携手重点打击的对象。

四、现代化、智能化的技术传导型跨国兼跨法区犯罪日益猖獗

科学技术是促进人类社会发展的重要力量，但也是一把"双刃剑"。它在带给人类高效、便利的同时，也易被犯罪分子用来危害社会。而"高科技犯罪由于'科技含量'高，很难被发现、侦查和起诉，这也成为了一个世界性的难题"②。

在现代化科学技术里，能够给人们的工作和生活带来最直接、最深刻影响的莫过于电子计算机的发明和应用。电子计算机使人们的工作和生活变得更方便、更快捷，只要将自己的电脑加入互联网，就可以坐在家里敲敲键盘，世界报刊一览无余，天下大事尽收眼底；人们还可以通过电子购物功能得到食品、日用消费品，向银行存款或者取款；还能运用对话窗、电子邮件与全球任何地

---

① 1992年5月至10月广东省警方破获了以加拿大籍华人李秋萍为首的制贩"冰"毒案。李秋萍被称为"冰毒皇后"和"大家姐"，当时担任香港两家发展公司的执行董事。她于1989年开始，以投资办化工厂的名义，先后在广东的江门、东莞、清远、深圳以及福建的福州市建立冰毒加工点。生产出的冰毒成品由香港毒贩李煌兴、李振华通过深圳、香港运往加拿大、美国。案中共抓获内地犯罪嫌疑人22名，香港警方也抓获贩毒集团成员14名。李秋萍在案发后逃往加拿大，我国警方通过国际刑警组织将其抓获并引渡来华绳之以法。

② 蔡巍：《高科技犯罪及其控制国际研讨会综述》，载《人民检察》2006年第2期（上）。

方的朋友通话、通信、讨论问题、参加学术活动、攻读博士学位，甚至不用去单位就可以在家里处理完自己的日常工作。电子计算机使人们的眼睛看得更远了，手臂伸得更长了，把人的思维能力提高了千百万倍。然而，对于信息时代的迅速到来，善良的人们在欣喜之余又平添了许多烦恼，那就是犯罪分子也早已涉足这个领域。目前，发生在中国各法区的计算机犯罪，除了一法区的不法之徒所为之外，跨法区相互勾结和协作的计算机犯罪已呈大幅上升的趋势，而跨国兼跨法区进行的计算机犯罪也屡见不鲜。

之所以如此，是因为以非法获取高额经济利益为动力的跨国兼跨法区的犯罪集团，大多已拥有强大的经济实力和物质基础，在运用最新科学技术手段方面表现出极大的敏感性和贪婪性。他们不惜重金雇请高级的计算机专家，掌握最先进的计算机技术，采用信用卡、信用证以及其他手段，在金融、商贸、汇兑等领域进行跨国兼跨法区犯罪，轻而易举地将政府、银行、商家、单位、个人的存储款项划到自己的账户上，再经过多次跨国或跨法区洗钱，他人的大笔款项就成了犯罪集团的合法财产。犯罪分子转而去进行投资经营、捐助社会、救济贫寒，在自己的头顶戴上一个又一个光环。"科技犯罪以其手段的先进性，过程的智能性，空间的跨国性，时间的瞬间性和随机性（如计算机犯罪被称为'千分之一秒的犯罪'），活动的隐蔽性，夺取了犯罪市场的半壁江山。"[1]

自 2000 年以来，随着中国金融、通信业的快速发展，虚假信息诈骗犯罪迅速在中国发展蔓延，借助手机、固定电话、网络等通信工具和现代网银技术实施的非接触式的诈骗犯罪迅速发展蔓

---

[1] 王光等：《中国犯罪率增长与社会治安》，载《国际预防犯罪学术研讨会论文集（国内论文部分）》，第127页。

延，给人民群众造成了很大的损失。据全国人大代表陈伟才介绍，2013 年，中国电信诈骗案件发案 30 万余起，群众损失 100 多亿元，这当中除了犯罪分子获得了利益，银行和电信运营商都在其中"分得了一杯羹"。① 而许多电信诈骗案件是跨国、跨法区或跨国兼跨法区实施的。例如，2012 年 8 月 23 日，菲律宾警方在大马尼拉地区同步突击 20 个电信诈骗据点，一举逮捕了来自中国大陆和台湾的嫌犯共 357 人，成为菲律宾历年来侦破的最大的同类案件。该诈骗集团通过网络电话联系在中国的受害者，讹称是中国警察，向受害人表示他们的银行账户被利用洗钱及涉及恐怖主义等活动，然后诱使受害人将钱转账到他们声称所谓的"安全户口"，而实际上是将钱转到诈骗集团手上。②

---

① 参见《广州日报》：《去年因电信诈骗累计损失超百亿元》，2014 年 3 月 8 日。
② 参见《东南网》：《菲律宾破获特大华人电信诈骗案》，2012 年 8 月 24 日。

第二章 区际刑事警务合作概念解析

一国内部的区际刑事警务合作并非中国独有，世界上许多国家存在着各种各样的区际刑事警务合作。因而，区际刑事警务合作概念研究应分三个层次：一是构建适用于各国的区际刑事警务合作概念，二是区分区际刑事警务合作与相关概念的异同，三是解析中国区际刑事警务合作概念及其特性、特点。只有这样，才能在认识区际刑事警务合作普遍本质、内涵和外延的基础上，准确把握中国区际刑事警务合作的特殊本质、内涵和外延。故本书所称的区际刑事警务合作、中国区际刑事警务合作是种属关系的两个概念。

第一节 区际刑事警务合作的内涵和类型

区际刑事警务合作是一个合成概念，在对其定义之前需要先厘定"区际"的内涵。

一、区际的层次性和不同说法

区际，从英语"Interregional"的基本词义来看，乃是指地区与地区之间。在汉语中，"区"多用来表示地区、区域，"际"有边、境、界、极限和相互之间之义。就词义而言，汉语中的区际显然是指"地区与地区之间"。可见，无论是在英语还是汉语中，区际都是一个地域上的抽象概念。在不同的语境中，区际究竟是指何种"地区"之区际，则会因"地区"的具体含义不同而产生不同的说法。因而，在具体的语境中，使用"区际"这一术语需对其内涵作出明确界定。

首先，从国际和国内两个层面看，"地区"虽有国内地区与国际地区之分，但在学术界，区际通常是学者们在论述国内问题时，为与"国际"相区别而使用的词语。例如，在法律领域，区际法律冲突、区际刑事司法协助、区际警务合作与国际法律冲突、国际刑事司法协助、国际警务合作是相对应的两组概念。前一组概念中的区际仅是指"国内地区之区际"，而非"国际地区之区际"。其次，在一国之内，区际有许多不同的划分依据和标准，并衍生出一些合成概念，如地区与其他术语结合衍生出的行政区、文化区、关税区、司法区、特别行政区等概念，因此区际也就有文化区之区际、关税区之区际、特别行政区之区际、司法区之区际等说法。最后，由于各国的行政区划不同，国家之下的行政区有不同的称谓，其区际也就有不同的说法和内涵。在实行联邦制的美国、德国、澳大利亚、瑞士等国之下的"地区"为"州"，因而这些国家的区际为"州际"；在加拿大，联邦制之下的"地区"为"省"，因而加拿大国家之下的区际为"省际"；而在苏联，联邦制之下的"地区"为加盟共和国，因而苏联国家之下的区际为"盟际"。在单一制国家中，中国之下的"地区"为"省、自治区、直辖市和特别行政区"，日本之下的"地区"为"都、道、府、县"，韩国之下的"地区"为"特别市、道、广域市和特别自治道"。这些国家之下"地区"的称谓虽比较复杂，但都可用区际表示"地区与地区之间"。

由上可见，区际通常是一国之内各种"地区与地区之间"的抽象表述，可在广泛意义上使用，但从国家体制来看，各国的区际、依据不同标准划分的区际不仅是表现形式和说法的不同，还有内涵的不同。在法律领域，区际多适用于联邦制国家或单一制的复合法区国家，因为这些国家存在不同地区间的法律冲突，在地区间法律冲突前提下探讨区际刑事司法协助、区际警务合作，理论和实践的必要性较高，价值也较大。

中国内地法学界为对区际在法律领域中的内涵作出明确界定，创立了一种"法域之区际"的说法。马进保教授认为："区际"是一个以法域为基础的引申概念。"际"有边、境、界、极限和相互之间的含义，"区际"是指在一个复合法域国家内，各法域之间在法律的属地性与属法性问题上的相互关系。① 陈晖博士还把"法域之区际"分为"同一法域之区际"（域内之区际）和"非同一法域之区际"（狭义的区际）。② 这里，陈晖博士所称"同一法域之区际"可以解读为同一法域之内不同地区之区际，而"非同一法域之区际"则是指不同法域内的地区之区际。

二、本书对区际的界定

为避免"法域之区际"说法的理论复杂性造成的说明和理解困难，以便社会各界人士掌握这一概念，本书使用"法区之区际"这一说法并对区际进行界定。如本书第一章所言，"法区"，是一个法制与地区相结合的概念。简言之，法区是指具有独立法律制

---

① 马进保：《中国区际刑事司法协助论纲》，载《甘肃政法学院学报》2003年第3期。
② 陈晖：《中国区际刑事司法协助概念的研讨》，载《求索》2006年第1期。

度的地区。细言之,法区是指在一定地区范围内,立法体制、法律体系、司法制度、警察制度自成一体并具有独立性的地区。从传统的"法域"概念的外延①来看,"法区"与"法域"中的"地区法域"意思相同,但"法区"更为简单明了,也易于接受。

综上所述,所谓区际,简言之,即"法区之间",它是指复合法区国家之内的各法区之间;细言之,法区是指复合法区国家之内,立法体制、法律体系、司法制度、警察制度自成一体并具有独立性的地区之间。从语用学的角度看,"法区之区际"显然比"法域之区际"更为确切。

为防止概念混淆,还需对"法区"和"司法区"两个概念进行区分。司法区,即司法管辖区的简称。司法区相对于行政区而言,是司法机关行使司法权力的场域。② 从上述定义中可以看出,"法区"是一个内涵较为丰富的综合概念,其核心是指地区在立法上的独立性,而"司法区"则是一个内涵较为单一的概念,仅是指司法机关在法律适用上的地域管辖。就此而言,陈晖博士所说的"同一法域之区际"其实是"司法区之区际",而"非同一法域之区际"是"法区之区际"。就地区的立法独立性而言,在中华人民共和国领域内只有大陆(内地)、香港、澳门、台湾四个法区,而如果按照不同标准把大陆(内地)、香港、澳门、台湾四个法区的司法管辖区进行分级,则会有许多不同层级的"司法区"。

---

① 综合我国学者的各种观点,法域有属地性法域、属人性法域、属时性法域和部门性法域之分,属地性法域即"地区法域"。
② 赵兴洪:《重庆市司法区域划分制度研究》,载《西南政法大学学报》2009年第1期。

三、区际刑事警务合作的内涵

在中文中,合作和合动基本上是同一含义,因而合作即意合而作或意合而动。它是指两个以上的行为主体,就一些事务达成制度或意愿并付诸行动。

基于上述对区际的界定,区际刑事警务合作是指一国内部不同法区的警察机关,为实现预防、控制、处置和侦查犯罪等目的,依据区际刑事警务合作制度或事先达成的默契,相互提供的配合与协作。这一定义既适用于世界有关国家的区际刑事警务合作,也适用于中国的区际刑事警务合作。

与一国之内同一法区中不同地区无刑事法律冲突的刑事警务合作相比,区际刑事警务合作势必会遇到区际刑事法律冲突的障碍而发生重重困难;与国际刑事警务合作相比,二者虽都存在刑事法律冲突的障碍,但国际刑事警务合作遇到的是主权国家间的刑事法律冲突即国际刑事法律冲突,而区际刑事警务合作遇到的则是主权国家领域内不同法区间的刑事法律冲突。可见,三者是不同前提的刑事警务合作,各有各的实践和理论领域。因此,需要专门对区际刑事警务合作进行研究,并在两方面张扬其价值:一方面,从静态社会机制来看,区际刑事警务合作研究应着眼于复合法区国家各法区间形成合作预防、控制、处置和侦查犯罪的区际刑事警务合作理论,并在此基础上形成有关区际刑事警务合作的法律制度。另一方面,从动态社会机制的角度分析,区际刑事警务合作理论和法律制度应确立不同法区警方之间在区际刑事警务合作中的权利和义务关系,明确各自在控制、处置和侦查犯罪等活动中代为或共同完成刑事警务行为的范围、方式、程序和时效等,以提升区际刑事警务合作的效率、效能和效益。

在理论上，区际刑事警务合作与区际刑事合作、区际刑事司法协助是既有联系又有区别的概念。区际刑事合作包含区际刑事立法合作、区际刑事司法协助两个方面。可见，区际刑事合作与区际刑事司法协助在逻辑上是从属关系，区际刑事司法合作从属于区际刑事合作。区际刑事司法协助虽然包括各法区警方之间的区际刑事司法协助，但各法区警方之间的区际刑事司法协助的内容与区际刑事警务合作的内容并不完全相同，可以分为两个概念。

综合国际和中国有关的立法和学说，无论是广义还是狭义的区际刑事司法协助均以刑事诉讼为中心和前提，而区际刑事警务合作虽以刑事诉讼为主要内容，但还有许多非刑事诉讼的事务，如对跨法区犯罪的预防合作、对正在发生的跨法区犯罪的处置合作和法区之间互相协助查找无名尸体、失踪人口以及非特定性犯罪情报交换、刑事技术交流，中国在《内地公安机关与香港警方建立相互通报机制安排》架构内双方互相通报被对方因涉嫌犯罪采取刑事强制措施的两地居民等，都不属于刑事诉讼事务。因此，区际刑事警务合作与区际刑事司法协助、区际刑事合作在逻辑上不是从属关系，而是交叉关系。

四、区际刑事警务合作的类型

区际刑事警务合作的类型不同，所依据的法律和合作方式、程序规则也不同，因而有必要对区际刑事警务合作的类型进行实际意义的划分。

第一，依据合作的事项是否具有刑事诉讼属性，可将区际刑事警务合作分为诉讼内区际刑事警务合作和诉讼外（非诉讼）区际刑事警务合作两类。进而，依据诉讼内区际刑事警务合作所指事项和形式可以将其分为区际交流信息和情报、区际委托送达刑事诉讼文书、区际委托调查取证、区际协查案件、区际缉捕和移交逃犯、区际追缴犯罪所得、区际联合侦查等。

第二，依据合作主体的数目划分，可将区际刑事警务合作分为双边刑事警务合作和多边刑事警务合作。双边刑事警务合作是指两个法区警方之间的刑事警务合作。多边刑事警务合作是指两个以上法区警方之间的刑事警务合作。在区际刑事警务合作实践中，是进行双边合作还是进行多边合作，要看合作所指犯罪和逃犯跨越了几个法区的边境。

第三，依据合作事项是否有具体对象，可将区际刑事警务合作分为具体的区际刑事警务合作和抽象的区际刑事警务合作两类。具体的区际刑事警务合作是针对特定个案或特定的人、事、物等所开展的刑事警务合作。抽象的区际刑事警务合作是不针对特定个案或特定的人、事、物等所开展的刑事警务合作。其合作事项包括协商刑事警务合作安排、协商和签署刑事警务合作的区际协议，以及以建立刑事警务合作机制为基本内容的会晤、会商等。

第四，按警务主体的行为是否跨越相关法区边境，可将区际刑事警务合作分为主体跨法区的刑事警务合作和主体不跨法区的刑事警务合作两类。在区际刑事警务合作中，只要有一方的警务人员到其他法区内进行警务活动，就可视为警务主体跨法区的区际刑事警务合作。

第二节 区际与国际刑事警务合作的异同

与区际刑事警务合作相关且需要区别的概念主要是国际刑事警务合作，深入理解区际刑事警务合作概念的内涵和外延，还需要厘清该概念与国际刑事警务合作概念的关系。

一、二者的共同点

从历史渊源来看,国际刑事警务合作早已有之,而区际刑事警务合作则是近代联邦制国家出现之后才产生的。联邦制国家内的区际刑事警务合作基本上是在吸收、借鉴、变通、改造国际刑事警务合作理论、原则、规则和实践经验的基础上形成的一种刑事警务合作。之所以如此,是因为二者均存在刑事法律冲突的障碍,其宗旨均是为法院的刑事审判提供前提条件,均侧重于审判程序前的侦查合作,均与广义刑事司法协助存在着交叉和重叠。后来,一些单一制国家也出现了复合法区,区际刑事警务合作理论和实践才有了新的发展和突破,但单一制国家内的区际刑事警务合作并未改变与国际刑事警务合作的上述共同点。

二、二者的不同点

与国际刑事警务合作的跨国性不同,区际刑事警务合作则表现为跨法区性。由于区际刑事警务合作基于一国内部各法区刑事警务的互涉性,且是在各法区均拥有独立刑事侦查权基础上所开展的一种警务合作,故二者的区别也较多。

(一) 适用范围不同

国际刑事警务合作适用于国际社会,区际刑事警务合作适用于国内社会。国际刑事警务合作是主权国家之间的合作行为,是建立在维护各当事国领土和主权完整基础上的一种对等互惠关系。一国警方请求另一国警方代为一定的警务事项或共同完成警务事项,要依据国际刑事公约、条约、互惠承诺以及国内法的相关规定进行。《国际刑警组织章程与规则章程》第 2 条第 1 款规定:

中国区际刑事警务合作

"在各国现行法律的限度之内并本着'世界人权宣言'的精神,保证和促进各刑事警察当局之间最广泛的相互支援。"区际刑事警务合作是一国之内的刑事警务合作,法区间相互提供警务协助或共同完成警务事项,所依据的是各法区协商制定的合作安排、协议或在相互谅解下达成的默契,一般不涉及国家主权问题。

(二)合作主体不同

国际和区际刑事警务合作主体都有实质主体和形式主体之分。所谓实质主体是指有权缔结和制定与国际和区际刑事警务合作相关的规范性文件,并在具体刑事警务合作相互决策过程中起决定作用的国家和地区的立法机关、政府及其委托的外交机关、中央警察机关(中央警察主管机关)。这里所称的"相关的规范性文件"包括与国际、区际刑事警务合作有关的国际公约、条约、协定和区际协议、安排等。所谓形式主体,是指在具体的刑事警务合作实行过程中履行协调和执行职能的国际组织、国家和地区警察机关,但有时也有其他机关参与其中。

国际刑事警务合作的实质主体主要是享有国家立法权和"造法性条约"缔约权的国家立法机关、中央政府和外交机关、中央警察机关(中央警察主管机关)。具有准国际法主体资格的"地区"立法机关和政府,在与本国以外国家缔结"相关的规范性文件"和在具体的国际刑事警务合作相互决策过程中,也具有实质主体资格。区际刑事警务合作的实质主体是享有地区立法权和"造法性协议或安排"签署权的地区立法机关、政府和警察机关或警察主管机关。

国际刑事警务合作发生在不同国家之间,要完成的是跨国性的刑事警务事项。因此,参与合作的形式主体是享有国际权利、承担国际义务的国际组织、国家或"地区"警察机关。而区际刑事警务合作发生在一国内部的不同法区之间,参与合作的形式主体自然是一国内部各法区的警察机关,如联邦制国家内的省、州、邦、加盟共和国的警察机关;单一制国家内部不同法区的警察机关。

按照国际法的一般原则,国际法律关系的主体是国际组织和主权国家。一个国家内部的地方行政区不具有国际法主体资格,无权独立与外国建立国际法律关系。《香港特别行政区基本法》第152条和《澳门特别行政区基本法》第137条规定都显示出如下含义:香港、澳门回归祖国后,香港和澳门两个特别行政区与外国之间的关系(包括司法互助关系)归属国家;中央可以授权或者协助两个特别行政区发展与外国的关系;当两个特别行政区以授权方式与外国发展关系时,必须以"中国香港"、"中国澳门"的名义进行。之所以如此的原因是:回归后的香港、澳门已是中国这个单一制国家内部的地方行政区,不再具有国际合作主体的资格。但在中国内部各法区间的区际刑事警务合作中,香港、澳门两个特别行政区则具有完全的刑事警务合作主体资格,可以依据《香港特别行政区基本法》第95条和《澳门特别行政区基本法》第93条的规定,自主与内地开展区际刑事警务合作。

(三)合作性质不同

国际刑事警务合作基于主权国家之间的法律关系,依据相关国际法所确立的原则和规则进行,具有国际性;而区际刑事警务合作基于一国内部不同法区间的法律关系,依据特别行政区基本法、区际协议或安排以及其他各方事先约定的规范进行,具有区际性。

中国区际刑事警务合作

传统的国际刑事警务合作理论认为，基于国家主权原则，一国警方不能在另一国家领域内行使警察权，因而国际刑事警务合作的范围只限于交换情报、委托调查、遣返或引渡逃犯、返还犯罪所得财产等内容。自20世纪90年代以来，随着全球化进程，犯罪的国际化趋势也越来越强烈。同时，遏制犯罪国际化的国际刑事警务合作也打破了各国画地为牢的传统格局，使合作双方可在平等互利原则基础上，相互授予对方的侦查人员进入本国境内开展侦查的权力。而区际刑事警务合作，因在一国之内进行，合作的范围更为广泛，合作的方式也更加灵活机动，特别是一些联邦制国家，警察可以相对自由地进出他法区侦查和拘捕逃犯，实施必要的刑事司法行为。

（四）合作途径不同

由于国际刑事警务合作在基于国家之间的刑事司法互助关系、警务合作关系的同时，还要考虑国家的对外主权和外交关系，因而使涉案国中央政府具有较大程度的行政干预权。例如，对一些国际犯罪、跨国犯罪的管辖移转，对犯罪嫌疑人的引渡等重要协助事项都要由中央政府主导并行使终局决定权。而区际刑事警务合作是基于同一国家内部的不同法区间刑事司法互助关系、警务合作关系进行的，中央政府只居中协调，并不行使主导权和终局决定权。中国的区际刑事警务合作在这一点上更为明确。

根据香港和澳门特别行政区基本法的立法精神，中央人民政府对特别行政区所享有的独立刑事司法权、警察行政权不予干预。港澳特别行政区与内地进行的区际刑事警务合作虽有刑事司法和行政执法两个方面的属性。只要相关法区的刑事司法机关、警察机关对需要协助的事项依法进行审查后，认为合法而且确有必要时，就应当迅速作出协助决定并采取相应的协助措施，通常无须经过中央政府的行政审批程序。

另外，虽然国际和区际刑事警务合作都存在通过国际组织（如国际刑警组织）进行的情况，但从实践来看，国际刑事警务合作对国际组织的依赖大大高于区际刑事警务合作对国际组织的依赖。而中国的区际刑事警务合作对国际组织的依赖程度更低，大多数刑事警务事项都由合作双方直接进行。

第三节 区际刑事警务合作与相关概念的异同

中国的区际刑事警务合作有广义与狭义之分。在广义上是指中国内地（大陆）、香港、澳门、台湾四法区之间的刑事警务合作。在狭义上是指中国内地（大陆）与香港、澳门、台湾三法区之间的刑事警务合作，不包括香港、澳门、台湾三法区之间的刑事警务合作。鉴于本书书名和内容所指，以下所称"中国区际刑事警务合作"或在特定语境中所称"区际刑事警务合作"均是指狭义的中国区际刑事警务合作。

与区际刑事警务合作相关且需要区别的概念主要有两个：一是区际刑事司法协助，二是区际警务执法合作。深入理解区际刑事警务合作概念的内涵和外延，还需要厘清该概念与这两个概念的关系。

一、区际刑事警务合作与区际刑事司法协助的异同

区际刑事警务合作与区际刑事司法协助的异同表现在多个方面，如主体、内容、途径、方式的异同，但深层次的异同集中表现在二者的内容与名称、刑事诉讼和刑事政策的关系上。

中国区际刑事警务合作

(一) 二者内容与名称关系的异同

由于中国现实没有涵盖内地(大陆)、香港、澳门、台湾四法区的区际刑事司法协议或安排,也没有内地(大陆)与香港、澳门、台湾三法区共同的区际刑事司法协议或安排,更无法知晓以后出现的相关协议或安排,在刑事司法之后使用"协助、互助、合作"中的哪一个,从相关理论文献来看,大多数学者认为:无论是内地(大陆)、香港、澳门、台湾四法区之间还是内地(大陆)与香港、澳门、台湾三法区的区际刑事司法行为都是"区际刑事司法协助",而较少使用"区际刑事司法互助"或"区际刑事司法合作"。

然而,中国相关立法和协议对包含刑事司法在内的司法之后的"协助、互助"有不同的表述。香港特别行政区基本法第95条和澳门特别行政区基本法第93条的表述是:香港、澳门特别行政区可与全国其他地区的司法机关通过协商依法进行司法方面的联系和相互提供"协助"。而大陆与台湾2009年签订的是《海峡两岸共同打击犯罪及司法互助协议》。可见,"司法协助"与"司法互助"是有区别的。

从"协助、互助、合作"的含义来看,"协助"是指从旁帮助或辅助,可以是别人协助自己,也可以是自己协助别人。"互助"是指双方互帮互助。"合作"有两层含义:一是彼此相互配合,二是双方或多方联合行动,以达到共同的目的。从含义比较来看,"互助"的含义比"协助"宽,而"合作"的含义又比"互助"宽。反过来讲,"合作"包含"互助","互助"又包含"协助"。因而,刑事司法互助的外延比刑事司法协助宽,而刑事司法合作的外延又比刑事司法互助宽。

第一编 总 论

刑事司法协助可以是甲方对乙方的单方向协助，也可以是乙方对甲方的单方向协助。就单次协助和短期来看，刑事司法协助是非互相、非互惠的，但长远效应则是互相、互惠的。因而，将内地与香港、澳门两法区之间的区际刑事司法行为称为"刑事司法协助"是贴切的。因为这一用语表明，在香港、澳门回归之后，内地与香港、澳门两法区之间的区际刑事司法行为并非出于"互相和互惠"，但长远效应则是"互相和互惠"的。而刑事司法互助虽然也是通过甲方对乙方、乙方对甲方的协助进行的，但其总体的出发点和长远效应都是"互相和互惠"。因此，将大陆与台湾两法区之间的区际刑事司法行为称为"刑事司法互助"是贴切的。因为大陆与台湾至今仍然是两个互不隶属的政治实体，尽管双方都认可"世界上只有一个中国，大陆和台湾都隶属于一个中国"，但这与香港、澳门隶属于中国有本质区别。就"刑事司法协助"和"刑事司法互助"的长远效应来看，二者并无实质性差别。因此笔者赞成在理论、立法或协议上，将中国内地（大陆）与香港、澳门、台湾三法区之间的区际刑事司法行为统称为"中国区际刑事司法协助"。

比较而言，刑事司法协助或互助都依据双方现实的刑事司法制度进行。而基于"合作"的基本含义，刑事司法合作就有双方与多方、现实与未来、配合性与联合性之分。双方的、现实的配合性刑事司法合作，也就是依据双方现实的刑事司法制度进行的刑事司法协助或互助。双方或多方的、未来的联合性刑事司法合作，也就是改变双方或多方现有刑事司法制度内容的刑事立法合作。可见，刑事司法合作包括刑事司法协助、刑事司法互助、刑事立法合作三个方面。刑事立法合作不仅仅是刑事司法协助、互助协议或安排的协商和签订，其还包括合作各方本地刑事实体法和程序法立法的趋同化。而立法趋同化的最高境界就是刑事立法一体化，而此过程则促使刑事司法一体化。

在现有与警务相关的国际性文件中，警务或警察之后大多使用"合作"一词，而较少使用"协作"一词。就中外警务合作文件[①]的名称与内容的关系而言，其之所以被命名为"合作"协定或警务（警察）"合作"协议、议定书、备忘录等名称，实质在于其不仅包含犯罪案件协查、调查取证、通缉和移交犯罪嫌疑人等刑事司法协助方面的内容，而且还包含了较大分量的警察在犯罪预防、控制、处置方面的内容，有些甚至还包含警察行政服务合作方面的内容。可见，中外警务合作文件是一种综合性文件。

由于中国现实没有系统性的区际警务协议或安排，也无法知晓以后出现的区际警务协议或安排，在警务之后是否使用"合作"一词，内地（大陆）、香港、澳门、台湾的多数学者都认为中国四法区之间或内地（大陆）与香港、澳门、台湾三法区之间开展的是警务"合作"。从中国现有的区际警务文件来看，有的使用了警务"协作"一语，如广东省公安厅与香港警务处于2003年1月13日共同确认的《深港陆路口岸警务协作机制》，2008年4月28日以粤港会晤纪要的形式签署的《深港陆路口岸警务协作机制补充协议》，但中国内地（大陆）与香港、澳门、台湾三法区的警务会晤文件大多使用了警务"合作"一语。

---

① 中外警务合作文件，即中国与外国签订的关涉警察、警务的各种协定和直接命名为警务（警察）合作协议、议定书、备忘录等名称的规范性文件。改革开放以来，中国与外国签订了许多包含刑事警务合作内容的协议、协定、议定书和备忘录。然而，虽然这些文件包含多种内容，却没有一个标明为"刑事警务合作"协议、协定、议定书和备忘录的，故本书不特意使用"中外刑事警务合作文件"这一专用术语，而使用"中外警务合作文件"这一常用术语。

比较警务"合作"、警务"协作"二者的含义，应该说前者的外延比后者宽，后者是前者的一种方式。警务"协作"通常是指双边的、依据双方现实警务制度进行的配合或协助。而警务"合作"则有双边与多边、现实与未来、配合性与联合性、制度性与非制度性之分。双边的、现实的配合性警务"合作"就是警务"协作"；双边与多边的、现实的联合性警务"合作"就是联合行动，包括联合巡逻、联合处置、联合侦查、联合押解等内容；双边与多边的、未来的联合性、制度性警务"合作"，就是改变双方或多方现有警务制度内容的警务合作——警务制度制定合作。警务制度制定合作不仅仅是警务合作协议或安排的协商和签订，其还包括合作各方本地警务制度的趋同化。而警务制度趋同化的最高境界就是警务制度一体化，而此过程则促使警务一体化。

综上所述，在将中国内地（大陆）与香港、澳门、台湾三法区之间现实的区际刑事司法行为定位于"区际刑事司法协助"，将中国内地（大陆）与香港、澳门、台湾三法区之间现实的区际刑事警务行为定位于"区际刑事警务合作"的前提下，二者所含内容存在以下差别：（1）区际刑事司法协助的主体仅是二元主体，而区际刑事警务合作的主体可以是二元主体，也可以是多元主体；（2）区际刑事司法协助所含内容涵盖刑事司法协助的全过程，而区际刑事警务合作所含内容仅仅是刑事司法协助过程中的侦查警务和刑罚执行中的警务，但之外还包含犯罪预防、控制和处置警务等；（3）区际刑事司法协助制度仅依据双方现实的刑事司法制度构建，而区际刑事警务合作制度则可着眼于未来的警务合作制度和各方未来的警务制度建设。鉴于上述原因，不能把区际刑事警务合作和区际刑事司法协助两个概念归于从属关系——区际刑事警务合作属于区际刑事司法协助的某个或某些方面、阶段，而应把二者视为交叉关系。这一点不仅从上述的逻辑分析上得到了证明,而且还可以从二者内容与刑事诉讼关系、与刑事政策关系的异同得到证明,且从区际警务合作实践来看也是如此。

(二) 二者内容与刑事诉讼关系的异同

根据法区的含义,区际刑事司法协助是一国之内各法区的司法机关在刑事司法领域中的协助。

"司法通常是指国家司法机关根据法定职权和法定程序,具体应用法律处理案件的专门活动。"① 然而在中国,人们对不同法律、不同诉讼中的"司法机关"的理解是不同的。人们对中国民事诉讼、行政诉讼中的"司法机关"仅是指法院通常没有异议,而对刑事诉讼中的"司法机关"一直有不同的见解。狭义说认为,刑事诉讼中的"司法机关"仅指法院;中义说认为,指法院和检察院两家;广义说认为,除法院、检察院之外还包括公安、安全、司法行政机关等。而刑事法律对"司法机关"的范围则采用了广义说。2012年修订的《中华人民共和国刑事诉讼法》有5条规定中有"司法机关"一词,分别是第17条、第42条、第46条、第63条、第275条。这5条中的"司法机关"均包括公安机关、安全机关和监狱等。再如,全国人大常委会法制工作委员会刑法室主任郎胜在2006年10月31日回答《检察日报》记者提问时就明确指出,《反洗钱法》中的"司法机关"是"广义上的概念,包括公安、法院、检察院等"。

"刑事"一词在不同的范畴内有不同含义。刑事诉讼之"刑事"的基本含义是根据刑法适用刑罚。因刑罚是由犯罪引发,对

---

① 沈宗灵主编:《法学基础理论》,北京大学出版社1988年版,第373页。

犯罪适用的，所以长期以来，法律就要求在对犯罪适用刑罚之前，必须首先查明犯罪事实，然后再进行起诉和审判，以保证对犯罪适用刑罚的客观性和公正性。因而刑事诉讼之"刑事"不仅指法院对刑事案件的审判活动，还包括审判前的侦查、起诉和审判后的刑罚执行。而"所谓刑事司法，就是指司法机关依照宪法、法律赋予的刑事司法权，对刑事法律的运用、解释和依照刑事法律对刑事案件侦查、起诉、审判、执行所进行的活动"①。如此一来，刑事司法之"刑事"与刑事诉讼之"刑事"就是一回事，而且适用同一个程序——刑事诉讼程序。

与一法区单独的刑事司法相类似，区际刑事司法协助也涉及主体、内容（也称"业务或事项范围"）和程序等问题。在中国内地学界，无论是区分狭义和广义区际刑事司法协助的学者，还是不区分的学者，大多认为区际刑事司法协助的主体包括公安、检察院、法院等，（广义）区际刑事司法协助的内容涵盖整个刑事诉讼全过程。甚至还有学者认为，区际刑事司法协助的业务范围还包括刑事诉讼程序之外的事项，如警察培训和技术交流、开发等。香港、澳门也有同样观点。例如，香港警务处总督察陈沛林就指出："目前香港区际刑事司法协助的内容，简单而言包括提供侦查、起诉、审判、执行判决等协助上的合作。"② 再如，时任澳门检察院助理检察长、澳门司法警察局局长黄少泽在其所著《区际刑事司法协助看澳门与内地警务合作关系》一文中指出："虽然警

---

① 杨春洗、高铭暄等主编：《刑事法学大辞典》，南京大学出版社1990年版，第571页。

② 陈沛林：《论香港特别行政区区际刑事司法协助的现状与展望》，载《法学杂志》2008年第2期。

务合作在其内容及其模式上与严格的刑事司法协助存有差异,特别在内地,公安机关与司法机关(法院及检察院系统)之间在运作上相对较为独立,但在广义的层面上,澳门与内地的警务合作应属两地区际刑事司法协助的一方面,并应将其纳入到司法协助的范畴中加以规范,这是因为根据澳门《刑事诉讼法典》第42条及《司法组织纲要法》第56条的规定,澳门的刑事侦查的领导与监督权属于澳门检察院,而《刑事诉讼法典》第45条规定,刑事警察机关在诉讼程序中进行活动时,该遵照司法当局之指引,且在职务上从属于司法当局。很显然,在进行刑事诉讼活动时,澳门检察院与澳门刑事警察机关已形成一个不可分割的整体。"① 而大陆与台湾于2009年签订的《海峡两岸共同打击犯罪及司法互助协议》就包括警察侦查在内的"协助侦查"。

就二者的犯罪对策属性而言,区际刑事司法协助属于犯罪发生后的刑事司法对策,包括侦查、起诉、审判、执行四个方面;而区际刑事警务合作不仅包括警察在犯罪发生后的侦查和刑罚执行中的罪犯移转等刑事司法对策,而且还包括犯罪发生前的防控、犯罪发生过程中的处置等行政对策。可见,区际刑事警务合作的对策范围更宽,但与刑事诉讼的关系相对简单,而区际刑事司法协助中的对策均属于刑事诉讼之"刑事",因而其与刑事诉讼的关系就相对复杂。

(三) 二者内容与刑事政策关系的异同

当代刑事政策和犯罪对策是既相互联系又严格区别的两个概念。刑事政策是犯罪对策的指针,犯罪对策是刑事政策的具体化。

---

① 黄少泽:《区际刑事司法协助看澳门与内地警务合作关系》,载 http://www.criminallawbnu.cn/criminal/Info/showpage.asp。

从功能来看，刑事政策制导犯罪对策体系的构建和犯罪对策的规划、设计、实施、评估以及修正等。

鉴于犯罪对策的复杂性，一个完整的犯罪对策体系就是一个复杂系统，因而一个完整的刑事政策体系也是一个复杂系统。从刑事政策与犯罪对策的制导关系来看，犯罪对策体系有多少子体系，刑事政策体系也就有多少子体系。

鉴于一个完整的犯罪对策体系包括犯罪的刑事司法对策、警察的犯罪防控和处置对策、其他行政组织的犯罪防控对策、社会的犯罪防控对策四个层次子体系，一个完整的刑事政策体系也就包括犯罪的刑事司法政策、警察的犯罪防控和处置政策、其他行政组织的犯罪防控政策、社会的犯罪防控政策四个层次子体系。

从犯罪对策的生成和运行来看，刑事政策还具有制导犯罪对策立法和犯罪对策实践两种功能。虽然法律和实践上的犯罪对策都是对复杂多变的犯罪现象作出的主观能动"反应"，但实践对策则更具有灵活性的特点。而这种灵活性需要刑事政策的制导。

区际刑事司法协助和区际刑事警务合作都是实践上的犯罪对策，都要受双方刑事政策的制导。但由于二者与刑事政策的关联表现在不同内容上，因而二者运行的灵活性程度也就不同。首先，二者内容关联的刑事政策子体系不同。区际刑事司法协助的所有内容只关联一个刑事政策子体系——刑事司法政策，而只有区际刑事警务合作中的侦查警务和刑罚执行警务关联刑事司法政策，其他内容则关联警察的犯罪防控和处置政策。其次，二者运行的灵活性程度不同。由于刑事司法政策的灵活性相对较低，从而导致区际刑事司法协助的灵活性也相对较低；由于警察的犯罪防控和处置政策的灵活性相对较高，从而使区际刑事警务合作的灵活性也相对较高。

二、区际刑事警务合作与区际警务执法合作的异同

区际警务执法合作是近些年才出现的学术概念,而非法律概念。区分区际刑事警务合作与区际警务执法合作的异同,可从解析"警务"、"警务执法"、"警务执法合作"三个概念的内在关联,以及区际刑事警务合作、区际警务执法合作与区际刑事司法协助、刑事政策的关系入手。

鉴于中国内地尚未有人从内涵上给出一个严格而明确的"警务执法"定义,因此只能从术语逻辑上分析该概念的内涵。

与从主体上界定警察执法的内涵相比,"警务执法"这一概念是从警察行为的内涵和范围上界定的。警务,即警察的行为或工作。[①] 因警察行为有社会行为与内部行为之分,警务也就有社会警务与内部警务之分。社会警务包括刑事警务、行政警务两大类别。内部警务包括警察的政治工作、秘书工作、后勤工作、督察工作、培训工作、科技工作等。

从警察执法的严格性,即警察执法的对象、依据、内容、程序、后果的严格性来讲,只有社会警务属于警察执法;内部警务虽与社会警务密切相关,但内部警务不属于严格意义的警察执法。因而"警务执法"实际上是社会警务,也即警察执法。从外延来看,"警务执法既包括行政执法,也包括刑事执法……"[②] 这与社会警务包括刑事警务、行政警务两大类别只是说法不同而已。

---

① 荆长岭主编:《公安涉外涉港澳台警务概论》,中国人民公安大学出版社2003年版,第1页。

② 赵春:《警务执法与 WTO 协定的关系及国际警务标准问题》,载《人民公安报》2004年3月9日第7版。

就"警务执法合作"的术语逻辑而言，其仅仅是社会警务合作；而警务合作不仅包括社会警务中的刑事警务、行政警务，也包括内部警务合作。据此，警务合作的外延比"警务执法合作"宽，后者是前者的一个部分。

将上述分析运用到区分区际刑事警务合作与区际警务执法合作的异同中，可得出如下结论：区际刑事警务合作虽只是区际警务合作中的刑事警务合作，不包括警务合作中的纯粹行政警务[①]合作，但其包括犯罪控制、处置中的行政警务合作和内部警务合作；而区际警务执法合作虽既包括刑事警务合作，也包括行政警务合作，但其不应包括内部警务合作。可见，二者是相互交叉的两个概念。

从区际刑事警务合作、区际警务执法合作与区际刑事司法协助、刑事政策的关系来看，二者在内容上均与区际刑事司法协助的内容存在交叉，在运行上也均由刑事政策制导。但从实践来看，二者在内容上并非泾渭分明，有相互融合的趋势，即区际刑事警务合作经常涉及与犯罪预防、控制、处置直接关联的行政警务合作，区际警务执法合作也会延伸到一些内部警务合作。

第四节 区际刑事警务合作的特性和特点

据前所述，在术语逻辑上，区际刑事警务合作既不等同于区际刑事司法协助，也不等同于区际警务合作和警务执法合作，而是与区际刑事司法协助、区际警务合作、区际警察执法合作相关

---

① 纯粹行政警务是指与犯罪无直接关联的行政警务，如户政警务、交通管理警务等。

的集综合性与专业性于一身的警务合作。

一、区际刑事警务合作的特性

由于中国的区际刑事警务合作是以"一国两制"为根本前提的区际刑事警务合作,"一国两制"决定了该种合作具有以下两个特性。

(一)一国之内的"同权异法"性

从国家主权和法律制度两个要素的异同分析林林总总的警务合作,其大致有三种类型:一是不同主权、不同法律的国家之间的警务合作,即国际警务合作。这种合作可简单概括为"异权异法"型警务合作。二是一个主权国家内部,法律制度相同地区之间的警务合作(协作)。这种合作可简单概括为"同权同法"型警务合作。三是一个主权国家内部,法律制度不同地区之间的警务合作。这种合作可简单概括为"同权异法"型警务合作。

国际刑事警务合作属于"异权异法"型警务合作,中国内地各省、自治区、直辖市之间的刑事警务合作属于"同权同法"型警务合作,而区际刑事警务合作则属于"同权异法"型警务合作。因国家主权和法律制度在三种刑事警务合作中的地位和作用不同,它们各自的特征和合作基础、原则和机制也不同。

(二)一国之内的"异质异法"性

从一个主权国家内部不同地区政治、经济、社会制度和法律制度两方面的异同分析林林总总的区际警务合作,其大致有两种类型。一是一主权国家内部,政治、经济、社会制度相同而法律制度不同地区之间的警务合作(协作)。这种合作可简单概括为"同质异法"型区际警务合作。二是一主权国家内部,政治、经济、社会和法律制度均不同地区之间的警务合作。这种合作可简单概括为"异质异法"型区际警务合作。

美国、英国、加拿大等国家内部的区际刑事警务合作属于"同质异法"型区际警务合作；而中国的区际刑事警务合作则属于"异质异法"型区际警务合作。这两种类型的区际刑事警务合作虽都属于"同权异法"型区际警务合作，但因各法区在政治、经济、社会制度上的不同，二者的特征和合作基础、原则和机制也不同。

综上可见，由于中国的区际刑事警务合作是以"一国两制"为根本前提的区际刑事警务合作，在国际上独一无二，因而无论是进行其理论研究，还是制定其规范、开展其实践，都必须紧紧围绕其"同权异法"和"异质异法"这两个特性，并将二者有机地统一起来，勿使二者分离或偏颇。

二、区际刑事警务合作的现实特点

如果简单地概括中国区际刑事警务合作的现实特点，那就是范围宽泛、意义重大、任务繁重、障碍重重，但前景光明。

第一，中国区际刑事警务合作的范围比其他复合法区国家的区际刑事警务合作更为宽泛，也不亚于国际刑事警务合作。就功能范围而言，中国区际刑事警务合作的功能涉及犯罪预防、控制、处置、侦查和刑罚执行。就事项范围而言，区际刑事警务合作事项包括犯罪预防、控制、处置、侦查和刑罚执行的各个环节、各个方面和各种形式事项。

——在共同研讨和制定犯罪预防、控制、处置、侦查对策过程中，相互提供非特定性刑事情报，开展刑事技术等交流；

——在犯罪预防、控制、处置、侦查过程中，相互提供特定性犯罪情报和通报等；

中国区际刑事警务合作

——在侦查犯罪过程中，相互委托调查取证、协查案件和联合实施侦查等；

——在犯罪嫌疑人跨法区潜逃过程中，相互协助追捕和移交逃犯；

——在犯罪嫌疑人跨法区转移犯罪所得财产过程中，相互协助追缴犯罪所得财产；

——在刑罚执行过程中，相互提供被判刑人员的情报和信息等。

这其中，还可能因发生侦查管辖转移、强制措施转移、调查对象转移等问题而增添更多事项。而其他复合法区国家区际刑事警务合作的功能和事项范围则大多限于犯罪侦查和刑罚执行上。从比较的角度看，中国区际刑事警务合作的功能和事项范围比其他复合法区国家的区际刑事警务合作的功能和事项范围更为宽泛，且不亚于国际刑事警务合作。

第二，中国区际刑事警务合作的意义比其他复合法区国家的区际刑事警务合作更加重要，任务也更加繁重。

在中国实行"一国两制"，香港和澳门高度自治，特别行政区享有独立司法权和台湾尚未与大陆统一，各法区间仍实行封闭出入境管理的现实情况下，跨法区犯罪分子只要在实施犯罪后迅速逃到（回）另一法区内，已经实施侦查的法区警方的追捕活动就会受法区边境线的限制而眼睁睁地看着犯罪分子逃窜而无可奈何。因为在"港人治港"、"澳人治澳"、司法权独立行使和台湾尚未与大陆统一的现实条件下，内地（大陆）警方不能像在内地（大陆）各省、自治区、直辖市之间那样，自由进入港澳台进行侦查，就地拘捕犯罪嫌疑人；港澳台警方也同样不能到内地（大陆）行使侦查权。这样就大大限制了各法区警方与跨法区犯罪作斗争的主动性和机动性，使犯罪分子常常以各法区边境线为屏障，在犯罪前就做好迅速逃离现场和如何出境的准备。例如，事先已办好出入境证件和签注，买好到某一法区的机票、车船票，或者已准备好能够通关的车船等交通工具，在作案后的极短时间内就逃匿得无影无踪。由此可见，要想取得侦查跨法区犯罪的理想成效，有效追诉跨法区逃匿犯罪嫌疑人的刑事责任，极大地遏制跨法区犯罪的发展和蔓延，各法区之间必须加强刑事警务合作，形成密切配合、闻风而动的刑事警务合作机制。

而另一种情况是：犯罪行为和结果都不具有跨法区性，仅仅是犯罪嫌疑人为在犯罪后逃避法律惩罚、寻求"异地保护"而跨越不同法区的边境线。同样，犯罪地警方为达到有效追诉的目的，也必须商请犯罪嫌疑人藏匿地警方提供刑事警务协助，对犯罪嫌疑人采取紧急侦查、缉捕和移交措施。

随着港澳的回归和海峡两岸关系的不断发展，特别是在大陆和台湾都加入世界贸易组织之后，中国的四个法区均已成为WTO的成员。这不仅推动了"大中华"经济圈的形成，使其在经济全球化中具有更大的优势，同时也使其成为推动世界经济发展的强大动力。然而，在此大背景使中国四法区边境成为高度开放边境的同时，跨法区犯罪也呈现出高速增长势头，而国际犯罪集团通过跨法区实施跨国犯罪的势头尚方兴未艾。后者不仅极大地危害了中国四法区的社会治安，影响了中国四法区的经济发展，同时也对国际社会造成严重危害。例如，近些年来，台湾和大陆的一些犯罪分子在外国与当地犯罪分子结成国际犯罪集团，疯狂地对中国台湾和大陆民众实施电信诈骗犯罪活动。再如，美国的一些"蛇头"组织经常与中国内地（大陆）、香港、澳门和台湾的"蛇头"组织联合，租用香港、澳门或台湾的船只将中国内地（大陆）

的"偷渡客"运送到美国本土。诸如此类的跨国兼跨法区犯罪案例实在是不胜枚举。

由上可见,中国各法区间加强刑事警务合作,形成密切配合、闻风而动的刑事警务合作机制,严厉打击跨法区犯罪,追诉跨法区逃犯的刑事责任,不仅是惠及中国四法区近14亿人民的事情,也是维护国际社会治安的一项重要任务。

第三,中国区际刑事警务合作的法律冲突比其他复合法区国家更为复杂,障碍更多。在香港和澳门回归祖国,中国形成多法区格局后,由于内地(大陆)、香港、澳门、台湾四地的刑事法律存在较大差异,使中国区际刑事警务合作面临极其复杂的刑事法律冲突。这给有巨大实际需求的中国区际刑事警务合作实践造成了诸多障碍。

其之所以如此,是因为中国的区际刑事警务合作不仅建立在多法区,而且还建立在众多法系并存基础之上,而其他复合法区国家的区际刑事警务合作大都是建立在单一法系或主要是单一法系的基础之上。例如,美国除路易斯安那州外,其区际刑事警务合作都基于统一的英美普通法系;加拿大除魁北克省外,其区际刑事警务合作也都基于统一的英美普通法系;而西班牙各省的区际刑事警务合作则完全基于单一的大陆法系。中国各法区间的刑事警务合作却是建立在三个不同法系并存的基础之上:内地(大陆)法律虽然受传统中华法系的影响,但它主要是以革命时期根据地的法律思想和法律制度为基础逐步建立和发展起来的,并严重受前苏联法律思想的影响;台湾法律虽然也受传统中华法系的影响,但由于德国、日本法律思想和法律原则的大量引进,一般认为它属于大陆法系;澳门法律也基本上属于大陆法系;而香港法律则显然是属于英美普通法系。从全球来看,同一法系的不同法区间的法律冲突已十分明显，不同法系之间的法律冲突就更加突出了。因此，发生在中国三法系四法区之间的法律冲突，较之属于单一法系或主要属于单一法系的其他复合法区国家的国内法律冲突的情况复杂得多，其区际刑事警务合作要克服的困难也自然更多。

第四，中国区际刑事警务合作的刑事法律冲突没有共同的协调机制，只能采取分别协商、逐步解决的方式进行。中国的区际刑事警务合作关系是建立在纷繁复杂、空前特殊的国家结构形式之下的，即中国大陆（内地）采用的是单一制国家结构形式，香港、澳门、台湾则具有明显的联邦制国家结构形式的特点。而美国、加拿大、澳大利亚和前苏联、前南斯拉夫等复合法区国家的区际刑事警务合作关系都是建立在单纯的联邦制国家结构形式之下的。在"高度自治"、"港人治港"、"澳人治澳"原则指导下，《香港特别行政区基本法》和《澳门特别行政区基本法》赋予两个特别行政区享有立法权、独立司法权和终审权，且长期不变。这使香港、澳门两个特别行政区所享有的实际权力大大超过了联邦制国家的各个组成单位所拥有的权力。可以预见，在台湾与大陆实现统一之前，中国不会产生一个解决法区间法律冲突问题的全国性法律，也不会有一个像联邦制复合法区国家那样的最高司法机关来领导和协调各法区的司法协助关系，当然也不会有一个凌驾于各法区警察机关之上的行政机关来协调各法区间的刑事警务合作关系。在港澳特别行政区享有立法权、独立的司法权和终审权，台湾尚未与大陆实现统一的现实情况下，对中国区际刑事警务合作遇到的刑事法律冲突问题，中国内地（大陆）只能通过直接或间接方式和途径，与香港、澳门、台湾三法区的相关部门分别协商，逐步解决，不可操之过急。

中国区际刑事警务合作

从近些年内地（大陆）与港澳台刑事警务合作的实际情况来看，确实存在着障碍多、途径少、手段低、投入大、效率低等现象。各法区警方虽尽力克服，但困局仍尚未得到根本改观。这直接影响到预防、控制、处置、侦查犯罪和追诉跨法区逃匿犯罪嫌疑人的力度，给各法区社会治安也造成负面效应。但中国的各法区毕竟同属一个国家，在维护国家统一，振兴和发展"大中华"经济，促进民族团结等方面有着共同的利益和愿望。只要各法区在"一国两制"体制下，在相互尊重、平等互利原则基础上扬长避短，克难而进，共谋大局，中国区际刑事警务合作的道路就会越来越广阔，前景越来越光明。

第一编 总 论

第三章 中国区际刑事警务合作的渊源

渊源中的"渊",本意指回旋的水,引申指深潭、深水等,喻指事物的发展、拓展、演变等;渊源中的"源",本意指水的源头,喻指事物的本原、根基、根由、根底等。因此,渊源可合成为"沿着事物的本原而发展"。

与国际刑事警务合作一样,区际刑事警务合作也存在共同性和差异(冲突)性,也是求同存异式合作。为准确把握中国区际刑事警务合作的现实和趋向,有必要剖析支撑其存在和发展的共同渊源。

第一节 中国区际刑事警务合作的中华渊源

"中华"是"中国"与"华夏"的合称,自古有之。然而,著名民族学家、历史学家杨建新先生指出:"'中华'一词的含义随着我国社会历史的发展而不断被赋予新的内容,具有地域、文化、政治和族群等方面的内涵。表现在地域上,即指自古以来中国各民族共同生活的广大地域;表现在文化上,即指中国各民族共有的历史文化传统;表现在政治上,即指从古至今中国的政治历史传统;表现在族群上,即指自古以来在政治、经济和文化上有千丝万缕联系的中华各民族。"① 可见,杨建新先生对"中华"概念的诠释贯穿着各民族共同创造中华这一历史主题,说明了"中华"有一个创造和形成的过程。

在中国历史上,无论是汉族还是少数民族政权王朝,都把中华天下视为一个统一整体,自身以天下主自居。"这种经久不衰的观念,维系着并随着时间的推移不断加强着中华民族不可分"② 的局面,"也是中华民族凝聚力形成和发展的精髓"③。而"统一意志在各民族中深深根植形成了对中华的认同——即对中华的历史认同、文化认同、中华民族认同和国家认同。所以说,以大一统思想为核心的政治文化最终促成了各民族对中华的认同"④。

在现代国家含义上,当今的中国就是"中华"的集中代表。尽管由于长期的历史隔离和对立,客观上造成了中国内地(大陆)、香港、澳门和台湾都在政治、经济、法律制度上的巨大差异以及彼此间情感和心理的疏离和陌生,甚至在台湾出现过"两国论"和"一边一国论"等逆历史潮流而动、企图分裂中国的言论和行为,但在内地(大陆)、香港、澳门和台湾的"中华各民族"同胞对"中国就是中华"的认同始终是占主流的、统一的和发展的。"一国两制"方针的付诸实施、特别行政区的正常运作以及台湾方面对"九二共识"的再度认同,中国各法区间的关系发生了

---

① 杨建新:《论各民族共创中华》,载《各民族共创中华丛书》,甘肃文化出版社1999年版,第1页。

② 杨建新:《论各民族共创中华》,载《各民族共创中华丛书》,甘肃文化出版社1999年版,第1页。

③ 杨建新:《论各民族共创中华》,载《各民族共创中华丛书》,甘肃文化出版社1999年版,第1页。

④ 杨建新:《论各民族共创中华》,载《各民族共创中华丛书》,甘肃文化出版社1999年版,第28页。

变化，内地与港澳的警务合作已由国际警务合作转变为区际警务合作。作为区际警务合作一部分的区际刑事警务合作也遇到了一个长足发展的历史性机遇。

在地域上，内地（大陆）、香港、澳门和台湾自古都是整个中国领土的各个部分且紧密相联。香港、澳门和台湾位于我国东南海岸线上，地处太平洋西岸的中枢地区，具有世界上最优良的天然海港，有着得天独厚的资源环境优势。香港是国际金融中心，澳门为世界三大博彩中心之一，都与广东省相毗邻。香港的大部分地区与深圳仅有一网相隔，深圳的盐田、罗湖、福田、南山、蛇口、宝安、龙岗区与香港隔海相望，漫长的过境线上分布着众多的口岸和码头，加大了过境管理的难度。澳门仅是珠海向外海延伸的一个半岛，两者之间在水面上的最近连接处只有30米，几乎连成一个城市。台湾与福建省南部和广东省东部遥遥相望，台湾同胞既可经过香港、澳门，也可通过经金门、马祖的"小三通"和台湾两岸的"大三通"往来于大陆。

在族群、人口和人文环境上，现今在内地（大陆）、香港、澳门和台湾居住和生活的大都是中华传统56个民族的子孙。港澳地区的居民95%以上来自广东省的珠江三角洲地区、潮汕地区以及其他的东部沿海地区。这一切都说明在粤港澳三地之间存在着割不断的故土乡邻关系和亲情血缘关系。中国南部沿海地区早已形成的以中华文化为纽带且基础广泛的人文环境，正在把港澳与广东、港澳与内地之间的经济、文化、社会联系，推进到一个相互依赖、密不可分的更高境界。现在居住在台湾省内的2300万岛内居民大部分是内地的移民，其中80%以上居民的祖籍在福建省，又多属于南迁客家人的后裔。他们随着社会大潮的涨落起伏，或早或晚地来到祖国的宝岛进行开发，带来了在内地使用的生产工具、科学技术、语言文字和生活习惯，遵循着原来的伦理道德和思维方式，使用的语言主要是普通话，与祖籍乡邻之间的亲情关系根深蒂固。在这种血缘亲族、语言文字、生活习惯、历史传统和道德观念等人文因素的影响下，大陆与台湾之间始终紧紧地联系在一起，什么力量也无法将它们分割、分离开来。

在经济上，自内地（大陆）改革开放以来，大量港澳台商人和港澳台资金进入福建、广东、上海等广大地区，并在与内地（大陆）的经济合作中获取了丰厚的利润和巨额贸易顺差。港澳台经济与内地（大陆）经济已经紧紧地联系在一起，随着《内地与香港关于建立更紧密经贸关系的安排》、《内地与澳门关于建立更紧密经贸关系的安排》、《海峡两岸经济合作框架协议》等文件的签署和实施，以及《珠江三角洲地区改革发展规划纲要（2008—2020年）》的推进，对特别行政区输入内地的商品实行零关税政策，台湾输入大陆的商品实行关税减让或消除政策，都正在有力地推进"大中华"自由贸易区（也称"大中华"经济圈）的形成。这种强大的区域经济发展势头和经济实力以及社会对经济安全的迫切要求，必然为中国的区际刑事警务合作打下坚实的经济根基。

第二节　中国区际刑事警务合作的政治渊源

中国区际刑事警务合作产生和发展的政治渊源有两个：一是中国政府通过"一国两制"的方式收回了自己原有的领土，使香港、澳门回归到祖国的怀抱，成为了中华人民共和国的两个特别行政区。二是大陆和台湾都认可世界上只有一个中国，大陆和台湾同属于一个中国，都是中国的一部分，只是对"中国"含义的理解和表述各有不同。未来，大陆和台湾实现统一后，台湾也是中华人民共和国的一个特别行政区。

1992年2月，大陆海协会和台湾海基会就两岸事务性商谈中如何坚持一个中国原则的问题进行协商，于11月中旬达成了采用各自以口头声明的方式表达一个中国原则的共识。此后，海基会提交给海协会的表述内容是"在海峡两岸共同努力谋求国家统一的过程中，双方虽均坚持一个中国的原则，但对于一个中国的涵义，认知'各有不同'"。海协会提交给海基会的表述内容是"海峡两岸都坚持一个中国原则，努力谋求国家统一。但在海峡两岸事务性商谈中，不涉及一个中国的政治涵义"。可见，"九二共识"的核心与基本精神就是："坚持一个中国的原则"、"共同努力谋求国家统一"。它突破了两岸关系中长期存在的"一中"困境。

然而，历史的发展总是曲折和复杂的。在2000年前后的一段时期内，以李登辉、陈水扁为首的台湾当局公开拒绝承认"九二共识"，并抛出了"两国论"和"一边一国论"的"法理台独"路线，使两岸关系陷入绝境。

2008年3月22日，台湾大选揭晓，国民党重新上台执政。3月26日晚，时任中共中央总书记、国家主席胡锦涛，在应约与时任美国总统布什通电话时表示："在'九二共识'的基础上恢复两岸协商谈判是我们的一贯立场。"3月28日，台湾的马英九先生在接受台湾《联合报》专访时表示："我不会去搞两国论或法理台独，我清清楚楚就是主张'九二共识'。"这标志着台湾方面以官方形式认可"九二共识"，比15年前的半官方组织达成的共识又进了一步，从而使两岸关系走上了积极、良性发展的轨道。可以预见，无论台湾政局以后如何变化，"九二共识"都是支撑、促进两岸关系发展的政治前提和基础。

中国区际刑事警务合作

在"一个中国"这一政治前提下,中国区际刑事警务合作必须具备以下特征:

第一,中国区际刑事警务合作是国家统一主权之内的刑事警务合作。就主权而言,国际刑事警务合作是主权统一国家之间的刑事警务合作,存在着主权冲突;而中国的刑事警务合作是在国家统一主权框架内,内地(大陆)、香港、澳门、台湾四个法区警方之间的刑事警务合作,不存在主权冲突。因而中国的区际刑事警务合作不能直接照搬国际刑事警务合作中由国家主权主导的基本原则、途径和程序。

第二,中国区际刑事警务合作无须通过外交途径进行。国际刑事警务合作虽属于国际法律事务,但当缔结与刑事警务合作相关的国际条约、处理涉及国家主权的国际刑事警务合作事项时,当事国必然从维护国家主权的立场出发,充分考虑本国的对外政策、与对方当事国的外交关系,以及在国际、国内社会可能造成的影响等因素作出决定,并通过外交途径启动相关程序。因而,各国对一些涉及国家主权的国际刑事警务合作事项设立了外交和司法双重审查机制。而中国的区际刑事警务合作,由于其是国家统一主权之内的刑事警务合作,就自然排除了外交和司法双重审查机制,也无须通过外交途径启动相关程序。根据香港和澳门特别行政区基本法,香港和澳门警察机关可直接与内地公安机关建立警务合作关系并相互提供协助。鉴于大陆和台湾同属于"一个中国",外交机构也不得介入两地之间的刑事警务合作。

第三,内地(大陆)、香港、澳门、台湾四个法区在中国区际刑事警务合作中相互独立、地位平等。内地与香港、澳门已于2000年之前就形成了中华人民共和国宪政意义上的"一国两制"政治与社会格局。而大陆与台湾之间虽未形成中华人民共和国宪政意义上的"一国两制"格局,但在认同"九二共识"就等同于认同"一个中国"的逻辑之下,另一种"一国两制"格局,即不涉及"一个中国"政治含义的"一国两制"格局在大陆与台湾已成现实。进而,无论按照哪一种"一国两制"的法理逻辑,中国的区际刑事警务合作都是建立在各法区刑事司法权、警察权独立、平等基础之上的合作。因此,在"一国两制"格局内,内地刑法、刑事诉讼法和警察法,不应再被视为全国性法律,而应转化为与港澳特别行政区、台湾地区法律相对应的地区性法律。在具体的区际刑事警务合作中,内地不能以中央自居,处于优越地位,强制管辖应由香港、澳门、台湾警察机关管辖的刑事案件;同样,香港、澳门、台湾警察机关也不能以强调独立为名,无视和排斥内地公安机关应有的刑事管辖权。

综上可见,现实中国内地(大陆)与香港、澳门、台湾三地的刑事警务合作已有别于香港、澳门回归和"九二共识"形成之前的刑事警务合作。现实的刑事警务合作已确实成为"一国两制"政治与社会格局内各法区之间的区际刑事警务合作。所有与四法区刑事司法权、警察权有关的区际刑事警务合作制度、措施和联络机制都必须体现"一国两制"原则和相互尊重、平等协商的基础。

第三节　中国区际刑事警务合作的法律渊源

就功能而言,中国区际刑事警务合作的法律规范可分为三类:一是实行规范;二是渊源规范;三是混合规范。渊源规范是可衍生实行规范的法律规范,混合规范是实行规范与渊源规范的混合体。中国区际刑事警务合作的法律渊源是指相关法律文件中的渊源规范和混合规范。此外,法律渊源也有法律演变之意。

一、内地与港澳刑事警务合作的法律渊源

内地与港澳的刑事警务合作起始于20世纪70年代粤港、粤澳警方的刑事警务合作。为有效控制涉及双方的违法犯罪活动,当时的香港皇家警察队(现香港警务处)、澳门司法警察司(现澳门司法警察局)与广东省公安厅进行了多方面的接触和协商,就如何对潜逃入境人员实施扣留、审查、缉捕并移交的问题,决定开展实验性的合作。在确保合作切实有效进行的精神指导下,粤港澳警方都指定了专门机构和专门人员负责该项事宜。当时的合作主要通过两种途径:一是通过国际刑警组织的中介协调开展合作。当时,国际刑警组织在香港设有联络机构,与澳门司法警察司也有着密切联系。中国于1984年加入国际刑警组织后成立了国际刑警组织中国国家中心局,并在广东省公安厅设立专门联络机构,负责处理涉及港澳的刑事案件。澳门司法警察司和广东省公安机关定期举行粤澳两地治安会晤,在互通情报、遣返逃犯等方面建立了良好的互助关系。二是粤港澳警方之间的直接合作。主要是一些简单案件或一般的协助事项,如提供某人的出入境信息、代为送达司法文书、相互提供新生效的法律和法规、交流有关检测检验技术等方面开展合作。

在中国政府于20世纪80年代决定对港澳恢复行使主权后,中国全国人民代表大会根据《中华人民共和国宪法》第31条[①]和第62条第13项赋予的"决定特别行政区的设立和制度"的职权,并

---

① 《中华人民共和国宪法》第31条规定:"国家在必要时得设立特别行政区。在特别行政区内实行的制度按照具体情况由全国人民代表大会以法律规定。"

考虑到香港和澳门的特殊历史和现实状况，制定了《中华人民共和国香港特别行政区基本法》和《中华人民共和国澳门特别行政区基本法》。两部基本法均在第2条规定：全国人民代表大会授权特别行政区依照本法的规定实行高度自治，享有行政管理权、立法权、独立的司法权和终审权。为确保港澳特别行政区的高度自治和司法独立，两部基本法还在第18条第2款明确规定：全国性法律除列于附件三者外，不在香港和澳门特别行政区实施。① 在包含刑事警务合作在内的区际司法协助问题上，《香港特别行政区基本法》第95条特别规定："香港特别行政区可与全国其他地区的司法机关通过协商依法进行司法方面的联系和相互提供协助。"《澳门特别行政区基本法》第93条也作了相同的规定。该两条法律规定（为方便叙述，以下将该两条法律规定简称为港澳基本法司法协助规范）不但为中国区际刑事警务合作实践提供了国内法依据，也为以后协商或各自制定区际刑事警务合作实行规范确立了宪法依据，因而其也属于最高的渊源规范。

港澳回归祖国后，根据"一国两制"和港澳基本法司法协助规范，内地警方与港澳保安部门和警方按照"互不隶属，互相联系，互相支持"原则，共同升格和加强了三地之间的刑事警务合作。一是建立了多层次的定期会晤（议）和临时会晤（议）制度；

---

① 《香港特别行政区基本法》第18条及附件三和《澳门特别行政区基本法》第18条及附件三均明确规定了适用于港澳地区的全国性法律，包括国都、纪年、国歌、国旗、国庆日、国徽的决议和命令；关于领海的声明；国籍法；外交特权与豁免条例等。1997年7月，全国人大常委会通过了《关于〈香港特别行政区基本法〉附件三所列全国性法律增减的决定》，该决定删除了关于国徽的命令，同时增加了国旗法、领事与豁免条例、国徽法、领海及毗连区法、香港特别行政区驻军法五个全国性法律。

二是建立了一系列合作机制，如相互通报机制、联络和协调机制、对口协助机制等。这些会晤（议）制度和机制推动着内地与港澳刑事警务合作的进行，但内地与港澳的刑事警务合作至今仍缺失整体性的制度安排。

二、大陆与台湾刑事警务合作的法律渊源

大陆与台湾刑事警务合作也称两岸刑事警务合作，但两岸刑事警务合作不同于两岸四地刑事警务合作。两岸四地刑事警务合作是指台湾海峡两岸的大陆、香港、澳门、台湾之间的刑事警务合作，其范围大于两岸刑事警务合作。"两岸刑事警务合作"这一称谓的含义来自于长期的约定俗成，而非地理和语言含义。

大陆与台湾刑事警务合作也不同于内地与港澳之间的刑事警务合作。内地与港澳的刑事警务合作有两条宪法性依据，即《香港特别行政区基本法》第95条和《澳门特别行政区基本法》第93条。由于台湾尚未与大陆实现统一，因而中国目前没有宪法性的台湾特别行政区基本法，双方的刑事警务合作当然也不存在宪法性依据，只能另建法律途径。

从大陆与台湾刑事警务合作的有无和合作发展历程来看，双方经历了无合作、无协议合作、单项协议合作和综合协议合作四个阶段。从1949年至1988年8月两岸首次合作之前为无合作阶段。从1988年8月两岸首次合作到1990年9月两岸签订《金门协议》之前为无协议合作阶段。从1990年9月两岸签订《金门协议》到2009年4月两岸签订《海峡两岸共同打击犯罪及司法互助协议》之前为单项协议合作阶段。2009年4月之后为综合协议合作阶段。

第一编 总 论

(一) 金门协议

自古以来，闽台两地渔民就在台湾海峡作业，而在两岸对峙时期，一道人为的海峡中线限制了彼此的来往。1979年停止炮击金门以后，两岸关系出现缓和，台湾海峡的渔事活动渐渐多了起来。1987年台湾当局有限度地开放民众到大陆探亲后，两岸互通的信息越来越多，海上的人员往来也不可避免。但由于缺乏正常的管理规则和沟通渠道，双方的渔事纠纷和人员往来衍生的问题得不到妥善解决。1989年8月，台湾开始筹设一个由"官方"授权的民间中介团体，建立与大陆方面非正式接触的正常渠道。两岸的红十字会组织最先获得授权处理两岸相关法律事务。

1990年7月22日和8月13日，台方两次以极不人道的方式遣返大陆私渡人员，先后造成46人死亡，受到海内外舆论的强烈谴责。台湾当局不得不同意与大陆方面以红十字会组织名义商谈海峡两岸人民渡海往来事宜，制定规范。1990年9月，两岸红十字会在金门举行商谈，就解决违反有关规定进入对方地区的居民（即私渡人员）和刑事嫌疑犯或刑事犯的遣返问题进行协商，并签订了《海峡两岸红十字会组织在金门商谈达成有关海上遣返协议》（史称《金门协议》）。这是1949年以来，两岸分别授权的民间团体签订的第一个书面协议，也是一份具有准刑事司法协助性质的协议，开了两岸直接进行刑事警务合作之先河。

《金门协议》就遣返原则、遣返对象、遣返程序和交接地点等形成5条原则协议，就通过海上途径相互遣返偷渡者、刑事嫌疑犯或刑事犯达成共识。其中，遣返原则是"应确保遣返作业符合人道精神与安全便利"。遣返对象是：(1) 违反有关规定进入对方地区的居民（但因捕鱼作业遭遇紧急避风等不可抗力因素必须暂入对方地区者,不在此列)。(2)刑事嫌疑犯或刑事犯。遣返交接地点为马尾—马祖(马祖—马尾)。但依被遣返人员的原居地分布情况及气候、海象等因素,双方得协议另择厦门—金门(金门—厦门)。遣返程序是:(1)一方应将被遣返人员的有关资料通知对方,对方应于二十日内核查答复,并按商定时间、地点遣返交接。如核查对象有疑问者,亦应通知对方以便复查。(2)遣返交接双方均用红十字会专用船,并用民用船只在约定地点引导。遣返船、引导船均悬挂白底红十字会旗(不挂其他旗帜,不使用其他的标志)。(3)遣返交接时,应由双方事先约定的代表两方签署交接见证书。

(二) 两岸劫机犯等遣返事宜协议

1991年年末,大陆和台湾分别成立了海峡两岸关系协会(以下简称"海协会")和海峡交流基金会(以下简称"海基会"),并被授权商谈海峡两岸交往中的有关问题。由于大陆和台湾均屡屡发生劫持民航客机到对方的事件,"海协会"和"海基会"便于1993年8月将两岸遣返劫机犯等问题纳入商谈范围。后经多次平等协商,"海协会"和"海基会"于1995年1月达成《两岸劫机犯等遣返事宜协议》等合作文件。

《两岸劫机犯等遣返事宜协议》的内容包括适用范围、遣返原则、强制措施、遣返需求、遣返方式与交接手续等。关于适用范围,协议规定:对于以暴力、胁迫或其他方法劫持两岸一方民用航空器至对方之劫机犯、劫机嫌疑犯,遣返至民用航空器所属一方(包括经营方)处罚。关于强制措施,协议规定:被劫持民用航空器降落一方,应依规定对劫机嫌疑犯予以羁押或采取必需的强制措施,以便遣返或处罚。关于遣返原则,协议规定:原则上以马祖、马尾为海运交接地点,并可视实际需要商定以金门、厦门为交接地点等。关于交接手续,协议规定:遣返交接时,应由"海协会"及"海基会"人员或指定人员签署交接书,同时移交有关的物证。与《金门协议》相比,《两岸劫机犯等遣返事宜协议》是一份纯粹的刑事司法协助协议。

(三) 海峡两岸共同打击犯罪及司法互助协议

进入 21 世纪以来,一些黑社会性质的跨两岸犯罪团伙利用两岸警务无法有效对接之机,大肆实施拐卖、贩毒、洗钱、走私、诈骗等极端恶劣的犯罪行为,严重危害了海峡两岸同胞权益,破坏了两岸社会和谐。经过较长时间的会谈,2009 年 4 月 26 日,海基会和海协会在南京签订了《海峡两岸共同打击犯罪及司法互助协议》(史称《南京协议》)。

《南京协议》虽只有 24 条,但其构建了两岸共同打击犯罪合作的基本框架,是一个实行规范与渊源规范于一身的混合协议。该协议共分 5 章:(1) 总则部分规定了合作事项的范围、业务交流和联系主体;(2) 共同打击犯罪部分规定了合作范围、协助侦查、人员遣返;(3) 司法互助部分规定了送达文书、调查取证、罪赃移交、裁判认可、罪犯接返(移管)、人道探视,涵盖了刑事和民事司法互助事项;(4) 请求程序部分规定了提出和执行请求的基本程序规定,并对请求的不予协助、所涉资料的保密和限制用途以及文书格式、协助费用作了规定;(5) 附则部分对协议履行和变更、争议解决等问题作了规定。

与《金门协议》相比,《南京协议》在合作内容上要丰富得多,而合作机制上亦显得更为紧密,因而被称为两岸共同打击犯罪合作的"直通车"。不过,总体而言,该协议仅是一个框架性协议,其规定相对粗疏,原则性强而可操作性弱,需要双方根据实践需要进一步协商，解决具体操作性问题。

《南京协议》在第2章用3个条文规定了共同打击犯罪事项，其具体内容可以归纳为三个方面：（1）在共同打击犯罪范围方面，以"双重犯罪"为原则，以"非双重犯罪"为例外。协议第4条第1款规定"双方同意采取措施共同打击双方均认为涉嫌犯罪的行为"，并于第2款规定了可进行合作打击的具体犯罪种类。从这两款规定来看，在共同打击犯罪的范围上，协议采取的基本立场是"双重犯罪"原则。作为例外，协议第4条第3款规定："一方认为涉嫌犯罪，另一方认为未涉嫌犯罪但有重大社会危害，得经双方同意个案协助。"（2）协助侦查事项原则广泛。协议第5条规定："双方同意交换涉及犯罪有关情资，协助缉捕、遣返刑事犯与刑事嫌疑犯，并于必要时合作协查、侦办。"该条规定表述虽然简短，但是涵盖了两岸协助侦查案件可能涉及的基本事项。尤其值得注意的是"必要时合作协查、侦办"的规定颇具概括性和灵活性。（3）遣返方式更为多样，遣返限制较为严格。协议第6条在金门协议的基础上，根据应形势作出了更为妥当的规定。协议第6条第1款首先强调了遣返的基本原则，即人道、安全、迅速、便利原则。协议第6条第2款、第3款、第4款还规定了遣返的限制条件，其中第2款、第3款规定事项可能成为拒绝遣返的理由。这三项限制条件包括：一是遣返程序后置于受请求方已经开始的司法程序。二是存在与受请求方重大关切利益等特殊情形时，受请求方根据情形决定是否遣返。三是请求方原则上只能就遣返请求中的行为对遣返对象进行追诉。

《南京协议》第3章规定了刑事和民事司法互助。在刑事司法互助事项上，具体规定了两个方面：（1）狭义的刑事司法互助。协议中有关送达文书、调查取证、罪赃移交的规定都属于狭义的刑事司法互助范畴。协议第7条第1款规定："双方同意依己方规定，尽最大努力，相互协助送达司法文书。"该条第2条、第3款规定了送达文书的相关程序。协议第8条第1款规定了协助调查取证的具体事项，即"取得证言及陈述；提供书证、物证及视听资料；确定关系人所在或确认其身份；勘验、鉴定、检查、访视、调查；搜索及扣押等"。关于受请求方提供协助的形式方面，该条第2款规定："受请求方在不违反己方规定前提下，应尽量依请求方要求之形式提供协助。"罪赃即犯罪所得，罪赃移交即受请求方将犯罪所得移交给请求方。对此，协议第9条规定："双方同意在不违反己方规定范围内，就犯罪所得移交或变价移交事宜给予协助。"(2)罪犯接返（移管）。罪犯接返，即被判刑人移管。协议第11条规定："双方同意基于人道、互惠原则，在请求方、受请求方及受刑事裁判确定人（被判刑人）均同意移交之情形下，接返（移管）受刑事裁判确定人（被判刑人）。"

协议第4章规定了双方刑事合作的基本程序，对提出协助请求、执行请求、不予协助的根据、双方的保密义务、协助提供资料的用途限制、证明的互相免除、文书格式以及协助费用事宜作出规定。

单就法律性质而言，《南京协议》仅具有民间性质，对两岸公权力机构并不形成当然之约束力。不过，由于两岸在签订协议时均有各自公权力机构的授权，且协议内容会被各自公权力机构以各自的法律程序予以确认。这一协议标志着海峡两岸刑事合作进入了一个新的时代，其意义非同凡响，是自1990年两岸红十字会签订《金门协议》之后又一个具有里程碑性质的协议，为今后两岸携手惩治与预防犯罪，共同打击跨法区犯罪问题提供了一个良好的合作基础。

第四章　区际刑事警务合作的基本原则

随着"一国两制"的实施和各法区经济、社会联系的不断加强，中国的区际刑事警务合作越来越频繁。但由于中国各法区的刑事法律制度和司法运作模式存在较大差异，使得中国的区际之间开展刑事警务合作，既有别于内地（大陆）同质行政区之间的刑事警务合作，也有别于国际刑事警务合作。为使中国区际刑事警务合作朝着依法、有序、高效的方向和目标发展，必须确立能被各法区共同接受的基本原则。

第一节　基本原则的学理分析

观察事物，揭示真理，不仅需要有科学务实的态度，还应当掌握和运用正确的世界观和方法论，才能透过纷繁复杂的表象来发现客观事物所具有的本质联系和本质属性。在观察和研究中国区际刑事警务合作这一社会现象时，马克思主义的辩证唯物主义和历史唯物主义为我们提供了最锐利的思想武器和最科学的认识手段。运用它不仅能够发现世界各国区际刑事警务合作存在的普遍性，也能归纳出中国区际刑事警务合作区别于其他国家区际刑事警务合作的特殊性，进而在高层次上作出理论概括。

第一编 总 论

一、原则与法律原则

原则,是指人们在认识世界和改造世界的活动中所依据的法则和标准。它所反映和要解决的是社会实践中带有根本性的问题。① 据学者考证,原则一词是个外来语,清末著名法学家沈家本、伍廷芳出任修律大臣,受命起草制定我国近代各主要部门法时从日本引进。在中国的古汉语中,语意相近的单音节词一般只作准则、规矩、规则之解。例如,先秦诸子百家中儒学大师并具有"集大成者"美誉的荀子在其代表作《劝学》篇中写道:"木直中绳,煣以为轮,其曲中规,虽有槁暴,不复挺者,煣使之然也。"② 其中的"规",即规矩、规则。

从广泛意义上来说,"原则"有"起源、基础和原理"之义,它从属于"一门科学的理论部分",并具有不证自明的特性。③ 而基本原则是原则中最主要的部分,它的价值表现在宏观上的保障作用,以及对事物的全局、整体所具有的普遍性指导意义。

法学中的原则是指构成法律规则、法律学说基础和本源的综合性、稳定性的原理或准则,与具有一般指导意义的基本法律原理、法律原则与法律制度、法律概念一起构成法律规范的基本要素。

法律原则是在一定社会意识形态、价值观念和法律思维方式影响下形成的,它所揭示的内容是法学中的一般理论或基本思想。

---

① 任振铎:《我国诉讼原则刍议》,载《刑事诉讼法学五十年》,警官教育出版社1999年版,第143页。
② 王力主编:《古代汉语》(第二册),中华书局1982年版,第396页。
③ [英]《布莱克法律词典》和《牛津法律大词典》的"法律原则"条目。

正因为如此，法律原则在实现法律价值目标方面所提供的是一种"可操作性法律原理"，以其宏观的指导性和广博的调整范围稳定地对法律关系主体的行为进行调节和规范。"法律原则不为某一行为设定具体的适用状态或为某一行为人设定具体的权利、义务或法律后果，它的规范性作用的发挥要依赖于法律规则的协助和保障。"①

法律的基本原则是一个法律体系或一个法律部门所适用的、体现法的基本价值的原则，即一个法律体系或一个法律部门所有法律原则中最具一般性和最主要的部分。法律的基本原则也以法律规范的形式存在，对一个法律体系或一个法律部门的立法、执法、司法具有根本性、普遍性的指导意义。

二、区际刑事警务合作基本原则的特殊本质

在分析了原则、基本原则的内涵和外延之后，笔者对中国区际刑事警务合作的基本原则所具备的特殊本质进行了如下归纳：

（一）以"一国两制"为基本客观现实

如本书第二章所述，警务合作大致有三种类型。一是国际警务合作，即不同主权、不同法律的国家之间的警务合作，这种合作可简单概括为"异权异法"警务合作；二是一个主权国家内，实行相同法律制度的不同地区之间的警务合作，这种合作可简单概括为"同权同法"警务合作；三是一个主权国家内部，实行不同法律制度的地区之间的警务合作，这种合作可简单概括为"同权异法"警务合作。

---

① 陈瑞华：《刑事审判原理论》，北京大学出版社1997年版，第122页。

第一编 总 论

国际刑事警务合作属于"异权异法"警务合作。中国内地（大陆）各省、市、自治区，甚至各市、县、区之间的警务合作属于"同权同法"警务合作。中国的区际刑事警务合作属于"同权异法"警务合作。这三种警务合作，因国家主权和法律制度两个要素的地位、作用不同，其性质、特征、原则和运行机制也各不相同。

为准确把握"同权异法"的区际刑事警务合作的基本原则，不使之与"异权异法"的国际刑事警务合作和"同权同法"的中国内地（大陆）各地区间的刑事警务合作的基本原则相混淆，中国区际刑事警务合作的基本原则首先应以"一国两制"为根本前提。

以"一国两制"为根本前提的主要内涵有两个：第一，中国的区际刑事警务合作是"一个中国"内部的刑事警务合作，即在中华人民共和国统一主权下，内地（大陆）与香港、澳门、台湾之间的刑事警务合作。这一内涵使中国区际刑事警务合作的基本原则与国际刑事警务合作的基本原则严格区别开来。第二，中国的区际刑事警务合作是"两种制度"体制下的警务合作，即实行不同政治制度、经济制度和社会制度的内地（大陆）与香港、澳门、台湾之间的刑事警务合作。"两种制度"要求内地（大陆）与香港、澳门、台湾开展刑事警务合作时，应当正视多种法律制度共存的客观现实，相互宽容，相互尊重，互不干涉对方的内部法律事务。

（二）对中国区际刑事警务合作制度构建具有指导功能

从长远来看，中国的区际刑事警务合作应是一项全面的、高度协调的制度化合作，不能仅仅是个案的或某一方面的合作。但

中国区际刑事警务合作

由于内地与港澳目前的刑事警务合作既没有系统化的刑事司法协助协议或刑事警务合作安排为基础，也没有专项的制度性安排，而大陆与台湾的刑事警务合作虽有相关协议为基础，但其仍是粗线条的。可见，构建中国区际刑事警务合作制度的任务相当艰巨。

鉴于中国四法区的特殊历史背景和现实情况，中国区际刑事警务合作的制度化将是一个长期的过程。有学者认为，区际警务合作与区际刑事司法协助是重叠关系，因而中国四法区无须签订专项的警务合作安排或协议，只要先签订涵盖四法区的《中国区际刑事司法协助协议》，再出台《中国区际司法协助示范法》，最后制定《中国司法协助法》，实现中国区际刑事司法协助制度化的终极目标即可。据本书第二章所述，即使是区际警务合作之一的区际刑事警务合作，其内容也已超出了区际刑事司法协助的范畴，更何况是内容更加广泛的区际警务合作。因此，区际刑事警务合作制度建构必须既与区际刑事司法协助制度相吻合，也必须保持自身特有的内容和特色。就此而言，区际刑事警务合作的基本原则既与区际刑事司法协助的基本原则有相同之处，也存在一定差别。

既往来看，中国各法区学术界已提出许多与区际刑事警务合作相关的原则，有适用于某一方面的原则，也有适用于某一阶段的原则，还有适用于某些诉讼主体或诉讼参加人的原则。在这些众多的原则中，只有那些贯穿于区际刑事警务合作的全过程和各个方面，并对规范现实和未来所有合作主体、合作事项起指导功能的原则才被称为基本原则。而现有的基本原则显然是不够且需要调整的。因此，本书作出如下定义：中国区际刑事警务合作的基本原则是，反映中国区际刑事警务合作发展的基本原理及其运作机理，并对中国区际刑事警务合作的全过程和各个方面具有指导功能的准则。它能体现中国区际刑事警务合作的基本目的和任务,决定中国区际刑事警务合作的基本特征、发展方向和运作模式。

(三) 被各法区所共认

中国的区际刑事警务合作是平等法区间的合作,需要默契配合才能取得成效。因此,中国的区际刑事警务合作必须形成被各法区普遍接受的基本原则来指导,否则,便会因各持所见、互不相让而导致争论不休的局面。一旦发生这种不正常的情况,轻则带来合作行动迟缓,贻误克敌制胜的时机;重则使合作各方互相指责,失去信任,影响"一国两制"的贯彻实施。因此,确立区际刑事警务合作应遵循的基本原则,实质上就是要寻求一种能被各法区所接受的基本理念,即在政治制度、法律制度存在明显差异的前提下,能就合作领域形成某种共性的价值观,并使之转化为构建制度、处理具体合作事项的基本依据。此外,区际刑事警务合作基本原则被各法区普遍承认还有可能成为各法区刑事立法的指导思想,逐步缩小各法区刑事法律制度间的差异。

(四) 具备基本原则应具有的品格

第一,基本原则是一种具有高度概括性和普遍性的思维方式。之所以称基本原则是一种思维方式,是因为它舍弃了许多具体的外部表现形态和对细枝末节的描述,在全面归纳抽象的基础上作出高度概括,因而具有方向性、启示性和指导性,在付诸行动和实际操作时,合作主体可以根据具体情况而灵活运用。基本原则所包含的普遍性是说明它适用的范围广,具有博大精深的社会基础,运用它能解决合作实践中事先根本无法预料的许多突发性问题。例如,相互尊重原则可以使各法区依据其精神相互提供合作,及时解决经常遇到的常规性问题，还可以在处理一些始料不及或超出协议范围并急需合作的事项时，能够遵循这一基本原则的精神在有关方面达成共识，推动合作行动取得圆满成功。因此，概括性和普遍性的思维方式应是基本原则的精髓。

第二，基本原则具有较高的理论造诣和广泛的实践基础。从哲学的视角来观察，基本原则显示出含蓄和深沉的品格，并具有雄厚的实践基础，从理论与实践相结合的高度去启发和影响合作行为的进程，使具体参与其中的执行者能够恰如其分地将自己的行为约束在适当的范围之内，沿着原则所指引的大方向去实施既实际需要而又不违反法律的合作行为。

运用马克思主义认识论来理解"理论的基础是实践，又转过来为实践服务"[①] 这一命题，并联系区际刑事警务合作这一社会现象进行探索，可以发现，基本原则就是把中国共产党的政治纲领和国家法律所确立的宪政思想与我国的基本国情有机结合起来，在接受一定社会实践检验的基础上，通过归纳、抽象、加工、制作，并在新的高度概括出来的一种精神产品。因此，它具有坚实的实践基础和深厚的理论造诣，成为我国各法域之间相互开展区际刑事警务合作须臾不能离开的理性指导。不管是中国内地（大陆）还是港澳特别行政区或者台湾地区，在具体运用时可以在充分理解和灵活活用的基础上，以不违反其精神实质为前提进行不断的创新和完善。只有这样，才能确保我国的区际刑事警务合作始终不偏离合法、公正、及时、有效的法治基础。

[①] 《毛泽东著作选读》，人民出版社1986年版，第122页。

第二节　区际刑事警务合作的价值原则

在政治和法律制度存在明显差异的前提下，各法区共同价值的追求，既能对区际刑事警务合作制度构建具有指导功能，也能对具体合作事项具有指导功能。

一、共同预防、处置和侦查犯罪原则

引发中国区际刑事警务合作或者说中国区际刑事警务合作指向的犯罪有两类：一类是本书第一章所述的跨法区犯罪，另一类是"非跨法区互涉犯罪"。所谓"非跨法区互涉犯罪"，是指犯罪的行为和结果虽然只发生在一个法区，但预防、控制、处置和侦查及其延伸行为涉及另外一个法区或多个法区的犯罪。

基于"一国两制"和四法区的独立平等关系，以及各法区的刑事法律冲突短期内难以消除这一现实，笔者认为：区际刑事警务合作指向的跨法区犯罪应适用"范围制双重犯罪"原则。如本书第一章第二节所述，所谓"范围制双重犯罪"，是指在确定某一犯罪是否属于跨法区犯罪时，只要该犯罪属于两个法区刑法规定的应受惩罚的范围，即可认为其是双重犯罪，不要求其一定属于两个法区刑法中的某个罪名和犯罪类别，也不要求其与两个法区刑法规定的犯罪构成完全对应。

对跨法区犯罪适用"范围制双重犯罪"原则的意义在于认清跨法区犯罪的条件、标准和刑事管辖的双重性，并不是说区际刑事警务合作指向的所有犯罪和其他事项都适用该原则。比较来看，跨法区犯罪与"非跨法区互涉犯罪"的区别在于后者的行为和结果既不具有跨法区性，大多情况下也不具有刑事管辖的双重性，

中国区际刑事警务合作

但对其所进行的预防、控制、处置和侦查及其延伸行为则具有跨法区性。因而，对后者只能在不适用"范围制双重犯罪"原则情况下合作应对。

试想，在中国存在四个独立法区且各法区刑事法律差异较大的情况下，如果犯罪分子在某一法区内实施"非跨法区犯罪"后，由于该犯罪不属于跨法区犯罪、不具有刑事管辖的双重性导致双方警方不合作而逃避惩罚，必将导致在一国之内的逃避较国家之间的逃避更为容易，从而也会更加频繁。在交通发达和来往便利的今天和未来，如果各法区警方不能及时、有效地共同预防此类犯罪，其可能比跨法区犯罪更为普遍。

然而，对"非跨法区互涉犯罪"实行非"范围制双重犯罪"的区际刑事警务合作，还不能有效解决跨法区逃犯的刑事追诉问题。这一问题起因于跨法区逃犯的区籍归属，即逃犯属于何法区居民的问题。如一犯罪分子在某一法区内实施"非跨法区犯罪"后逃到另一个法区，且逃犯属于后一法区居民，若后一法区警方根据本法区刑法不认为其行为是犯罪，后一法区警方是否应将逃犯缉捕并移交给前者？若缉捕并移交给前者，则违反其刑法和属人管辖原则；若不缉捕并移交给前者，该逃犯将逃避惩罚。对此问题，笔者认为可以通过"例外协商"解决，也可以采取其他行政和刑事措施，如通过边防管控和出入境查控捕获逃犯、引诱逃犯再次入境后缉捕或取消逃犯的入境资格，使其长期或永远不能入境等。

所谓"例外协商"，是指对被两个法区刑法排除在双重犯罪之外的跨法区逃犯所犯之罪，中国内地（大陆）可积极与香港、澳门、台湾方面进行双边或多边协商，在协商一致达成安排后，以"固定例外"方式处理。这一方式既与"一国两制"中的"一国"

相吻合，也符合相关国际公约的规定。2000年联合国大会通过的《打击跨国有组织犯罪公约》第18条第9款规定：缔约国虽然可以因并非双重犯罪提供司法协助，但被请求缔约国可在其认为适当时在其斟酌决定的范围内提供协助，而不论该行为按被请求缔约国本国法律是否构成犯罪。2003年联合国大会通过的《反腐败公约》第46条司法协助之第9款规定：各缔约国均可以考虑采取必要的措施，以使其能够在并非双重犯罪的情况下提供比本条所规定的更为广泛的协助。"这在条约法的实践中虽不多见，这一新规则将使国际司法协助朝着尽量减少拒绝并尽可能提供协助的方向发展，这对国际司法协助法的发展无疑会产生深远的影响。"[①]"由此可见，上述国际公约对传统双重犯罪原则的灵活突破，固然是针对国际社会的打击跨国有组织犯罪与反腐斗争的实践提出的，但无疑也为国际社会其他领域的狭义刑事司法协助开启了新思路，预示着21世纪国际司法协助合作的新方向。"[②]

综上可见，中国区际刑事警务合作的价值是多方面的，各法区警方都应当把及时、有效地共同预防、处置和侦查上述两类犯罪和跨法区逃犯作为一项重要的价值原则。只有如此，才能进一步促进区际刑事警务合作制度构建和具体事项上的密切合作，才能维护各法区的安全、利益和秩序。

二、共同保护人权原则

预防、控制、处置和侦查犯罪以及保护人权从来都是一对既

[①] 田立晓：《〈联合国反腐败公约〉与中国刑事法治》，载 http://criminal-law.com.cn/jztian.htm，2008年10月25日。

[②] 苏彩霞：《〈联合国反腐败公约〉与国际刑法的新发展——兼论〈公约〉对我国刑事法的影响》，载《法学评论》2006年第1期。

中国区际刑事警务合作

相互对立又相互统一的对价值范畴，因而在区际刑事警务合作中倡导共同预防、控制、处置和侦查犯罪价值原则的同时，还要引进共同保护人权的价值原则，以便对公民的人身权利和财产权利等合法权益，特别是当事人的合法权益实施积极保护，确保区际刑事警务合作建立在合法、公平、高效的基础上。

人权即公民的法定权利，包括政治权利、民主权利、人身权利和财产权利等项内容。人权这个含义广泛的概念已在联合国宪章和《国际人权宪章》[①]中加以肯定。1945年联合国成立时通过的《联合国宪章》明确指出："重申基本人权，人格尊严与价值，……俾克维持正义，尊重由条约与国际法其他渊源而起之义务，久而弗懈。"[②] 这是世界上第一次将人权规定在一个普遍性的国际组织文件中，使之成为会员国遵守的最基本的国际准则。这一内容的直接意义在于，作为世界上最大国际组织的联合国向世界庄严宣告：在今后的工作中将致力于促进对基本人权和自由的普遍尊重，改善人民生活福利，协助各国经济发展和社会进步；并为以后联合国制定刑事司法及执法行为的基本人权标准和其他人权规范奠定了基础。在此基础上，联合国又于1948年发布了《世界人权宣言》。1966年12月16日第21届联大通过《国际人权公约》（1976年生效），它包括《经济、社会、文化权利国际公约》、《公民权利和政治权利国际公约》以及《公民权利和政治权利国际公约任择议定书》等文件。《国际人权公约》是迄今为止最

---

① 联合国国际人权宪章由《世界人权宣言》、《经济、社会、文化权利国际公约》、《公民权利和政治权利国际公约》和《公民权利和政治权利国际公约任择议定书》四个文件组成。参见程味秋、杨诚、杨宇冠主编：《联合国人权公约和刑事司法文献汇编》，中国法制出版社2000年版。

② 参见《联合国宪章》序言部分。

集中、全面规定刑事司法及执法行为人权准则的联合国文书。贯彻实施联合国刑事司法及执法行为人权准则,是推进保护人权的价值得到全面实现的重要措施。

鉴于上述原因,在区际刑事警务合作中,合作各方必须依据各自的法律,切实保护犯罪嫌疑人、被告人享有的知情权、辩护权、申诉权、意志表达权、情事申请权,以及对警察违法行为的控告权。同时,还要保护他们所享有的请求警方对自己受到的错误逮捕、体罚虐待和其他不公正待遇给予救济和补偿的权利。特别是在需要实施将被逮捕人移交给另一方的行动前,应当先行通知被移送人,以便在听取他的意见并综合考虑各种因素后依法作出妥善处理。必要时还可以告知他们的近亲属和有关人员,实现追诉犯罪与保护人权的有机结合。

在依法对犯罪嫌疑人、被告人的合法权益进行保护的同时,还必须切实保护被害人以及其他诉讼参与人的合法权益,以实现诉讼民主和司法公平。被害人在诉讼活动中因自己的实体权利已被犯罪所侵害而处于心理失衡的状态,特别需要社会的同情与支持。相关法区警方在采取相应的合作方式时,都不能忽视这一点,而要及时采取最有效的办法来促使这种状况得到好转。

其一,各法区警方在共同制定犯罪预防和控制政策和采取具体措施时,应深刻考虑人权实现、发展与犯罪预防、控制之间的比例协调和平衡,不能只从警方的角度出发,制定和采取一些严重失衡的政策和措施。其二,在依法处置和侦查犯罪的同时,切实保护被害人的人格尊严和人身安全不再受到侵犯或者再次被加害,特别要防范黑社会组织或者带黑性质犯罪组织的同伙对向警方报案或积极配合处置和侦查的被害人及其家属进行报复伤害。其三,对被害人遭受到的物质损失进行恰如其分的评估,促使法院判定的罪犯对被害人应支付的经济赔偿得到及时兑现，若罪犯无力支付这一赔偿，应由政府给予必要补偿。其四，如果遭受侵害的被害人已经死亡，这种经济赔偿和经济补偿也要落实给被害人所供养的父母、子女等亲属或者其他继承人，以体现社会公平的价值观。其五，当被害人认为区际刑事警务合作的某一事项违反法律或社会公德时，有请求责任机关及时纠正和要求采取补救措施的权利。

在侦查合作中，对证人、鉴定人等诉讼参与人合法权益的保护也应当得到各法区警方的有效保护。证人被传唤作证，鉴定人依法参与诉讼，特别是到他法区参加诉讼涉及两个问题：一是自身的安全问题；二是经费开支问题。凡是案件中的重要证人，特别是从犯罪组织中反正或者自首的人，以及在押犯对其他同伙的指认和证明，都有可能受到犯罪组织成员的报复性袭击，因此，对证人、鉴定人人身保护的重要性不能有丝毫疏忽，必须对其本人及家属采取强有力的保障措施。在参与诉讼所造成的花费上，包括证人因出庭作证，特别是出境作证而支出的费用，因误工所减少的劳动收入等情况，请求证人、鉴定人出境作证的法区警察和司法机关应当给予妥善解决，或者依据有关协议的规定或临时约定处理。在得不到相应保证的情况下，证人和鉴定人可以拒绝参与诉讼活动。

第三节　区际刑事警务合作的协商原则

从制度的形态和有无来看，中国的区际刑事警务合作可大致分为三个层次：一是制度性合作，二是准制度性合作，三是非制度性合作。制度性合作是指在中央国家机关与港澳所签安排和大陆与台湾所签协议范围内的合作。准制度性合作是指在内地的省、直辖市和地级市警方与港澳台对口部门所签文件范围内的合作。非制度性合作是指上述文件之外的合作。虽然中国四法区的非制度性刑事警务合作事项在不断减少，但鉴于内地与港澳尚未签订刑事司法协助安排，相关警务合作安排也非常少，其刑事警务合作尚处于准制度性合作阶段，而大陆与台湾所签相关协议多属于粗线条的框架性协议，因而中国的区际刑事警务合作制度构建和非制度性合作仍需以协商开路。因此，必须确立一些协商原则。

一、独立平等原则

中国四法区在刑事警务合作中的独立平等地位是制度协商和非制度性合作协商的前提和基础。比较而言，国际刑事警务合作的独立平等是国家之间的独立平等，而中国区际刑事警务合作中的独立平等则是"一国两制"体制下各法区之间的独立平等。

（一）内地与港澳在刑事警务合作中的独立地位和平等关系

由于政治、法律和地理因素，"中国内地"或"内地"所指含义和范围随不同语境及使用地点而有不同。鉴于香港、澳门在地理上与陆地连接，因而在涉及港澳特别行政区政治、法律关系的语境中，中国官方和民间均将中国实行社会主义制度的行政区域称为"中国内地"或"内地"。

首先，内地与港澳在刑事警务合作中的独立平等地位是由港澳特别行政区司法与中央的司法关系所决定的。香港和澳门特别行政区基本法第2条及第19条分别规定香港、澳门特别行政区享有独立的司法权。这就是说，香港、澳门特别行政区的司法权是独立于中央的司法权的，不受中央最高司法机关管辖。这一点与

中国区际刑事警务合作

香港、澳门特别行政区基本法规定的行政权、立法权是不同的。因为香港、澳门特别行政区基本法在行政权、立法权之前都没有加"独立"二字,香港、澳门特别行政区虽然享有高度自治权,但从行政权方面又体现直辖于中央人民政府,行政长官和主要官员要经中央人民政府任命,与香港、澳门特别行政区有关的外交事务,由中央人民政府负责管理,香港、澳门特别行政区的防务也由中央人民政府负责管理。行政长官要将财政预算、决算报中央人民政府备案,执行中央人民政府就香港、澳门特别行政区基本法规定的有关事务发出的指令,代表香港、澳门特别行政区政府处理中央授权的对外事务和其他事务等。从立法方面来说,香港、澳门特别行政区的立法机关制定的法律须报全国人大常委会备案,全国人大常委会可依法将有关法律发回,但不作修改,立法机关可依法提出对行政长官的弹劾案,报请中央人民政府决定。可见,香港和澳门特别行政区基本法在行政权、立法权之前未加"独立"二字是有其原因的。

其次,内地与港澳在刑事警务合作中的独立平等地位是由港澳特别行政区司法与内地各地区的司法关系所决定的。香港特别行政区基本法第 95 条和澳门特别行政区基本法第 93 条及其他一些条文对香港、澳门特别行政区司法机关与内地各地区司法机关的关系作了规定:香港、澳门特别行政区可以与全国其他地区的司法机关通过协商依法进行司法方面的联系和相互提供协助。这说明在"一国两制"体制下,香港、澳门特别行政区司法机关与内地各地区的司法机关是完全平等的关系,具体说来,可归纳为以下几个内涵。

1. "一国两制"下的完全平等关系

1997 年后中国由省、自治区、直辖市和特别行政区组成,这些组成单位在法律地位上都是平等的。中国是单一制国家,这些组成单位都辖于中央人民政府,都是中国的地方行政区域。按照香港、澳门特别行政区基本法的规定,香港、澳门特别行政区既然是直辖于中央人民政府,除中央人民政府及全国人大、全国人大常委会外,其他省、自治区、直辖市与香港、澳门特别行政区当然无隶属关系,而是完全平等的关系。同样,各省、自治区、直辖市的司法机关与香港、澳门特别行政区的司法机关也完全是平等的关系。因此,在"一国两制"下完全平等的关系是香港、澳门特别行政区司法机关与内地各地区司法机关的基础关系,双方司法机关只有完全平等才能谈得上互相协助和联系。

2. 互不干预

既然双方司法机关是平等的,当然也不互相干预彼此的司法事务。香港和澳门特别行政区基本法第22条规定:中央人民政府所属各部门、各省、自治区、直辖市均不得干预香港和澳门特别行政区根据基本法自行管理的事务。同样,各省、自治区、直辖市的司法机关也不得干预香港、澳门特别行政区司法机关的事务,香港和澳门特别行政区司法机关当然也不能干预内地各地区司法机关的事务。这样才能保证双方司法机关在平等的基础上相互协助和联系。

3. 适用各自的法律

由于内地与香港、澳门的法律不同,且香港、澳门回归后,两地原有法律基本不变适应香港、澳门社会经济的发展,有利于香港、澳门的稳定与繁荣。因此,实行"一国两制"后,不能将内地实行的社会主义法律体系推行于香港、澳门,否则将不利于香港、澳门的稳定与繁荣。《香港特别行政区基本法》第95条和《澳门特别行政区基本法》第93条作出"依法"进行联系,这是非常重要的,双方司法机关要各自依照自己的法律进行联系,内地司法机关不能强求香港、澳门司法机关适用内地的法律,香港、澳门司法机关亦不能要求内地司法机关适用香港、澳门的法律,否则对双方的司法工作都是不利的。但可以考虑由双方各自分别立法,制定相关的法律或法规,来解决两地的法律冲突问题。

4. 相互联系

《香港特别行政区基本法》第95条和《澳门特别行政区基本法》第93条规定:香港、澳门特别行政区可与全国其他地区的司法机关进行司法方面的联系。这就是说,香港、澳门回归后,香港、澳门特别行政区虽然享有独立的司法权,但它仍是中国的一个地方行政区域,不可能与内地各地区法院完全没有联系。香港、澳门回归后,香港、澳门特别行政区与内地交往日益频繁,司法机关之间的联系也势必日益迫切,特别是与香港、澳门邻近和交往较多的地区如东南沿海各省,这种司法上的联系更为需要,这将有利于内地与香港、澳门的司法工作,《香港特别行政区基本法》第95条和《澳门特别行政区基本法》第93条的规定是适当的。香港、澳门回归前,由于香港为英国管治、澳门为葡萄牙管治,给香港、澳门与内地在司法上的联系带来一定的困难,香港、澳门回归后这一情况不再存在,这将有利于香港、澳门特别行政区与内地各地区司法机关在司法方面的联系。

5. 相互提供协助

《香港特别行政区基本法》第95条和《澳门特别行政区基本法》第93条规定:香港、澳门特别行政区可与全国其他地区的司法机关相互提供协助。说明内地与香港、澳门司法机关之间不但可以联系,而且可以相互提供协助。香港、澳门回归后,随着内地与香港、澳门的交往和经贸关系日益增加,这种相互协助的要求也会越来越需要。内地与香港、澳门的司法机关应当互相协助，这对做好双方的司法工作都是有利的。世界各国通过外交途径尚且能签订司法互助协定，在"一国两制"下的香港、澳门特别行政区司法机关与内地各省、自治区、直辖市的司法机关之间当然也可以相互提供协助。

(二) 大陆与台湾在刑事警务合作中的独立地位和平等关系

从前述"一国两制"与"九二共识"的内在关系看：其一，台湾方面再次认可"九二共识"，使"一国两制"的"一中"在台湾得到了官方确认，从而中止了李登辉的"两国论"主张和陈水扁的"法理台独"路线，突破了两岸关系中长期存在的"一中"困境，国家的统一出现了曙光。其二，在"两制"问题上，虽然台湾方面认可"九二共识"不等于承诺实行"两种制度"，但大陆与台湾的"两种制度"早已实际存在，承诺与不承诺实行"两制"只是态度是否明朗的问题，并不能改变"两种制度"早已存在这一实质。

当然，我们在认清上述两点的同时，仍需要弄清的一个深层次问题是，因"九二共识"不涉及一个中国的具体政治含义，台湾方面认可"九二共识"中的"一个中国"原则，并非等于认可"一个中国"就是中华人民共和国。从这层关系看，台湾方面再次认可"九二共识"，并不等于台湾问题已像港澳问题那样得到圆满解决。"九二共识"与真正实现祖国的完全统一主权认同上的国家统一，还有相当距离，还有实质上的争议，可能还要走很长的路。但按照"一国两制"的思维、台湾的法制和司法现实，大陆与台湾法律地位也应是平等的，法律关系也是独立对等的。这从20世纪90年代以来大陆与台湾签署的一系列协议，尤其是2009年签署的《海峡两岸共同打击犯罪及司法互助协议》就能看出这种平等的法律地位和独立对等的法律关系。

二、相互尊重原则

把"独立平等"作为第一原则确立下来,就从根本上加固了中国区际刑事警务合作的前提和基础。然而,我们必须在维护国家主权的前提下,正视两种制度并存的现实,允许各种差异的存在。有鉴于此,内地与香港、澳门、台湾之间在处理有关刑事警务合作事宜时,还需要把相互尊重作为基本原则,以推动各方在和平共处的基础上,实现密切配合、共谋区际刑事警务发展的大计。

(一) 相互尊重原则存在的法律现实

由于中国在近现代史上经历了殖民侵略、国内战争以及长期的台海隔离,导致了中国四法区独立并存的格局。在英国统治期间,香港沿袭了英国的法律制度,并在发展中融入了一些中国法的因素,从而形成了属于普通法系(或称英美法系)但又具有自己特色的发达的法律制度。[①] 近几十年来,香港本地立法机关根据香港社会发展的实际情况,制定了大量的成文法律,即条例与附属立法,并成为香港成文法的主体,也在英国判例法的基础上编辑成200余册《香港判例汇编》,是香港判例法的主要内容,"遵循先例"是香港刑事司法的基本原则。回归后的香港,清除了含有殖民痕迹内容的法律,实施了涉及主权内容的少部分全国性法律外,其余原有的香港法律,含普通法、衡平法、条例、附属立

---

① 刘玫著:《香港与内地刑事诉讼制度比较研究》,中国政法大学出版社2001年版,第6页。

第一编 总 论

法和习惯法基本予以保留。

而澳门的法律体系基本形成于殖民地时期,是葡萄牙在澳门实行殖民统治的产物,澳门法律秉承葡萄牙法律的传统,带有欧洲大陆法系法律的一般特点[1],葡萄牙的刑法典、刑事诉讼法典、民法典、民诉法典、商法典都延伸至澳门地区生效[2]。澳门曾开展法律本地化的运动,澳门回归后,保持原有的法律基本不变。因受西方文化的长期影响,生活在港澳地区的居民,在意识形态、法制理念、价值取向和社会评议机制等方面都与内地形成十分明显的差异,不可避免地会对同一事物产生不同的认识。

海峡两岸的情况更为复杂。甲午中日战争之后,日本靠不平等条约侵占台湾及其附属岛屿长达50年之久。第二次世界大战结束后,中国作为战胜国刚从日本人手里收回台湾的主权,就又被溃败的国民党军队所盘踞。1949年4月,中国人民解放军渡江解放南京,国民党政府迁往广州,10月迁往重庆,12月逃往台湾。在此后的四十多年里,台湾一直打着"中华民国"的旗号,宣称拥有"中华民国"的"法统",自称代表全中国,并一直以"六法全书"体系作为台澎金马地区适用的"法律"体系。新中国成立后,国民党"政府"在海峡彼岸一直实行与大陆完全隔绝的封闭式统治,并通过各种反动宣传手段煽动与大陆的敌对和仇视情绪,居心叵测地在台胞心理上制造"鸿沟",造成两种制度下的人民之间缺乏必要的了解、理解和相互信任。

---

[1] 肖蔚云主编:《一国两制与澳门特别行政区基本法》,北京大学出版社1993年版,第263页。

[2] 赵国强著:《澳门刑法总论》,澳门基金会1998年版,第5页。

(二) 正视各法区刑事法律的差异

中国各法区在刑事法律制度上的差异是客观存在的事实，正视和认真对待彼此间的差别，是各方在刑事警务合作时始终保持良好心态的前提保证。因而，各法区应当本着宽容的态度和向前看的务实精神积极解决合作中遇到的实际问题，不能因为对方法律制度与自己不同而拒绝开展合作，应在充分尊重对方的合理意见的基础上，合作防范及惩治犯罪，促进各法区的共同发展。

纵观世界其他国家的区际警务合作，也都是在相互尊重、同舟共济思想的指导下采取相当宽容的做法。实行联邦制的美国、瑞士甚至将各州相互尊重其他州法律的规定写进宪法。在美国和加拿大，其国内的各州和省都有各自独立的立法权、司法权和警察权，各州、省际之间的宪法、法律、司法、警察制度存在着不同，形成诸多的法区。美国的路易斯安那州和加拿大的魁北克省，原来都是法国的殖民地，至今仍实行的是大陆法系的法律制度，同属普通法系的原属英国殖民地的其他州或省在司法、警察制度上存在明显差异，甚至属普通法系的各州或省之间的法律制度、警察制度也有不同。但美国、加拿大两国已沿袭有200多年的区际警务合作。各国在开展区际警务合作时之所以采取这种相互尊重和相当宽容的做法，主要是考虑到各法区同处于一个主权国家内，相互之间无须过分苛求。这一点也是区际警务合作与国际警务合作的重要区别。港澳台地区与内地（大陆）虽然法律制度不同，但大家同属一个国家，只有兄弟之分，不存在亲疏差别，所以，相互间就应当相互宽容、相互尊重、积极合作、以诚相待。

可见，在开展区际刑事警务合作的活动中，中国各法区都需要用尊重对方的诚意来换取对方的理解与尊重，着重考虑在和平共处前提下如何有效预防、处置和侦查犯罪，实现社会秩序稳定的目标，绝不能让意识形态上的分歧影响到合作的进行。在个案的具体协助中，要十分尊重对方的合理意见，只要协助请求符合请求方的法律并在客观上能够提供协助的，就应当积极接受这种请求并尽快付诸实施。

（三）求同存异，允许一定限度的公共秩序保留

中国的区际刑事警务合作是以"一国两制"为客观现实和前提的刑事警务合作，它不同于"一国一制"国家的区际刑事警务合作，不能无视刑事法律和社会制度冲突的存在而强行要求各法区无条件地进行制度构建和接受所有的合作事务。否则，就会违背港澳特别行政区基本法关于港澳高度自治的规定，也会忽视大陆与台湾的平等法律地位和独立对等的法律关系。再者，由于中国的区际刑事法律冲突现实尚无上位法（区际冲突法）和上位机关来调整，其合作制度构建和具体事务合作只能采取求同存异、循序渐进的协商方式进行，而非其他方式，譬如一些国家所采用的国内统一立法模式。

独立平等、相互尊重、求同存异、循序渐进就意味着在"一国两制"的政治和法律格局下，允许各法区在刑事警务合作中有条件、有依据地适用公共秩序保留原则。从法律制度方面来看，根据《香港特别行政区基本法》第8条规定：香港原有的法律即普通法及衡平法、条例、附属立法、习惯法除与本法相抵触或者香港特别行政区立法机关作出修改者外，予以保留。因历史原因，中国香港特别行政区的法律形式和内容受英国法律影响较深。而"在英国法律中，一般不区分国内法律冲突和国际法律冲突，而认为冲突法的意义只在于调整法域之间的冲突，不论这些法域属于

中国区际刑事警务合作

一个单一主权国家还是多法域主权国家"[①]。"具体到公共秩序保留制度，香港的公共秩序保留制度并不区分'国际'和'区际'法律冲突而加以适用……"[②] 澳门刑事诉讼法则以法律条文的形式肯定了公共秩序保留原则。该法典第216条（请求书之拒绝遵行）第1款强调：如属下列情况，须拒绝遵行请求书：a）被请求之司法当局无权限作出有关行为；b）要求作出之行为系法律所禁止或违反公共秩序者；c）请求书之执行侵害本地区之基本原则或安全；d）有关行为涉及执行非属本地区法院所作且须经审查及确认之裁判，而显示该裁判仍未经审查及确认。《海峡两岸共同打击犯罪及司法互助协议》第15条的"不予协助"条款采纳了该原则，即"双方同意因请求内容不符合己方规定或执行请求将损害己方公共秩序或善良风俗等情形，得不予协助，并向对方说明"。

当然，"考虑到'公共秩序'这一概念内涵的不确定性及其较易被随意滥用，对该理由的适用应从严把握。特别是对区际送达这种目的较为单纯的刑事司法协助事项，各法区警方更不宜以此理由随意加以拒绝。应将提出公共秩序保留的范围限定于请求协助之事项与被请求协助方根本制度所确立之原则和整体价值观念相冲突，因而对被请求协助方的社会稳定和公众心态直接造成严重损害的情形。"[③] 被请求方在拒绝提供送达协助后，有责任详细地向请求方作出书面说明和解释。

在区际刑事警务合作中，允许各法区有条件、有依据地适用

[①] 沈涓著：《中国区际冲突法研究》，中国政法大学出版社1999年版，第69页。

[②] 黄进：《宏观国际法学论》，武汉大学出版社2007年版，第561页。

[③] 徐京辉：《"一国两制"框架下的我国区域刑事法律及刑事司法协助》，载赵秉志、何超明主编：《中国区际刑事司法协助探索》，中国人民公安大学出版社2003年版，第20~21页。

"公共秩序保留"原则与相互尊重原则并不矛盾。因为,相互尊重原则的实质,一方面是被请求方在考虑请求方提出的刑事警务合作请求时,要本着谅解、宽容的态度,尊重对方的刑事法律制度,不能因为对方的刑事法律制度与自己不同而寻找理由拒绝合作;只要对方是依照本地刑事法律提出的请求,又不违反本法区刑事法律的基本原则,就应当予以承认并提供必要的合作。另一方面是请求方也应当尊重被请求方的刑事法律制度,不能在与被请求方的基本政治制度和法律基本原则相抵触的前提下,一概要求被请求方在其管辖范围内适用请求方的刑事法律,强人所难地提供合作。

(四)逃犯移交问题

1. 维护国家安全合作与"政治犯罪"逃犯移交问题

中国刑法和国家安全法所指国家安全是指中华人民共和国的国家安全。中国 2015 年版《国家安全法》第 2 条规定:"国家安全是指国家政权、主权、统一和领土完整、人民福祉、经济社会可持续发展和国家其他重大利益相对处于没有危险和不受内外威胁的状态,以及保障持续安全状态的能力。"

因中国内地(大陆)和港澳台刑法均无"政治犯罪"这类犯罪,故"政治犯罪"不是法定用语,而是刑法理论用语。刑法理论上的"政治犯罪"是指政治性或政治方面的犯罪。"质言之,它主要是指直接侵害国家政治权力和制度的犯罪。"[①] 中国刑法分则将之称为危害国家安全犯罪。而刑法理论上的"政治犯"是指

[①] 徐京辉:《"一国两制"框架下的我国区域刑事法律及刑事司法协助》,载赵秉志、何超明主编《中国区际刑事司法协助探索》,中国人民公安大学出版社 2003 年版,第 21 页。

中国区际刑事警务合作

"政治犯罪"的嫌疑人、被告人和罪犯。

就法理而言,一国之内的任何"政治犯罪"都是对整个国家安全的危害,本国内的任何地方政府和司法机关都无权对危害国家安全的犯罪行使庇护权,这是维护国家主权、统一和领土完整的最基本要求。且香港、澳门特别行政区基本法都在第23条规定:香港和澳门特别行政区"应自行立法禁止任何叛国、分裂国家、煽动叛乱、颠覆中央人民政府及窃取国家机密的行为……"。因而中国新《国家安全法》第11条第2款规定:"维护国家主权、统一和领土完整是包括港澳同胞和台湾同胞在内的全中国人民的共同义务";第40条第3款规定:"香港特别行政区、澳门特别行政区应当履行维护国家安全的责任"。据此,发生在任何法区内的"政治犯罪"都属于区际刑事警务合作的范围,各法区警方都应将"政治犯罪"逃犯缉捕并移交给请求方。与此同时,区际刑事警务合作也不适用有关军事犯罪、宗教犯罪、民族犯罪、财税犯罪逃犯不移交原则。

然而,根据"一国两制"和香港、澳门特别行政区基本法的规定,全国性法律除列于基本法附件三外,包括中国刑法和国家安全法在内的其他法律、法规均不在两个特别行政区实施。可见,在香港、澳门特别行政区制定与两个基本法第23条相配套的法律后,才能与内地开展维护国家安全的刑事警务合作。

可现实的情况是,只有澳门特别行政区立法机关按照其基本法第23条,于2009年1月制定了适用于澳门法区的《维护国家安全法》,使澳门警方在此基础上与内地警方实现了维护国家安全的刑事警务合作;由于香港特别行政区立法机关至今尚未按照其基本法第23条进行维护国家安全方面的立法;而台湾则由于尚未与大陆实现实质上的主权、治权统一而有自己的"国家安全法";致使香港和台湾警方至今不能与内地（大陆）警方开展维护国家安全方面的刑事警务合作。看来，只有在香港特别行政区立法机关或全国人大制定适用于香港法区的维护国家安全法后，才能使香港与内地警方开展维护国家安全的刑事警务合作，并进而实现"政治犯罪"逃犯的移交。而对台湾，只有在两岸实现实质统一后才能解决上述问题。

2. 本地居民移交问题

在中国内地，许多学者都认为区际刑事司法协助不应实行"本地居民不移交原则"。"从理论上讲，我国四个独立法域内的居民在国际上均受中华人民共和国的域外保护。而在我国四法域之间并不存在对本地居民国际法意义上的域外保护和属人管辖问题的，只是存在司法辖区的管辖范围问题。因此，不应把居民的概念与国民的概念相等同，并在区域刑事司法协助中引入'本地居民不移交原则'。"① 由此推论，区际刑事警务合作也不应引入"本地居民不移交原则"。

从香港和澳门特别行政区基本法第 2 条及第 19 条的规定来看，既然国家最高立法机关明确了香港、澳门特别行政区享有包括刑事司法权在内的独立司法权，那么，在香港、澳门刑事司法机关也享有属人管辖原则的前提下，在内地与港澳的刑事警务合作中，对本地居民是否移交问题就不能一概而论，而应当分别处理。同样，在大陆与台湾的刑事警务合作也实行独立平等、相互尊重、求同存异的原则下，对本地居民是否移交问题也不能一概而论，

---

① 徐京辉：《"一国两制"框架下的我国区域刑事法律及刑事司法协助》，载赵秉志、何超明主编的《中国区际刑事司法协助探索》，中国人民公安大学出版社 2003 年版，第 20 页。

也应当分别处理。

所谓分别处理,就是将区际刑事警务合作所针对的犯罪分为跨法区犯罪和非跨法区互涉犯罪两类,视本地居民所犯之罪属于二者中的哪一类,再确定是否移交。若本地居民所犯之罪属于跨法区犯罪,由于其犯罪行为或结果跨越了两个或两个以上法区,因而使请求方与被请求方都拥有该犯罪的刑事管辖权,后者可以只缉捕不移交,但应予以起诉。若本地居民实施请求方属地管辖的非跨法区互涉犯罪后逃回被请求方,而本地居民所犯之罪又不属于被请求方刑法规定之罪,被请求方应予以缉捕并移交给请求方。但若该本地居民所犯之罪属于被请求方刑法规定之罪,则应予以缉捕并起诉。这样做,既结合了犯罪的实际情况,也体现了对双方刑法和管辖权的尊重。

3. 死刑犯移交问题

死刑犯,是指可能被判处死刑的犯罪嫌疑人、被告人和已经被判处死刑的罪犯。鉴于中国内地(大陆)和台湾刑法有死刑这一刑罚,香港、澳门则已废除死刑,因而中国区际刑事警务合作中的死刑犯,是指适用中国内地(大陆)和台湾刑法可能被判处死刑的嫌疑人、被告人和已经被判处死刑的罪犯。鉴于中国大陆和台湾只存在具体罪名上的死刑差异,而在死刑犯移交问题上的冲突不大,因此死刑犯移交问题上的冲突多存在于内地与港澳之间。

在内地与香港的刑事警务合作中,香港警方若将内地警方请求缉捕并移交的死刑犯予以逮捕并移交给内地警方就会在香港产生巨大争议。因为"有些香港人可能不愿意把逃犯送往可判处死刑的地方。另外,由香港交还的逃犯如果在刑罚和待遇方面有别于在内地被捕的犯人(如内地承诺对移交的逃犯不判处死刑),内地或会认为这样有违法律面前人人平等的原则"。① 而如果允许香港对死刑犯实行不移交原则，内地或会认为这样违背法律面前人人平等的原则。鉴于该种情况也会显现于内地与澳门之间，因而在内地与港澳死刑政策冲突及刑事管辖冲突情况下，要达成双方都能接纳的相关安排并非易事。

在笔者看来，鉴于区际刑事警务合作所追诉的犯罪有跨法区犯罪与非跨法区互涉犯罪之分，对死刑犯移交问题就可实行分别处理原则。如果实施跨法区犯罪的死刑犯从内地逃往港澳，因港澳警方也拥有该逃犯所犯之罪的刑事管辖权而可以只缉捕不移交，但应予以起诉。如果实施由内地现实管辖的非跨法区互涉犯罪的死刑犯从内地逃往港澳，因港澳警方不拥有该逃犯所犯之罪的刑事管辖权而应予以缉捕，但若该逃犯属于本地居民，且所犯之罪又属于本地刑法规定之罪的应予以起诉，否则应移交给内地警方。

第四节　区际刑事警务合作的行动原则

毋庸置疑，为确保区际刑事警务合作顺利进行，有效地预防、控制、处置和侦查犯罪，使犯罪分子得到应有的惩治，切实维护各法区的法律秩序和居民的合法权益，促进各法区经济发展和社会稳定，确立区际刑事警务合作的行动原则十分必要。

---

① 江乐士：《区域合作打击跨境及跨国有组织罪行》，载《中国区际刑事司法协助探索》，中国人民公安大学出版社 2003 年版，第 372 页。江乐士，居港澳大利亚人，现任中华人民共和国香港特别行政区律政司刑事检控专员，资深大律师，热衷于区际刑事司法协助的研究。

中国区际刑事警务合作

一、务实高效原则

关于公正与效率的关系问题,"通常情况下人们认为:公正是第一性的,法律设置的一切规则和制度首先是为了保障社会机制的公平和公开,以确保过程和结果的公正;而效率则是第二性的,它是在确保公正得以实现的前提下,来最大限度地提高效益,以达到节省司法资源的目标。"[1]

然而,当我们运用这一思维模式来研究刑事警务实践时就会发现刑事警务的主要工作——处置和侦查具有时间和情势上的紧迫性,反应快捷、迅速及时是其本质特征,如果警方不能作出快速反应,就会错过预防、处置、侦破案件和缉捕犯罪嫌疑人的最佳时机。因此,区际刑事警务合作也应当从这一实际需要出发,贯彻务实高效原则,以实现高效率下的公正。

首先,贯彻务实高效原则,要将区际刑事警务合作效率也纳入制度化轨道,对合作中的效率问题作出相应安排,以保证合作的具体实施和高效进行。目前,中国区际刑事警务合作效率虽有一些技术手段支撑,但各法区的协助请求审查效率的制度化却不高,这使得区际刑事警务合作的动荡性较大,容易受人为或外界因素的影响,妨碍区际刑事警务合作的有效开展。因此,内地与港澳特别行政区在未来协商构建司法协助和警务合作相关安排时,大陆与台湾在细化司法协助和警务合作相关协议时,或各法区自己制定涉及司法协助和警务合作的相关法律文件时,应把务实高效原则纳入其中,通过制度化彰显和提高区际刑事警务合作的效率。

---

[1] 马进保著:《中国区际侦查合作》,群众出版社2003年版,第132页。

其次，贯彻务实高效原则，要求区际刑事警务合作在行动上要迅速及时。尤其是被请求方在接受到请求方的合作请求后，应当尽快审查、尽快回复、尽快采取措施、尽快移交相关证物和人员，最大限度地满足请求方严格按照法定时限完成任务的要求。为了达到上述目标，各法区警方务必常备不懈，充分发挥和利用地缘上的优势，在联络协调程序上不仅要直接简便，而且在实际行动上要雷厉风行，专事专办，做到迅速及时。尤其是在共同应对跨法区的有组织犯罪时，各法区还需加强情报交流，密切配合，协同作战，争取在最短的时间内实现处置和侦查目的，将犯罪分子缉捕归案，并能及时收集到证明犯罪的第一手证据材料。这一切，除要有相应的法律作保障外，还要有赖于各法区建立起高素质的警察队伍和高效率的合作机制。

最后，贯彻务实高效原则，要求区际刑事警务合作在程序上要简便易行。在传统的国际刑事警务合作中，出于对国家主权和利益的保护，国际刑事公约和各国的国内法一般都设计了较为复杂的合作程序。区际刑事警务合作是一国之内不同法区间的警务合作，不必仿效传统国际刑事警务合作那样复杂的程序，而理应比传统国际刑事警务合作更注重效率、程序更简便易行、更节省警务资源。

二、程序简行原则

（一）比较意义上的程序简行

"程序，从法律学的角度看，主要体现为按照一定的顺序、方式和步骤来作出法律决定的过程。"① 程序的设立,一方面,"存在着左右当事人在程序完成之后的行为态度的契机,并且保留着客观评价决定过程的可能性;另一方面,程序没有预设的真理标准,程序通过促进意见疏通、加强理性思考、扩大选择范围、排除干扰来保证决定的成立和正确性。"②

无论是国际还是一国之内的区际刑事警务合作程序,均大致分为提请程序、审查程序和执行程序。审查程序分为实体审查和形式审查两项内容。实体审查是被请求方对请求方所指犯罪行为是否符合本方刑法规定的犯罪罪名和构成要件的审查。形式审查是被请求方对请求方所提程序行为是否符合双方或多方所签协议规定或约定的程序规范要件的审查。只有请求方的请求通过了被请求方的两种审查,被请求方才会进入执行程序。

传统的国际刑事警务合作程序之所以较为复杂,是由于其要综合运用两个甚至两个以上国家的刑法、刑事诉讼法和相关国际条约,只有在请求方所指的刑事警务事项符合被请求方刑法、刑事诉讼法和相关国际条约规定的条件下,被请求方才会予以合作。由于各国均基于双重犯罪和政治犯、军事犯、死刑犯不协助等刑事实体原则的严格限制,势必产生复杂的实体审查,进而使程序审查和合作执行程序也显得复杂和多变。

然而,尽管在中国各法区的刑事法律差异十分明显、港澳特别行政区和台湾现行法律长期不变的客观条件下,中国的区际刑

---

① 季卫东:《法律程序的意义——对中国法制建设的另一种思考》,载《中国社会科学》1993年第1期。
② 季卫东:《法律程序的意义——对中国法制建设的另一种思考》,载《中国社会科学》1993年第1期。

事警务合作也不应过分受实体审查的制约，而应从具体合作事务的现实需要出发实行程序简行原则，即根据不同的合作事项实行不同的简易审查程序后进入执行程序。

（二）区际侦查合作请求的简易审查程序

因区际侦查合作涉及相关法区的刑事管辖权且情况较为复杂，其简易审查程序包含以下两个方面：

1. "非跨法区互涉"案件的简易审查程序

就侦查合作而言，"非跨法区互涉"案件是指犯罪的行为和结果虽然只发生在一个法区，但由于犯罪嫌疑人、受害人、证人和其他相关证据载体、犯罪资产处于另一法区，使得刑事诉讼文书送达、调查取证、追逃追赃等侦查活动涉及另一法区的犯罪案件。由于"非跨法区互涉"案件侦查合作有多种情况，其简易审查程序也分为以下几种模式。

首先，被请求方在接受对"非跨法区互涉"刑事案件有管辖权的一方的文书送达、调查取证、扣押和返还犯罪资产的请求后，无须审查请求文书所指犯罪是否符合本法区刑法的规定，而只进行程序审查程序以及所必需的程序修订程序后，即可按照请求方要求和本法区刑事程序法进入协助执行程序。如果这一协助在此后的时间内发现存在错误，应由请求方负责并处理善后事宜。

其次，若请求的事项是证人跨法区作证，被请求方只按照本法区的刑事法定程序通知证人进行跨法区作证，无须进行实体和程序审查，由此发生的费用和一切法律后果均由请求方承担。

最后，若请求的事项是协助缉捕并移交逃犯，被请求方可按三种情况分别处理。逃犯是本法区居民的，审查其所犯罪行是否属于本法区刑法所规定的犯罪罪名和构成要件，若属于可按照属人管辖原则,只缉捕不移交,但应予以起诉;逃犯不是本法区居民的,按照"范围制双重犯罪"原则进行简易的实体审查程序和程序审查程序后,协助缉捕并移交逃犯;若逃犯既不是本法区居民,而且所犯罪行又不属于"范围制双重犯罪",则应提请启动个案协商程序。

2. 跨法区案件的简易审查程序

首先,被请求方在接受对跨法区刑事案件有管辖权的一方的调查取证、扣押和返还犯罪资产的请求后,无须对案件所指犯罪的罪名和构成要件进行审查——复杂实体审查程序,而只需按照"范围制双重犯罪"原则审查案件所指犯罪是否属于本方刑事实体法规定的处罚范围——简易实体审查程序。若属于"范围制双重犯罪",即可进入程序审查程序以及所必需的程序修订程序,进而按照请求方要求和本法区刑事程序法进入协助执行程序。若不属于"范围制双重犯罪",而属于"非跨法区互涉"案件,则只进行程序审查程序以及所必需的程序修订程序。

其次,若请求的事项是协助缉捕并移交逃犯,被请求方可按三种情况分别处理。逃犯是本法区居民的,审查其所犯罪行是否属于本法区刑事实体法所规定的犯罪罪名和构成要件,若属于可按照属地管辖与属人管辖两项原则只缉捕不移交,但应予以起诉;逃犯不是本法区居民的,也只按照"范围制双重犯罪"原则进行简易实体审查程序和程序审查程序后,协助缉捕并移交逃犯。若逃犯既不是本法区居民,而且所犯罪行又不属于"范围制双重犯罪",则应提请启动个案协商程序。

3. 区际侦查合作简易审查中的程序审查

区际侦查合作简易审查中的程序审查是指被请求方对请求方提请程序是否符合规范的审查。其通常指向是请求主体(联系主体）资格、请求文书传递路线及其形式要素。主体资格是指主体是否达到一定的位阶，文书传递路线是指文书的发出、中转、接收是否符合法定或约定的对口关系，文书形式要素是指文书所指事项的时间、地点、方式、要求等。

对区际侦查合作提请程序进行审查可以保障合作双方都依法定或约定的程序规范作出决定，从而限制提请决定和执行决定的恣意性。因而，区际侦查合作相关安排、协议或会晤纪要、备忘录等文件都会有明确的规范性要求，各法区均应严格遵守这些规范，才不至于因人为因素阻碍合作的进行。

对请求方来说，首先，其必须在请求书发出前，厘清区际侦查合作中的合格请求主体与合格被请求主体的对应关系；其次，请求文书必须由合格的请求主体发出，中转、接收必须符合对口关系和具有明确的对口单位；最后，请求文书所指事项的时间、地点、方式、要求等必须详细具体。对被请求方来说，其对请求文书的形式要求或标准进行审查后，认为符合要规范的则进入合作执行程序；认为不符合要规范的则启动程序修订程序，不能置之不理。

第五章 区际刑事警务合作的范围和途径

区际刑事警务合作的范围和联络途径是区际刑事警务合作理论和实践的重要问题之一。由于香港和澳门特别行政区基本法没有区际警务合作的专项条款，有学者根据香港和澳门特别行政区基本法中"特别行政区可与全国其他地区的司法部门通过协商依法进行司法方面的联系和相互提供协助"这一规定，认为区际司法协助包含民事司法协助和刑事司法协助两个领域，区际刑事警务合作属于区际刑事司法协助的范畴，并据此探讨区际刑事警务合作的范围和联络途径。然而，实际情况并非如此。中国现实的区际刑事警务合作实践已超出了区际刑事司法协助的范畴，成为一个相对独立的领域。因而，通过分析中国主权和四法区间的治权、法权和警察权关系，在理论上厘清中国区际刑事警务合作的范围、联络途径以及程序，对现实和未来都具有指导作用。

第一节 区际刑事警务合作的范围

区际刑事警务合作的范围有空间范围、主体范围、对象范围和业务范围之分，以下分别予以阐述。

第一编 总 论

一、空间范围

(一) 主权范围

领域是国家主权所及的范围。一个国家所拥有的领域范围一般要受到国际社会的承认,并取得其邻国的认可。只有这样,才能使国家之间"力行容恕,彼此以善邻之道,和睦相处"①。

我国《刑法》第6条规定:"凡在中华人民共和国领域内犯罪的,除法律有特别规定的以外,都适用本法。"根据国际法法理,这里的"领域"是一个立体概念,指我国国境线以内的全部地域、水域及其地下层和上空。其中包括:(1)领陆,即国境线以内的陆地以及地下层;(2)领水,即内水(内河、内湖、内海以及与外国界水的中心线一侧)和领海及其地下层;(3)领空,即领陆、领水的上空。根据这一解释,这里的"领域"除了包括台湾之外,当然也包括香港特别行政区、澳门特别行政区在内。由此可知,内地(大陆)、香港、澳门、台湾四个法区的区际刑事警务合作都在中国主权的领域范围之内。

(二) 治权范围

与主权相对应的范畴是治权。"治权即主权的行使方式、如何运用最高权力的问题。""主权的绝对性、最高性注定了主权是一个整体且不可分割,但其行使的方式却并非如此。"② 为解决"主权"的国家统一性与"治权"的层级性、特殊性问题,中国中央立法机关和中央人民政府根据不同情况分别作了两种安排:一是

---

① [日] 川岛武宜著:《现代化与法》,王志安、渠涛、申政武、李旺译,中国政法大学出版社1994年版,第7页。

② 郭辉:《如何把握"主权"概念》,载 http://www.china.com.cn。

中国区际刑事警务合作

中央人民政府根据宪法关于行政区域划分的规定，把目前的中国划分为34个省级行政区，包括23个省、5个自治区、4个直辖市、2个特别行政区。省、自治区、直辖市之下再划分为市、区和自治州等，依次一直到乡镇和村。二是以"一国两制"的构架来解决香港、澳门和台湾问题，这一构架中的"一国"指的是"主权"，而"两制"指的是"治权"以及所延伸出来的法权和警察权等。

在"一国两制"构架下，一国的"领域"与两制的"法区"有严格的区别。法区是一种法律制度所适用的区域范围，其中包括法律制度所确定的立法权、司法权、行政权，以及警察权适用的区域范围。而领域是一个国家主权所及的范围，包括领陆、领水及其地下层和领空。在单法区的国家内，领域和法区的范围是完全重合的；在同一个领域内，实行的是同一种法律制度；而在多法区的国家里，领域的范围就远远大于法区，在同一个领域的不同法区内，实行的是不同的法律制度，一个法区的法律制度只在该法区内有效，在其他法区内则不具有法律效力。港澳回归祖国之前，中国事实上已有大陆和台湾两个法区。港澳回归祖国之后，基于"一国两制"的构架，"领域"和"法区"的外延则发生了很大的变化。从领域的角度来说，内地（大陆）、香港、澳门、台湾都是中华人民共和国领域不可分割的组成部分，这就是一国"领域"的内涵。为了确保香港、澳门地区的长期繁荣与稳定，按照中国宪法的有关规定，在回归后的香港、澳门分别设立特别行政区，并在特别行政区内继续实行资本主义制度，即所谓"两制"。港澳原有的法律制度仍然保持不变，与内地、台湾形成了四个相平行的法区。台湾方面公开承认"九二共识"并与大陆签署《海峡两岸共同打击犯罪及司法互助协议》后，中华人民共和国内四个相平行法区的特色更为彰显。按照香港、澳门特别行政区基本法的规定，在新设立的港澳特别行政区内继续实行"一国两制"下的资本主义制度，全国人民代表大会依法授予港澳特别行政区行使高度自治权和独立的司法权，除基本法附件三规定的适用于特别行政区的法律之外，其他法律只在内地有效，这就是《中华人民共和国刑法》等部门法不能在香港、澳门适用的前提，也是香港、澳门成为中国刑法、刑事诉讼法属地管辖的根本原因。

总之，在"一国两制"构架下，区际刑事警务合作的主权范围涵盖了中国内地（大陆）和港澳台地区，区际刑事警务合作的治权范围涉及内地（大陆）和港澳台四个法区。综合起来，中国区际刑事警务合作是一个中国主权之内，治权、法权、警察权相异的各法区间的警务合作。

二、主体范围

中国区际刑事警务合作所依赖的是不同法区警察机关之间的互助关系，于是作为主体的各法区警察机关就成为维系这种关系得以存在和发展的一个必备要件。但合作主体有联络主体（有时也称联络机关）和执行主体（机关）之分，在四法区警察体系不统一的情况下，尚需解决的问题是四法区中的哪些警察机关有权作为联络主体并进行对口联络，哪些警察机关有权作为执行主体（机关），具体实施合作事项。这里先谈执行主体的问题，联络主体问题在下一节中的联络途径中再谈。

中国内地（大陆）的警察体系比较复杂，不但部门林立即由公安机关、国家安全机关、监狱、武装警察部队等多个警察系统组成，而且各自隶属于不同的领导关系。根据其法律地位和工作对象的不同，这些警察机关又可以分为以下几类：一是普通警察

中国区际刑事警务合作

机关即各级公安机关,包括中央人民政府下属的公安部,省、自治区、直辖市的公安厅(局)和市、县公安局,其主要职能是负责本行政区的治安管理和刑事案件侦查。二是专门警察机关即各个专门公安机关,如铁路公安局、森林公安局、水上运输公安局、民航公安局、农垦公安局等,其主要职能是负责对本系统的治安管理和刑事案件侦查。三是附设在行政部门内并具有一定独立侦查权的警察机关,如海关走私犯罪侦查局、监狱、军队的保卫部门等,其主要职能是侦查有关的刑事案件。四是专职同危害国家安全犯罪作斗争的警察机关,即国家安全部及其下属的国家安全厅(局)。

香港警察体系的特色是部门少、领导关系简单,主要由具有刑事侦查权的香港警务处(回归前为香港皇家警察队)和惩教署管辖的监狱警察组成,警务处和惩教署均隶属于保安局。澳门警察体系比香港复杂,由澳门的司法警察局(回归前为司法警察司)、澳门治安警察局(回归前为治安警察厅)和唯一的监狱——路环监狱警察组成。澳门司法警察局是澳门主要的刑事侦查机关,澳门治安警察局虽主要负责治安管理工作,但也具有一定的刑事侦查和协助司法警察局开展侦查的权限。澳门回归祖国后,为协调司法警察局和治安警察局的工作,于2003年在两个警察局之上设立了澳门警察总局,警察总局和监狱均隶属于澳门保安局。台湾的警察体系由分属于两个部门的警察组成,一是由内政部警政署领导的市、县、区警察局,二是法务部领导的监狱警察。台湾虽也有铁路警察局、港务警察局等专门警察机关,但均隶属于内政部警政署。

按照各法区刑事诉讼法和有关法律、法规的规定,上述四法区警察机关都有对所管辖犯罪案件进行刑事侦查和其他的刑事职权,也都有可能成为中国区际刑事警务合作的执行主体。

三、业务范围

中国区际刑事警务合作的业务范围是指内地(大陆)可与香港、澳门、台湾进行合作的事项范围。其一级划分为犯罪预防、控制、处置和侦查合作,以及刑事追诉移管和刑事执行合作五个方面,但主要是前三项合作,特别是犯罪侦查合作。鉴于港澳与台湾的差别,现分别阐述如下:

(一) 内地与港澳刑事警务合作的业务范围

鉴于香港和澳门特别行政区基本法对区际刑事警务合作事项未设定任何限制,因此可以说,凡需合作才能达到目的的刑事警务事项,只要双方协商同意,均可纳入区际刑事警务合作的业务范围,尤其是法律限制较轻的犯罪预防和处置合作。但是,由于内地和港澳的现实法律均未明确规定侦查合作的范围、义务、程序和方法,三法区也不存在共同的上位法和上位调整机制,导致三法区侦查合作上的诸多刑事法律冲突无法解决,在实践中出现了不少拒绝协助或无法开展合作的情形。鉴于此,我们从以下几个方面确定内地与港澳侦查合作的业务范围:

第一,依据警察的刑事职能来确定。获取确实充分的证据、查清犯罪事实、查明捕获犯罪嫌疑人和逃匿的被告人、罪犯,是警察机关通过刑事侦查完成的基本任务,也是警察基本的刑事职能之一。

第二,借鉴国际刑事司法协助条约来确定。鉴于侦查合作是刑事司法协助的一个方面,且由于内地与港澳之间没有系统性的刑事司法协助安排或协议,只好借鉴国际刑事司法协助的业务范围,来确定内地与港澳侦查合作的业务范围。联合国的国际刑事司法协助示范条约和各国间有关刑事司法协助的双边和多边条约以及学者们的论述,有助于在区分区际侦查合作与区际刑事司法协助差异的基础上,确定内地与港澳侦查合作的业务范围。

第三,依据内地与港澳的合作文件来确定。内地与港澳警察机关之间的侦查合作,早在20世纪70年代就已经开始了,主要表现为粤港、粤澳之间的警务合作。为有效控制跨法区的违法犯罪活动,广东省公安厅与香港皇家警察队以及澳门司法警察司进行了多方面的实验性合作,按约定各自任命了第一位警务联络官,来具体联系洽谈有关的合作事宜。为及时解决合作中出现的新问题,自1983年起,粤港、粤澳警方开始实施每年两次的治安会晤制度。1984年,内地加入国际刑警组织后成立中国国家中心局,并于1986年和1995年在涉外案件较多的广东和上海两地分设联络处。广东联络处除负责与有关国家进行国际联系外,主要担负着与港澳之间的区际联络,还受公安部的委托协调内地其他省、自治区、直辖市与港澳的侦查合作事宜。

港澳回归后,粤港澳三方之间的警务合作得到进一步加强,侦查合作也升格为专门的涉外合作事项。同时,公安部也正式与港澳警方建立了刑侦定期会晤制度。2000年8月,粤港澳举办三地刑侦主管定期会议,一年后建立刑侦对口部门直接联络机制。目前,内地与港澳的合作内容进一步拓展到情报交换、人员互访、代为取证、扣押财产、缉捕和移交案犯、出入境管理信息沟通、刑事技术开发与交流、携手开展专项治理活动、联合指挥侦办跨区域的严重刑事案件等更广泛的领域,开创了全方位的合作新局面。

综上所述,内地与港澳侦查合作的业务范围可以定为以下七类事项：

——区际送达文书文件，包括相互委托送达刑事诉讼文书及其他法律文件等；

——区际通报案情，即相互通报对方人员被采取刑事强制措施的情况，通报侦查合作所指犯罪案件情况；

——区际个案协查，包括相互协助查找证人、被害人、犯罪嫌疑人，相互委托和代为询问证人、被害人和控制、讯问犯罪嫌疑人，相互协助进行搜查、鉴定、勘验以及移交物证、书证等；

——区际联合行动，如联合指挥侦查重大的跨法区犯罪案件，联合对出入境物品或人员实施控制下交付，两个或两个以上法区同时抓捕犯罪嫌疑人等；

——区际追逃合作，即相互查控可疑出入境人员，相互跟踪监控在本法区活动的逃犯及其他对象，相互通报监控对象动态；相互缉捕并移交逃犯等；

——区际追赃合作，即相互协助扣押、查封、冻结与犯罪案件有关的赃款赃物，并依据法律的规定进行转换、转移和交接；

——刑事诉讼移管中的警务合作，即刑事追诉移管和刑事执行移管中的警务合作，如证人跨法区作证合作、案犯押解合作、案犯教育改造合作等。

当然，如相互交流犯罪信息，交换刑事科学技术信息资料，组织专业人员互访、交流和学习，联合举办业务培训班、专题研讨会，专案合作的技术性协调活动，联合开发新的刑事侦查技术，以及定期进行高层会晤，协商解决实践中出现的带有新动向、具有普遍性的新问题等，也均属于区际刑事警务合作的范围，但不属于侦查合作的业务范围。

(二) 大陆与台湾刑事警务合作的业务范围

1. 协助侦查

根据 2009 年 4 月 26 日海峡两岸关系协会会长陈云林与台湾海峡交流基金会董事长江丙坤在南京签署的《海峡两岸共同打击犯罪及司法互助协议》(从侦查合作打击的角度,以下简称《两岸打击犯罪协议》),大陆与台湾协助侦查的业务范围包括以下几点。

(1) 可适用的犯罪。《两岸打击犯罪协议》第 2 章用 3 个条文规定了协助侦查打击犯罪的范围,其具体内容可以归纳为三个方面:①在法律适用上,以"双重犯罪"为原则,以"非双重犯罪"为例外。②在犯罪性质上,一是社会治安犯罪,包括杀人、抢劫、绑架、走私、枪械、毒品、人口贩运、组织偷渡及跨境有组织犯罪等重大犯罪;二是经济犯罪,包括侵占、背信、诈骗、洗钱、伪造或变造货币及有价证券等;三是职务或贪腐犯罪,包括贪污、贿赂、渎职等犯罪;四是国际犯罪,包括劫持航空器、船舶及涉恐怖活动等犯罪。③其他刑事犯罪。

(2) 可适用的侦查行为。《两岸打击犯罪协议》第 5 条规定:"双方同意交换涉及犯罪有关情资,协助缉捕、遣返刑事犯与刑事嫌疑犯,并于必要时合作协查、侦办。"该条规定虽然简短,但其涵盖了协助侦查可能涉及的基本事项。具体包括:①交换涉及犯罪有关情资;②送达文书;③调查取证;④移管(接返)被判刑人(受刑事裁判确定人);⑤遣返刑事犯与刑事嫌疑犯;⑥罪赃移交。关于协助调查取证,《两岸打击犯罪协议》第 8 条第 1 款规定的范围是:"取得证言及陈述;提供书证、物证及视听资料;确定关系人所在或确认其身份;勘验、鉴定、检查、访视、调查;搜索及扣押等。"

2. 相互遣返

（1）相互遣返刑事嫌疑犯或刑事犯。根据两岸红十字会于 1990 年 9 月签署的关于相互遣返偷渡者、刑事嫌疑犯或刑事犯的《遣返作业协议书》（"金门协议"）、大陆海峡两岸关系协会与台湾海峡两基金会于 1995 年 1 月签署的《两岸劫机犯等遣返事宜》，以及 2009 年签署的《两岸打击犯罪协议》，目前两岸相互遣返刑事嫌疑犯或刑事犯的适用范围、强制措施、遣返原则、遣返需求和交接手续如下：

——适用范围：对于以暴力、胁迫或其他方法劫持两岸一方民用航空器至对方的劫机犯或劫机嫌疑犯，遣返由民用航空所属一方（包括经营方）处罚。

——强制措施：被劫持民用航空器降落的一方，应依规定对劫机犯或劫机嫌疑犯予以羁押或采取必需的强制措施，以便遣返或处罚。

——遣返原则：原则上以马祖、马尾为海运交接地点，也可视实际需要商定以金门、厦门为交接地点等。

——交接手续：遣返交接时，应由"海协会"及"海基会"人员或指定人员签署交接书，同时移交有关的物证。

依据上述协议，海峡两岸在联手打击劫机等严重犯罪方面取得卓越成效。为抓捕潜逃至内地的戴志明等 6 名通缉犯，台湾警方通过"海基会"向大陆警方发出了通报。大陆警方于 2002 年 6 月 14 日将 6 名通缉犯抓获后，经福州—马尾押至马祖"连江县"，在双方红十字会完成交接见证手续后，由台湾警方接押搭机返台归案。据台湾"中央社"报道，自 2009 年 6 月 25 日两岸司法互助协议生效 5 年来，平均每月自大陆遣返刑事犯 6 人。[①] 至 2015 年 9

---

① 参见《中时电子报》，2014 年 6 月 25 日。

月 25 日，两岸警方已成功合作遣返潜逃大陆刑事通缉犯 363 人。[①]

（2）相互遣返。《遣返作业协议书》中关于相互遣返偷渡者的规定和《违反有关规定进入对方地区人员之遣返及相关问题》的备忘录，主要是解决违反对方出入境管理，非法进入、逾期居留或逾期停留大陆或台湾地区人员的遣返问题。20 多年来，按照这两项协议，通过这两条民间组织的渠道，两岸相互遣返了大量的偷渡者和非法居留人员。

第二节　区际刑事警务合作的途径

港澳回归祖国之前，中国内地公安机关与香港、澳门警方之间的刑事警务合作通过国际刑警组织和直接联络协商两种途径进行。港澳回归祖国之后，三地的刑事警务合作转变为"一国两制"框架内的区际刑事警务合作，直接联络协商途径越来越多样化。鉴于海峡两岸客观上存在种种妨碍正常合作的因素，2009 年之前，两岸警方的刑事警务合作通过国际刑警组织、民间组织两种途径进行，2009 年之后，两岸警方的合作以民间组织和直接联络协商两种途径为主。

一、内地与港澳合作的途径

（一）制度或安排的协商途径

1. 公安部与港澳警方的分别协商

内地与港澳的警务合作虽始于 20 世纪 70 年代，但公安部与港澳警方在"一国两制"框架内的分别协商则始于香港回归之后。

[①] 参见《中国台湾网》，2015 年 9 月 25 日。

根据公安部《公安机关办理刑事案件程序规定（2013）》第13章（刑事司法协助和警务合作）第364条的规定："公安部是公安机关进行刑事司法协助和警务合作的中央主管机关，通过有关国际条约、协议规定的联系途径、外交途径或者国际刑事警察组织渠道，接收或者向外国提出刑事司法协助或者警务合作请求。"据此规定，公安部也是内地公安机关区际警务合作的中央主管机关。因而，在香港、澳门回归之初，公安部就分别与香港警方和代表澳门警方的澳门保安局（澳门司法警察局、澳门治安警察局的上级机关）建立了每年两次的高层会晤制度。会晤由公安部有关负责人和香港警方、澳门保安部门负责人率团出席，就共同关心的问题进行协商，就合作事宜交换意见并安排下一阶段的工作。

1998年5月，香港警务处处长许淇安应邀率团访问北京，与公安部部长助理朱恩涛举行香港回归后内地公安机关与香港警方合作的首次高层工作会晤，商讨两地合作打击犯罪的方式和途径，并签署了《香港回归后内地公安机关与香港警方合作首次工作会晤纪要》。双方均认为，香港回归后，内地与香港的警务合作是在中华人民共和国内部两地间的合作，是在"一国两制"框架内的合作，双方必须严格遵守《香港特别行政区基本法》的有关规定，坚决贯彻"一国两制"、"港人治港"、高度自治的方针，在尊重两地法律的基础上，按照"互不隶属、互相联系、互相支持"的原则，向更广泛、更密切、更有效的方向发展。首次会晤是内地与香港警务合作的一个重要的里程碑。首次会晤及其后来在香港和北京举行的几次会晤中，公安部与香港警务处领导绘制了两地警务合作的蓝图。此后，内地公安机关与香港警方合作工作会晤每年在内地与香港分别举行一次。

中国区际刑事警务合作

2000年5月30日,澳门回归后内地公安机关与澳门警方合作首次工作会晤在北京举行,公安部部长助理朱恩涛和澳门特区保安司司长张国华分别率领代表团参加了会晤,并签署了《澳门回归后内地公安机关与澳门警方合作首次工作会晤纪要》。双方一致认为,加强内地公安机关与澳门警方合作对于维护内地与澳门社会治安,建立良好的社会秩序是十分必要的。澳门回归后,内地公安机关与澳门警方是在中华人民共和国内部不同区域之间的合作,同时必须贯彻"一国两制"、"澳人治澳"、高度自治的方针,在澳门特别行政区基本法有关规定的框架内,坚持"互不隶属、互相联系、互相联系、互相支持"的原则,在相互尊重当地法律的基础上,进行务实、高效的合作。对于因法律制度的差异可能给内地与澳门警方合作打击犯罪带来的困难,双方将抱着积极的态度予以解决,双方商定每年上半年和下半年分别在北京和澳门举行工作会晤。

2. 粤港澳的省区际联络协商

粤港澳的省区际联络协商也依托会晤、会议方式进行。粤港双方于1981年就建立了边境联络会晤制度。粤方由省外办、公安边防和海关等部门参与。每年粤港双方轮流召开一次由双方高层领导参加的边境联络工作年会,总结回顾每年双方边境联络会晤情况。1997年,粤港双方建立每月反偷渡交流会晤制度。

早在1979年,粤澳警方便启动了警务合作,由广东省公安厅与当时的澳门司法警察司进行接触,双方任命了各自的第一位联络官。1983年起,粤澳警方(当时的澳门治安警察厅)开始了每年两次的粤澳治安工作会晤,并建立了粤澳治安会晤联络官制度。1984年起,开始举行治安会晤联络官会议。1998年,粤澳双方建立了每月反偷渡交流会晤制度。2000年6月,在澳门回归祖国后举行的粤澳警方首次工作会晤上,双方同意将原来的"粤澳治安工作会晤"改名为"粤澳警务工作会晤",粤澳治安会晤联络官随之更名为粤澳警务联络官,治安会晤联络官会议更名为警务联络官会议。从 2003 年开始,"粤澳警务工作会晤"改为每年举行一次,由双方刑侦、治安管理、出入境管理、消防、边防等部门的主管领导、指挥官和警务联络官参加。

2000 年 8 月,经公安部同意,广东省公安厅与港澳开始举办三地刑事侦查主管定期会议,之初每年 4 月和 9 月轮流在三地举行,2007 年起改为每年举行一次。经过 10 多年的不断完善,三地警方刑侦主管定期会晤现已成为三地警方进行刑事警务交流、打击跨法区犯罪联合行动的重要平台。

3. 粤港澳的市区际联络协商

2003 年 1 月,深港建立陆路口岸警务协作机制工作例会,每季度轮流举行。2006 年 4 月,珠澳建立口岸警务协作机制工作例会,每年轮流在珠澳两地举行一次。

经过上述会晤、会议协商,目前,内地与港澳的刑事警务合作已拓展到情报交换、人员互访、代为取证、扣押财产、缉捕和移交案犯、出入境管理信息传递、刑事技术开发与交流、携手开展专项治理活动、联合指挥侦查严重跨法区犯罪等领域。此外,对于个别重大紧急事项,内地公安机关还可与港澳警方举行临时性会晤。

(二) 事务性合作联络途径之一:多层次的归口联络

由于归口联络有利于提升事务性合作的规范管理、协调指挥和效率、效能,也有利于通过合作实践拓展合作空间,确保内地和港澳的安全和稳定,经过十多年的努力,内地与港澳警方在事

中国区际刑事警务合作

务性合作上建立了四个层次的归口联络途径。

一是公安部与港澳警方的归口联络。1998年5月，在香港回归后内地公安机关与香港警方举行的首次高层工作会晤上，双方商定两地警务合作由公安部港澳台事务办公室和香港警务处联络事务科进行归口管理，负责事务性联络。澳门回归后，这一归口联络关系也适用于内地与澳门警方的事务性合作，即由公安部港澳台事务办公室与澳门警察总局联络办联络结成归口联络关系，负责事务性联络。

二是港澳中联办与港澳警方的归口联络。为加强中央与香港、澳门特别行政区的警务合作，并扮演香港、澳门警方与公安部以及各省、直辖市、自治区公安机关的桥梁角色，2005年之后，中央政府驻香港联络办事处（香港中联办）、驻澳门联络办事处（澳门中联办）相继分别成立了警务联络部，负责内地各省、直辖市、自治区公安机关与香港、澳门警方事务性合作的归口联络。

三是省、直辖市公安机关与港澳警方的归口联络。香港、澳门回归祖国后，广东省公安厅专门设立了港澳警务联络科作为与香港警务处联络事务科、澳门警察总局联络办的归口联络机构。而上海市公安局与港澳警方的刑事警务合作，由上海市公安局的沪港澳刑侦合作联络办公室作为与香港警务处联络事务科、澳门警察总局联络办的归口联络机构。

四是市级公安厅机关与港澳警方的归口联络。考虑到深圳市毗邻香港、珠海市毗邻澳门，以及两市与香港、澳门警务合作的经常性和特殊性，广东省公安厅港澳警务联络科授权深圳、珠海市公安局港澳警务联络科分别管理自己辖区内涉及香港、澳门两地的情报交流、线索协查以及互派人员到对方区域调查取证等合作事务。

根据2002年粤港两地警务会晤达成的共识，双方于2003年1月19日正式启动和实施《深港陆路口岸警务协作机制》。该协作机制在深圳的罗湖口岸、文锦渡口岸、沙头角口岸、皇岗口岸及对应香港的罗湖口岸、文锦渡口岸、沙头角口岸、落马洲口岸之间进行。深港警方分别在己方设立若干个口岸警务联络点，指定若干名联络官和联络员，配备专用电话及传真设施，配合对方开展警务工作，并同时受理、处置出入境旅客报警，向出入境旅客提供警务咨询服务，在警务职责范围内为出入境旅客提供必要的帮助和救助服务。为此，深港陆路口岸各公安指挥科或派出所、警署均设置了24小时出入境旅客报警及求助电话。2004年，珠澳警方建立了两地打击跨境吸毒、违法犯罪情报交换等机制；2005年，两地警方进一步完善了大型活动安保工作协作机制；2006年，《珠澳口岸警务协作机制》正式实施，珠澳警方就口岸地区的警务协作事宜进行快捷的协调和联络。

五是广东公安业务部门与港澳警方的归口联络。为落实粤港双方1981年建立的边境联络会晤制度，深圳公安边防部门均设有正、副联络官，负责处理日常边防管理工作中涉及粤港两地警方及出入境管理部门之间的问题。1990年11月，广东省公安边防部门与香港水警建立了双方执法船艇海上识别联络信号。深圳公安边防分局、珠海公安边防分局还与香港警方确定了反走私联络员，设置了反走私热线电话。2001年10月，广东省公安厅刑侦局反黑处和香港警务处有组织罪案及三合会调查科建立了对口直接联络机制。

（三）事务性合作联络途径之二：国际刑警组织途径

中国加入国际刑警组织之前，香港、澳门已分别于1960年9

中国区际刑事警务合作

月、1989年10月加入国际刑警组织。1984年9月5日,中国在卢森堡召开的第53届国际刑警组织全体大会上被接纳为该组织的成员国,随后中国在公安部设立了国际刑警组织中国国家中心局,为尚未回归的港澳警察机关与内地公安机关在国际刑警组织框架内进行区域性刑事警务合作开辟了新的途径。

1984年年末,第一次"中港国际刑警双边工作会晤"举行,由于特殊的地理位置,广东省公安厅派员参加了会晤。1985年2月,国际刑警中国国家中心局与香港国际刑警支局进行首次正式会谈。双方就加强联系,打击跨境毒品、诈骗、走私等犯罪交换了意见,并就许多共同感兴趣的问题达成了共识。双方决定,建立定期和不定期的会晤制度,每半年轮流在北京和香港举行一次;遇有紧急情况,可随时进行会晤。至香港回归,双方的定期和不定期会晤一共举行了25次。1986年年底,经国务院、公安部批准,中国国家中心局在广东省公安厅刑事侦查处成立了中国国家中心局驻广东联络处,负责广东与香港、澳门之间的刑事犯罪情况通报和案件协查联络,以及中国国家中心局委托处理的涉及刑事犯罪的有关事项。

粤港澳之间的跨法区犯罪和警务合作的紧密时空特点要求粤港澳警方的国际刑警机构建立起专门办理合作事务的日常联络机制,以保证合作请求随到随办。(1)为确保联系的畅通无阻和紧急情况下的相互配合,粤港澳三地警方的国际刑警机构实行24小时值班制度;(2)粤港澳三地警方通过各自的国际刑警机构,每日交流最新的犯罪情报及有关资料。此后,直至港澳回归祖国,粤港澳三地的刑事警务合作就一直依托国际刑警组织途径进行,并不断拓展合作空间,取得了一系列的实质性突破,为港澳回归祖国和港澳的社会稳定作出了显著贡献。

1992年3月和7月，国际刑警组织中国国家中心局分别派出驻港、驻澳联络官，专门负责广东省之外的内地公安机关与香港、澳门警方之间的刑事情报交流、打击跨境犯罪等方面的联络事务。港澳回归祖国之后，内地与港澳警务合作的性质发生了变化，转化为"一国两制"框架下的区际警务合作，英国香港皇家警察改名为香港警务处，原香港国际刑警支局也转变为国际刑警组织中国国家中心局香港支局，原澳门国际刑警分署的法律地位也由葡萄牙里斯本国家中心局澳门支局转变为国际刑警组织中国国家中心局澳门支局。此后，内地与香港、澳门的警务合作已可以在"一国两制"框架下直接进行联络和协商，但某些合作事项仍需依托国际刑警组织途径进行。

二、大陆与台湾合作的途径

（一）间接途径

1. 国际刑警组织途径

由于海峡两岸长期处于隔绝、对峙状态，至20世纪80年代初，两岸一直没有刑事警务合作。随着中国大陆改革开放的不断深入，两岸贸易和人员往来的日益增多，两岸之间的跨境犯罪也时有发生。加入并通过国际刑警组织，与外国和港澳台警方携手打击跨国、跨境犯罪活动的问题，摆在了中国政府及公安部面前。

经过中国政府及公安部两年多的努力，1984年9月，第53届国际刑警组织大会表决通过接纳中国为该组织的成员国。此前，中国代表团提议台湾作为中国的一个地区，可以继续留在国际刑警组织内，正式更名为"中国台湾"，以中国台湾地区警察组织的名义开展刑事警务合作，对外联络名称是"中国台湾警察局"。第

中国区际刑事警务合作

53届国际刑警组织大会和秘书处同意了中国代表团的提议并要求台湾警察机关以"中国台湾警察局"的名义直接与国际刑警组织总部和各成员国进行业务联系时,其联络的副本必须抄报中国国家中心局。

由于国际刑警组织具有浓厚的民间色彩,组织建立的目的是本着人道精神确保各刑事当局尽可能广泛地相互支持,组织的创立宣言和章程也未曾经过且不需要任何政府的外交承认和批准,各成员方是以中心局的名义加入该组织而非以国家名义加入。因此,在实现海峡两岸统一之前,台湾地区正处在一个历史过渡时期,为确保国际刑警组织内合作的广泛性,允许台湾以中国台湾地区警察组织的名义留在该组织内,继续参与国际刑事警务合作是符合情理的,也是可以接受的。

中国加入国际刑警组织后,中国中央政府在既坚持原则又注重务实精神的指引下,对涉及台湾地区的刑事警务允许拥有一定的灵活性,即公安机关在办理涉及该地区和海外华侨的案件时,可以通过国际刑警组织和两岸民间组织两个途径进行。海峡两岸的首次刑事警务合作是遣返逃往大陆的台湾杀人犯杨明宗。1988年,大陆公安机关将杨明宗缉获,国际刑警组织中国国家中心局通过新加坡国家中心局向台湾警方传递了希望遣返该罪犯的信息。在得到台湾警方的默认后,1989年4月21日,大陆公安机关将杨明宗押至新加坡,由新加坡警方转移交给台湾地区警察当局。1989年,台湾警方通过国际刑警总部请求大陆协助缉捕台湾黑社会分子"黄桥帮"头目张真。大陆公安机关依照台湾警方的请求将张真缉拿,并通过国际刑警组织的中转遣送回台湾。以此为契机,海峡两岸警方通过国际刑警组织途径进行的间接性刑事警务合作有了进一步发展。

2. 民间组织途径

中国加入国际刑警组织后，打破了两岸长期没有刑事警务合作的状态。在当时无法通过官方途径直接开展刑事警务合作的条件下，双方通过国际刑警组织总部或有关国家中心局的居中转送，相互传递情报，开展了间接性的刑事警务合作。然而，仅有这条途径难以满足遏制跨越两岸跨境犯罪的实际需要。

为给两岸刑事警务合作开辟新的途径，两岸红十字会1990年9月在台湾地区金门岛经过磋商，达成了关于相互遣返偷渡者、刑事嫌疑犯或刑事犯的《遣返作业协议书》，又称"金门协议"。该协议确定了以民间组织为中介机构进行遣返作业。协议达成后的一个月，双方根据协议实施了第一次海上遣返作业，55名大陆偷渡者被遣返回大陆。当月，台湾地区警方还通过两岸红十字会居中联络，将在北京盗窃巨额外汇逃到台湾的吴大鹏遣返给大陆公安机关，大陆方面则将吴文信等17名台籍刑事犯遣送回台湾地区。同年12月，大陆又通过此途径将叶振嘉等6名刑事犯遣送回台湾地区。1991年5月，大陆警方又以同样方式将台湾警方通缉的台湾黑社会组织3名成员移交给台方。

为推动两岸的各种交往，中国于1991年年末成立了"海峡两岸关系协会"，与台湾地区的"海峡交流基金会"同为两岸的民间中介机构。之后，"两会"在海峡两岸的交流与合作中作出了许多富有成效的贡献。1995年元旦，中共中央总书记江泽民发表了对台"八点声明"，有力地推动了"两会"进行更加诚恳的接触。经过"两会"领导的多次磋商，双方于1995年1月达成一致意见，签署了《两岸劫机犯等遣返事宜》和《违反有关规定进入对方地区人员之遣返及相关问题》的备忘录。

两岸警方直接联系的缺失虽然限制了刑事警务合作的范围和

效能，但通过民间组织途径进行间接合作这一方式相互遣返违法犯罪嫌疑人和罪犯，其实际操作人员仍是两岸的警务人员。在两岸警务关系没有理顺的情况下，通过民间组织途径开展间接的刑事警务合作，是较为现实的一种过渡性措施。

（二）直接途径

在《两岸打击犯罪协议》签订的2009年之前，大陆和台湾之间没有直接的事务性联络途径。根据《两岸打击犯罪协议》第3条对"联系主体"的规定，即"协议议定事项，由各方主管部门指定之联络人联系实施。必要时，经双方同意得指定其他单位进行联系。"2009年之后，大陆公安部和台湾地区"内政部"指定了各自的联络人和合作办案联系窗口。目前，台湾警方可与北京、上海、福建、广东等地警方的合作办案联系窗口进行直接的互相联络与合作。未来，两岸可能会通过相互派驻警务联络官进行直接的联络与合作。

第三节　区际刑事警务合作的程序

就实践活动而言，程序是基于活动过程逻辑链而构建的秩序化行为组件系统，包括各行为组件的顺序及每个行为组件所涉及的主体、内容、方法和规则等。由于区际刑事警务合作事项的多样性，因而其程序也具有多样性。这里所称的区际刑事警务合作程序主要是指犯罪处置、侦查合作请求主体和被请求主体之间的行为组件系统。就区际合作途径与合作程序的关系而言，合作途径实体化是合作程序的指引，合作程序是合作途径实体化的必备要件；就区际合作过程与合作程序的关系而言，合作程序既是合作过程逻辑链的反映,也是合作过程及其效能的保障。根据程序逻辑反映过程逻辑原理,犯罪处置、侦查区际合作过程逻辑链给出的合作程序包括合作请求提交、请求审查和请求执行三大组件,且每一大组件又包含一些具体组件。

一、请求提交及要求

(一) 请求提交

各法区对所处置、侦查的犯罪案件拥有管辖权的警察单位,若需要他法区给予合作,即可根据合作事项的类别、案情、所涉法区及具体要求等,逐级向本法区的区际警务合作联络机构(即前述的警务联络对口机构)提交详细的书面请求报告,不得擅自向所涉法区警方的某一单位直接发出请求。本法区警务联络对口机构对请求报告审查后,认为确有区际合作必要的,经有关领导批准后,即可向所涉法区警务联络对口机构发出正式请求。为叙述方便,以下将本法区警务联络对口机构称为"请求方联络机构",将所涉法区警务联络对口机构称为"被请求方联络机构"。

(二) 文书要求

请求方联络机构向被请求方联络机构提交合作请求应以书面文书为准。紧急情况下可以口头形式提出,但必须及时以书面形式予以确认并应载明:(1)与请求事项相关的本法区警察组织名称;(2)请求事项的性质和目的;(3)案情和适用法律摘要,以及案件所指罪行的最高刑;(4)是否提起法律程序以及已提起法律程序的细节,如若希望被请求方遵循某种特别程序,请求方须详细说明对该程序的法定要求;(5)请求事项是否保密以及保密要求和理由;(6)请求事项的期限等。

中国区际刑事警务合作

为使被请求方警方提供及时有效的合作,请求方警方应尽可能详细地列明被请求方应注意的任何事项。例如,受送达人的身份、住所或居所及其与有关法律程序的关系、送达的方式和期限;查找对象的身份、体貌、职业及住所资料;被询问人的身份、住所或居所信息及取得言词证据的方式;须搜查的地点、人以及须扣押的财物;赴请求方作证人员可获得的经济被偿;证明被要求执行的法庭判令(决)的副本;等等。

在国际刑事警务合作中,为克服国与国之间的语言障碍,合作请求及支持文件必须采用被请求方的法定语言或附有被请求方的法定语言译本。由于中文通用于中国各法区,合作请求文书原则上应使用中文。《最高人民法院关于内地与香港特别行政区法院相互送达民商事司法文书的安排》也明确了文书使用中文的原则。但考虑到英语和葡萄牙语在港澳回归前分别在两地居于官方语言的地位,且仍将在相当长的时期内被继续使用,从互利的角度出发,在特殊需要的情形下,内地公安机关在请求他法区提供刑事警务合作时,也可附上相应文书的英文或葡文的译本。鉴于内地在翻译葡文方面存在一定困难,且澳门英文的普及程度也很高,经双方磋商同意,准许以英文译本代替。但是,港澳在向内地提交合作请求时应使用中文,而不应仅提交英文或葡文本。至于文字字型的使用,考虑到内地使用简体字,而港澳台则均使用繁体字,各法区可附上汉字繁简对照表来解决字型辨认问题。

二、请求审查

被请求方联络机构接收请求方联络机构的请求文书后,应立即进行审查。请求审查分为实体审查和程序审查两方面。若请求文书所涉犯罪属于对跨法区犯罪,可同时进行实体审查和程序审查；若请求文书所涉犯罪属于非跨法区互涉犯罪，则只进行程序审查。详细内容见本书第四章第三节。

三、请求执行

被请求方联络机构对请求方联络机构的请求文书审查后，认为属于可执行请求的，应立即提交有关领导批准并交付执行。若情况复杂，为便于被请求方确定执行单位或便于执行单位开展工作，双方联络机构可共同拟制执行方案。但无论情况复杂或简单，双方都应注意以下内容或问题：（1）对被请求方可指定执行单位的要求，或其他行政、司法机关可执行的单位。（2）被请求方的执行单位请求法院作出裁定所需的搜查令、扣押令、出庭令等司法令状。（3）合作事项依据的协议或安排以及本法区的法律规定，在不违反本法区基本法律规定和公共秩序的前提下，也可按照请求方要求的方式进行。（4）如果请求方要求提供的合作妨碍被请求方警方或其他执行机关在其辖区正在进行的刑事侦查活动，被请求方警方或其他执行机关可暂缓执行或者按双方磋商同意的条件提供协助。（5）除非获得请求方的同意，被请求方应尽最大努力对其在提供协助中获悉的请求及其内容予以保密。如果被请求方警方或其他执行机关无法在不违反保密要求的情况下提供协助，应及时通知请求方警方，由请求方决定是否仍应执行协助请求。（6）转送给请求方的文件、抄件、记录、供词、物证以及其他对象，只有在请求方提出要求时，才须由被请求方联络机构提供。（7）禁止合作中的"乘机行为"，即请求方不得将通过合作获取的证据用于合作请求文书明确指定以外的目的，或追究依其请求到其境内执行请求事项的证人、被害人或鉴定人先前曾在其境内所实施犯罪的刑事责任。（8）被请求方应对请求方就合作进展提出的合理要求作出回应，并在合作事项执行完毕后，及时将结果通知请求方。如被请求方无法部分或全部执行合作要求，也应及时将具体情况及理由通报给请求方联络机构。（9）被请求方警方以公共秩序保留原则拒绝提供合作的，需说明理由。（10）考虑到合作是双向互利的，且协助费用一般不多，除应请求方要求过境作证人员的费用及补偿由请求方负担外，一般性费用支出不必要求由请求方提供。（11）因协议的解释、适用或执行发生争执的，由各法区联络机构或协议缔约部门通过协商方式解决。

第一编 总 论

第六章 区际侦查管辖冲突与解决

各法区警方开展区际侦查合作,常常会遇到因法区间的刑事法律差异而导致的侦查管辖冲突。妥善解决这一复杂而又棘手的问题,对各法区警方及时开展侦查合作,迅速侦破案件,准确及时地打击互涉犯罪尤其是跨法区犯罪有重要意义。

第一节 区际侦查管辖及其冲突

分析区际侦查管辖冲突,应先厘清侦查管辖的概念。这里所称侦查管辖并不只适用于公安机关,它适用于刑事诉讼中所有拥有法定侦查职能的机关。为方便叙述,本章将它们简称为"侦查职能机关",以区别于其中的公安机关。

一、侦查管辖的概念和意义

侦查管辖是相对于审判管辖而提出的一个新概念。就中国内地(大陆)的侦查管辖来说,它包揽了《中华人民共和国刑事诉讼法》第18条规定的职能管辖中法院管辖范围之外的全部内容。

之所以说侦查管辖是一个新概念,是因为侦查管辖是继审判管辖而产生的一个概念,而审判管辖又是继诉讼管辖而产生的一个概念。追溯诉讼管辖概念的本源,可以看出,它最早是法律规定法院之间在受理第一审案件范围上的权限划分。因此，传统上人们将其称为司法管辖。然而，进入近代社会以后，世界各国普遍采用混合式诉讼制度，将同犯罪作斗争的刑事司法活动划分为两个阶段，即体现职权主义特征的侦查阶段和体现当事人主义特征的审判阶段。这一新的诉讼模式的出现，把侦查工作置于刑事诉讼活动的开始阶段，大大强化了侦查程序在刑事诉讼活动中的重要地位。为确保诉讼活动开局顺利与便捷，侦查管辖当然就成为开展追诉活动前期需要及时解决的首要问题。

侦查管辖在形式上是对侦查职能机关各自直接立案侦查的刑事案件范围的划分，在本质上是对侦查职能机关的侦查权限划分。侦查管辖包括职能管辖、地域管辖、级别管辖、管辖移转以及管辖监督与救济、管辖冲突解决机制等内容。

侦查管辖要解决的是刑事案件发生后应由哪一个侦查职能机关直接立案并实施侦查的问题，因而立案管辖是侦查管辖中的基本问题。立案管辖在逻辑次序上有三个层次：一是哪些机关有侦查权，属于侦查职能机关；二是各侦查职能机关分别负责哪些刑事案件的直接立案和侦查；三是某一侦查职能机关内部各级机关、各部门分别负责哪些刑事案件的直接立案和侦查。

根据《中华人民共和国刑事诉讼法》的规定，立案管辖在大分类上，有公安机关的立案管辖、检察机关的立案管辖、审判机关的立案管辖之分。因而，立案管辖遇到的首要问题是公安机关、检察机关、审判机关职能管辖上的立案管辖。其二是公安机关、国家安全机关、监狱、军队保卫机关职能管辖上的立案管辖。其三是各级公安机关级别管辖上的立案管辖。其四是基层公安机关属地管辖上的立案管辖。其五是基层公安机关职能管辖上的立案管辖。

立案管辖之所以重要，是因为立案管辖的实质是侦查管辖权以及案件侦查的主办权。为确保国家刑法的实施，战斗在同犯罪作斗争第一线的公安机关、国家安全机关、人民检察院等侦查职能机关，其主要职责就是迅速对正在发生或已经发生的刑事案件采取处置和侦查措施，查获作案人，收集能证明犯罪的证据，对作案人适用刑事强制措施，以便起诉和审判。但具体由哪一个侦查职能机关对哪一件刑事案件直接进行立案和实施侦查，必须通过立案管辖予以明确。否则，就会因发生消极侦查管辖冲突而贻误战机。

但是，当刑事案件发生后，首先开始的是受理和必要的调查、勘查程序。这时，由于案件尚处于初始侦查阶段，案件性质和基本案情还不是很明朗，就要求在侦查力量的组织和部署上，既要根据侦查管辖原则确立明确的侦查主体——直接进行立案和实施侦查的侦查职能机关，使案件侦查的主办权和责任落到实处；又要考虑到刑事案件的多样性、复杂性和时空动态性，用集中统一指挥和部门之间、地区之间的协同与配合等整体作战方式，机动灵活地应对危害极大且又变幻无常的犯罪。因此，在法律上对侦查管辖作出明确规定的同时，还要根据具体情况为侦查主体之间的协调合作提供必要的途径。

二、区际侦查管辖冲突的存在形式

在一国多法区格局中，侦查管辖冲突其实是一个国家内不同法律制度之间的冲突，通常表现为两种形式：一是多法区的侦查职能机关对同一刑事案件竞相行使侦查管辖权，人们称之为积极冲突；二是任何法区的侦查职能机关均不受理和管辖某一刑事案件，人们称之为消极冲突。这种理论上的划分是科学的，而在侦查实践中，大量出现的却是积极管辖冲突。

区际侦查管辖冲突的实质是区际刑事管辖冲突。根据现行法律规定，刑事管辖表现为刑事管辖权和刑事管辖分工两种形态。刑事管辖权是实体法所规范的内容，任何国家或地区的实体法规范都会首先对自身的适用范围侦查界定，即以不同的标准（犯罪地、犯罪人、受侵害的法益）来规定本国或本地区对犯罪案件行使管辖权的界限。在此基础上，刑事程序法再根据不同侦查职能机关的职能特点，来划分它们在案件诉讼法程序上的具体管辖分工。由此可见，刑事管辖权与刑事管辖分工是两个不同的概念。刑事管辖权规定法律宏观适用范围的问题，即解决刑事管辖权的有无；而刑事管辖分工则是在肯定刑事管辖权存在的前提下，解决有关机关之间在微观处理上的权力分工。"前者是第一层次的概念，后者是第二层次的概念，只有在确定了刑事管辖权存在的基础之上，才谈得上刑事管辖分工的问题。所以，刑事管辖权涉及的是实体问题，而刑事管辖分工则属于程序问题。"① 而区际侦查管辖冲突主要表现为刑事管辖权冲突。

三、区际侦查管辖冲突存在的条件

由前述可知，由于跨法区犯罪的行为或结果、作案人的跨法区潜逃行为跨越了多法区刑事法律的管辖范围，涉及多法区刑事实体法和程序法，因而，在案件的侦查管辖权上存在着发生冲突的可能性。基于这种客观情况，区际侦查管辖冲突的产生一般具备下列条件：

---

① 赵秉志、田宏杰：《中国内地与香港刑事管辖权冲突研究——由张子强案件引发的思考》，载《法学家》1999 年第 6 期。

——在一国之内同时存在着多个具有不同刑事法律制度的法区；

——各法区居民的跨法区行为所产生的刑事法律关系跨越了不同法区；

——各法区刑事法律关于刑事管辖权规定的不同或者对相同规定的理解认识存在差异；

——法区间互相承认或不承认他法区刑事法律的域外效力，即法区间互相承认或不承认允许他法区刑事法律在自己法区内的效力。

上述四个条件是一个完整的体系，对一个具体的刑事案件来说，只有在上述四个条件同时存在的情况下，才可能出现区际侦查管辖冲突。

四、区际侦查管辖冲突产生的原因

从上述区际管辖冲突产生的第一个条件，可以推导出区际侦查管辖冲突发生的政治原因。根据《中华人民共和国宪法》第31条的规定，中央人民政府在回归后的港澳地区分别设立了特别行政区，全国人民代表大会制定的《中华人民共和国香港特别行政区基本法》和《中华人民共和国澳门特别行政区基本法》也自即日起正式发生了法律效力。基本法按照"一个国家，两种制度"的方针，规定了香港和澳门特别行政区现行的社会制度和生活方式50年不变，并实行"港人治港"、"澳人治澳"的高度自治原则；特别行政区拥有立法权、独立的司法权和终审权。目前，海峡两岸虽然还没有实质上统一，但在双方均承认"一个中国"为核心的"九二共识"的前提下，大陆与台湾之间已实际存在"一国两制两法"。所以，现实的中国存在着四个具有不同政治制度的

中国区际刑事警务合作

地区和不同法律制度的法区已是客观事实。

从第二个条件可以推导出区际侦查管辖冲突发生的行为原因。随着改革开放的不断深入和中国四个法区都已成为世贸组织的成员,各法区居民之间因从事经济、社会活动的交往正在得到进一步的加强,一些刑事案件不仅行为或结果跨越了两个以上的法区,而且还有行为人分属于多法区或多法区居民坐地不动勾结作案的犯罪发生。可见,由此而产生的刑事法律关系已经跨越了不同法区的共同边境,第二个条件的成立也是无可辩驳的事实。

从第三个条件可以推导出区际侦查管辖冲突发生的法律原因。内地(大陆)《刑法》第6条第1款规定:"凡在中华人民共和国领域内犯罪的,除法律有特别规定的以外,都适用本法。"在本条确立了属地管辖原则之后,又规定了属人管辖原则、保护主义原则和普遍管辖原则。不仅对发生在本领域的犯罪行为行使管辖权,而且对中国公民在中国领域外的某些犯罪行为和外国人在中国领域外对中华人民共和国国家或公民所犯的某些罪行,也予以适用。同时,作为程序规范的《刑事诉讼法》第24条,依据刑法确立的管辖权进一步作出具体的管辖分工,"刑事案件由犯罪地人民法院管辖","如果由被告人居住地的人民法院审判更为适宜的,可以由被告人居住地人民法院管辖"。

香港法律属于普通法体系,普通法系遵循的管辖规则是"犯罪的司法管辖权属于犯罪发生地的国家"①。据此,香港《刑事司法管辖权条例》也规定"以事情发生地点决定司法管辖权",并对

---

① 麦克洛德诉新南威尔士检察长(Mcleodv Attorney General For New South Wales)一案(〔1891〕AC455)。参见赵秉志、罗德立:《香港刑事诉讼程序法》,北京大学出版社1996年版,第29页。

"发生地点"作了比较宽泛的解释①,显而易见,香港实行的是单一的犯罪地管辖原则。

澳门法律属于大陆法系。《澳门刑法典》确立的管辖原则以属地管辖为主,兼属人管辖和保护管辖,此外还另有特别规定:"适用于澳门之国际协约或属司法协助领域之协定另有规定者,不在此限"②。这里的"或属司法协助领域之协定"主要是针对未来澳门与内地签订司法协助协定而作的设置。③

台湾法律也属于大陆法系,因而台湾刑法典规定的刑事管辖权也包括属地管辖、属人管辖、保护管辖这几个方面。台湾地区"刑法"第3条规定:"本法于在中华民国领域内犯罪者,适用之。在中华民国领域外之中华民国船舰或航空器内犯罪者,以在中华民国领域内犯罪论。"其第4条规定:"犯罪行为或结果,有一在中华民国领域内者,为在中华民国领域内犯罪。"此外,台湾于1992年7月还公布了"台湾地区与大陆地区人民关系条例",其第1条宣称:"国家统一前,为确保台湾地区安全与民众福社,规范台湾地区与大陆人民之往来,并处理衍生之法律事件,特制定本条例。"紧接着第2条规定:"一、台湾地区,指台湾、澎湖、金门、马祖及政府统治权所及之其他地区。二、大陆地区,指台湾地区以外之中华民国领土……"可见,按照台湾当局的理解,大陆地区不过为"中华民国"尚未"行使统治权"之领土。

显然,内地(大陆)、香港、澳门、台湾四地在刑事案件的管

---

① 参见香港1996年第130号法律公告第461章《刑事司法管辖权条例》第5条、第6条。
② 参见《澳门刑法典》第4条"在空间上之适用之一般原则"。
③ 赵国强:《论澳门与内地刑事管辖权之划分》,载(澳门)《刑事侦查及司法杂志》2000年总第11期。

中国区际刑事警务合作

辖权上都确立了属地主义的管辖原则。所不同的是香港刑法并没有属人管辖的规定，而大陆和台湾刑法对于刑事管辖的规定过于宽泛，且在刑事司法实践中，又尽可能扩大解释各自的刑事管辖范围，以最大限度地保护本地社会或居民的利益，并有利于刑事司法机关和诉讼参与人参加诉讼。

就跨法区刑事案件的犯罪地来看，一个具体犯罪行为的预备地、实施地、结果地、销赃地、犯罪分子藏匿地可能处于不同的法区；或者一个犯罪集团的多个成员按照事先分工在不同的法区内实施了同一案件的有关犯罪活动，并分别在各法区内落网；还有可能出现像"东星轮抢劫案"① 那样，一个案件涉及四个各自拥有独立司法权的法区，此类情况下的刑事管辖冲突将会带来非常复杂的法律问题。"东星轮抢劫案"之后发生的张子强绑架勒索案、李育辉谋杀案、叶成坚到内地发展黑社会组织犯罪案在刑事管辖权上的争议就是由上述原因引起的。

---

① 根据多家媒体和杂志对"东星轮抢劫案"的报道：1995 年 6 月 13 日中午，澳门的陈桂清与胡树祥（澳门司法警察司特别行动组警员）伙同内地中山市居民梁炳照、钟健强、张少棉、周汉濂、陈文健等人，在从澳门驶往香港的班船"东星号"客轮上，持枪抢劫了中国银行香港支行的 1000 万港元押款，并危及"东星"轮上 100 多名乘客与船员的安全。案发当天，粤、港、澳三地警方互通情报，密切配合，迅速行动，先后拘捕了涉嫌犯罪的几名案犯，并追回了 800 万元赃款。澳门法院颁发通缉令追捕案中唯一逃犯钟健强归案。

主犯胡树祥是此案的策划指挥者，在行动前，他安排内地男子梁炳照、张少棉、周汉濂三人偷渡到澳门，提供隐藏并交与枪械，抢劫成功后他分得赃款 400 万元。胡树祥很快在澳门落网，1996 年 5 月被澳门法院裁定犯有海盗罪、非法藏械罪、抢劫罪，判处监禁 19 年 6 个月。

另一主犯陈桂清于 1996 年年底在台湾落网，被台湾警方列为"不受欢迎的人"押送回澳门。1997 年 10 月 28 日澳门法院裁定陈桂清犯有海盗罪和抢劫罪，两罪并罚判处监禁 18 年 6 个月，另外，赔偿澳门旅游娱乐有限公司 17400 澳门元，

第一编 总 论

从第四个条件可以推导出区际侦查管辖冲突发生的事实原因。

但内地与港澳、大陆与台湾的情况又截然不同。内地与香港、澳门互相承认对方刑事法律的域外效力,是内地与香港、澳门刑事管辖冲突产生的一个关键因素。而大陆与台湾之间的刑事管辖冲突,则是因为大陆和台湾刑法规定的空间效力范围均包括对方领域,但双方又互不承认对方刑法在本地的效力。

(接上注)并赔偿卫护公司仍未找到的丢款与利息。陈桂清向法官要求在1999年后转押葡萄牙服刑,被法官以其是在澳门犯罪、应在澳门服刑为由驳回。在香港落网的案犯梁炳照被香港法院以海盗罪判处监禁20年。陈文健、张少棉、周汉濂以及提供枪械的汤赞华先后在内地被捕,由内地法院以抢劫罪分别判处死刑、死缓、无期徒刑和有期徒刑10年。

"6·13"特大海上抢劫巨款案的成功侦破,为我国不同社会制度下的四法域之间合作打击刑事犯罪积累了经验。然而,由于内地与港、澳地区法律制度上的差异,在此案的管辖权上发生了很大的冲突,在无法协调的情况下,最后分别由三个不同地区的司法机关受理并对案犯作出判决。因三地的刑法制度区别甚大,所以,对同样罪行的定罪量刑却出现了悬殊明显的结果。相比较而言,香港和澳门的法院对主犯的判处显然偏轻,这对今后抑制此类犯罪和维护三地的社会治安是不利的。

另外,本案主犯陈桂清被澳门法院判刑后提出转押葡萄牙服刑的请求(被判刑人移管执行)没有合法理由,法院驳回其请求是正确的。被判刑人移管执行是国际上存在的外国籍罪犯可以申请回到本国执行判决国所判处刑罚的一项刑事司法合作制度,陈桂清是长住澳门的居民(不论其国籍如何),他并不存在在判决地监狱服刑上的困难和当地监狱管理上的不便,因此,其申请是无理的。同时,面临1999年澳门回归祖国,葡萄牙政府也不会接收他回葡萄牙本土服刑。各法区拥有专属侦查管辖权的情况仅限于那些完全发生在本法区内的犯罪案件。而跨法区的犯罪案件往往使多个法区警方都同时拥有侦查管辖权。因而在开展区际刑事警务合作过程中,必须妥善解决因法区间的刑事法律差异而产生的区际侦查管辖冲突。

中国区际刑事警务合作

内地与港澳刑事法律的差别以及跨法区犯罪的发生，仅仅为内地与港澳的刑事管辖冲突提供了前提，如果没有互相承认对方法律的域外效力这一条件，内地与港澳之间也不可能产生实际的刑事管辖冲突。长期以来，学术界和刑事司法实践均主张"公法无域外效力"、"强行法无域外效力"等原则。从而又推导出"公法无冲突"、"强行法无冲突"的原则。港澳回归前，内地与香港、澳门虽然在宣称的政治意义上同属一个中国，但在法律适用上却是按照国际法律关系来处理的，相互之间互不承认对方公法的效力。在公法或强行法问题上，各自严格执行本地法，完全不考虑对方刑事法律的规定，并尽可能扩大本地现实法律的适用范围。而港澳回归祖国之后，作为同一主权国家内的三个法区，若仍然坚持这一原则，互不承认对方刑事法律在本法区的效力，将会导致多重侦查和审判的大量发生。所以，这种情况在港澳回归祖国之后已正在逐步改变，从而使内地与港澳互相承认对方刑事法律的域外效力也成为区际刑事管辖冲突存在的必备条件。

根据台湾"两岸关系条例"第25条，台湾刑事司法机关对"在大陆地区或在大陆船舰、航空器内犯罪，虽在大陆地区曾受处罚，仍得依法处断"，这表明台湾不承认大陆刑法在台湾地区的法律效力，但又将自己刑法的空间效力适用于中国大陆。虽然目前中国（大陆）宪法和法律没有就台湾地区法律效力作出任何特别规定，但根据宪法关于台湾是中国领土一部分的声明（见《中华人民共和国宪法》序言），完全可以认为台湾地区不属于大陆刑法第6条所指的"法律有特别规定的"情况。也就是说，大陆刑法的空间效力范围不仅限于中国大陆，也包括中国台湾地区。在大陆和台湾刑法规定的空间效力范围均包括对方领域，而又互不承认对方刑法在本地效力的情况下，两岸警方的侦查部门均可认定己方对跨越海峡的刑事案件拥有侦查管辖权,而不承认对方侦查职能部门的侦查管辖权。但这种情况在《海峡两岸共同打击犯罪及司法互助协议》实施之后已大有改变。

第二节 各法区的刑事管辖权和侦查管辖制度

区际侦查管辖冲突需要通过协商解决,而协商就意味着各法区应互相了解对方的刑事管辖权及侦查管辖制度。

一、内地的刑事管辖权和侦查管辖制度

中国《刑法》(相对于港澳称为内地《刑法》、相对于台湾称为大陆《刑法》)第6条至第12条关于刑法空间效力范围和时间效力范围的规定,实际上是对犯罪管辖权的规定。根据上述条文,中国刑法理论界将中国内地(大陆)的刑事管辖权大致分为以下四个方面:

(一)属地管辖权

中国《刑法》第6条第1款规定:"凡在中华人民共和国领域内犯罪的,除法律有特别规定的以外,都适用本法。"根据中国《刑法》第6条第2款和中国承认的《维也纳外交关系公约》的规定,中国的船舶、飞机或者其他航空器以及中国的驻外使领事馆

中国区际刑事警务合作

属于中国领土的延伸，适用中国的刑法。① 据此，凡在中国领域内（包括拟制的领土内）犯罪的，除法律另有规定外，无论罪犯的国籍或住所何在，中国都有权依据中国刑法对其予以追诉。对犯罪地的理解，《刑法》第6条第3款规定："犯罪的行为或者结果有一项发生在中华人民共和国领域内的，就认为是在中华人民共和国领域内犯罪。"《刑法》第22条规定："为了犯罪，准备工具、制造条件的，是犯罪预备。对于预备犯，可以比照既遂犯从轻、减轻处罚或者免除处罚。"因此，犯罪的计划、准备、实施和犯罪结果只要有一项发生在中国境内，中国就有权主张刑事管辖权。

（二）属人管辖权

中国《刑法》第7条规定："中华人民共和国公民在中华人民共和国领域外犯本法规定之罪的，适用本法，但是按本法规定的最高刑为三年以下有期徒刑的，可以不予追究。中华人民共和国国家工作人员和军人在中华人民共和国领域外犯本法规定之罪的，适用本法。"据此，凡是具有中华人民共和国国籍的人犯罪，无论是在中国领域内还是领域外犯罪，中国均有刑事管辖权。

（三）保护管辖权

中国《刑法》第8条规定："外国人在中华人民共和国领域外对中华人民共和国国家或者公民犯罪，而按本法规定的最低刑为三年以上有期徒刑的，可以适用本法，但是按照犯罪地的法律不

---

① 有学者认为，一国之所以对发生在本国船舶或航空器内的犯罪行为行使刑事管辖权，是基于运输工具具有本国国籍，而非是因为运输工具属于浮动领土。因此，《刑法》第6条第2款关于在中华人民共和国船舶或者航空器内犯罪适用本法的规定应归属为属人原则。参见柯葛壮著：《涉外、涉港、澳、台地区刑事法律问题研究》，上海社会科学院出版社1999年版，第21~22页。

受处罚的除外。"保护管辖权的行使受双重犯罪原则和最低刑不低于三年的限制。由于犯罪人是外国人且犯罪的地点在国外,如果该嫌犯不被引渡或者未能在我国领域内被抓获,中国刑事司法机关则难以对其行使刑事管辖权。

(四) 普遍管辖权

中国《刑法》第9条规定:"对于中华人民共和国缔结或者参加的国际条约所规定的罪行,中华人民共和国在所承担条约义务的范围内行使刑事管辖权的,适用本法。"据此,对于中国缔结或者参加的国际条约中规定的犯罪,无论其罪行发生在中国领域内还是在中国领域外,也无论其罪犯是中国人还是外国人,只要在中国所承担的条约义务范围内,实施了国际条约规定罪行的罪犯在中国境内且未被引渡给有关国家的,中国就应当行使刑事管辖权,依照中国刑法对其予以惩处。

中国《刑事诉讼法》第18条规定:"刑事案件的侦查由公安机关进行,法律另有规定的除外。"根据中国《刑事诉讼法》第4条和附则以及其他相关法律的规定,下列六个侦查职能机关对刑事案件行使侦查权:(1) 国家安全机关对危害国家安全的刑事案件行使侦查权;(2) 军队保卫部门对军队内部发生的刑事案件行使管辖权;(3) 监狱对罪犯在监狱内犯罪的案件行使侦查权;(4) 检察机关对公职人员在执行职务过程中实施的贪污贿赂犯罪、渎职犯罪、侵犯公民人身权利和民主权利犯罪等案件直接立案侦查;(5) 海关走私犯罪侦查局负责侦查海关关境内和海关监管区内的涉税走私犯罪案件;(6) 公安边防部门负责管辖在边境管理区和沿海地区发生的组织他人偷越国(边)境案、运送他人偷越国(边)境案、偷越国(边)境案和破坏界碑、界桩案以及边防管理部门在边境管理区和沿海地区查获的走私、贩卖、运输毒品案和走私制毒物品案。

二、香港的刑事管辖权和侦查管辖制度

普通法系国家传统的刑事管辖权以严格的属地管辖为主，坚持最后行为标准检验原则，即如果该犯罪属于行为犯罪，那么只要该行为发生在本国领域内，本国现实刑事机关就有权行使刑事管辖权；如果该犯罪属于结果犯罪，则只有犯罪的结果发生在本国领域内，本国刑事司法机关才能行使刑事管辖权。但是，为应对犯罪活动国际化倾向增长的趋势，普通法系国家对其严格的属地管辖原则进行补充修正，将管辖扩大到一个犯罪构成要素发生在本领域而完成在域外的犯罪，继而对主要犯罪行为发生在域外的犯罪享有了刑事管辖权。伴随着对属地原则适用范围的扩张性解释，保护管辖原则和属人管辖原则的管辖内容也被纳入普通法系刑事管辖范围。

香港特别行政区法律属普通法体系，香港《刑事司法管辖权条例》强调以犯罪发生地点决定刑事司法管辖权。为适应打击跨国、跨法区犯罪的需要，经过个别制定法的特别授权，才可以行使域外管辖权。香港《刑事司法管辖权条例》扩大了对部分财产犯罪的属地管辖权。将盗窃、销赃、伪造以及涉及欺诈或假文件的犯罪划分为甲组犯罪；将共谋或教唆甲组犯罪、对甲组犯罪的未遂以及共谋欺诈犯罪划归为乙组犯罪。如果与甲组犯罪案件"相关事件"发生在香港境内，香港对其可行使管辖权。所谓"相关事件"，是指"被证明是认定犯罪所必需的任何作为、不作为或其他事件"。如果财产是从香港发出或在香港被接受，则被认为有获取财产行为在香港发生。无论信息以何种方式从香港发送或被

接收,都被认为是在香港有交换信息的行为。对于共谋甲组犯罪和共谋欺诈犯罪,不论被告人是否参与香港的共谋,或者与该共谋有关的任何作为、不作为及参与的有关事件是否在香港发生,被告人均可以被认定共谋犯有甲组犯罪或共谋欺诈罪。这种属地原则的扩大采用的是主观属地原则,只要一个犯罪构成要素发生在其境内,哪怕其主要的部分发生在域外,也有权对其主张刑事管辖权。

香港属人域外管辖原则适用的范围很窄,只适用于公职人员域外受贿罪等几种情形。值得注意的是,香港上诉法院在 Lau Tung Sing 一案中指出,香港法院对在中国内地安排向香港运送非法移民的犯罪行为拥有管辖权,因为该种行为与香港政府维护香港治安有本质的联系。香港法院有权对发生在香港之外针对香港的任何犯罪行为行使管辖权。① 这种扩张解释源于客观属地原则理论。该理论认为哪怕某犯罪的主要部分发生在其领域外,只要该犯罪在其境内完成或对其境内社会、经济秩序产生严重影响,其就拥有管辖权。此种解释使属地原则与保护原则变得毫无区别。对于国际犯罪,香港有权在其缔约义务的范围内依据普遍管辖原则行使管辖权。

在香港,绝大多数的刑事案件由警方进行侦查。原来的皇家香港警务处是归属于政务司下的一个法定机构,香港回归中国后,皇家香港警务处改为香港特别行政区警务处,现归属于香港保安司。香港警方主要依据《警队条例》(香港法例第232章)对归口管辖的刑事案件行使侦查权。另一享有法定侦查权的机构是总督

---

① 傅华伶著:《从张子强案看香港与内地的刑事管辖权》,载赵秉志主编的《世纪大劫案:张子强案件及其法律思考》,中国方正出版社2000年版。

特派廉政专员公署。廉政公署是一支独立于政府架构和警队的纪律部队,其最高行政长官直接向香港特别行政区首长负责。廉政专员公署依据《香港特派廉政专员公署条例》(香港法例第 204 章)、《防止贿赂条例》(香港法例第 201 章)以及《舞弊及非法行为条例》(香港法例第 288 章)对所有公职人员和私人企业的管理层实施的贪污、受贿、徇私舞弊等犯罪行为进行侦查。

三、澳门的刑事管辖权和侦查管辖制度

澳门属于成文法地区,在刑事管辖权的确定上与中国内地刑法相似,也采用以属地管辖为主,属人管辖、保护管辖和普遍管辖为辅的原则。《澳门刑法典》第 4 条规定,澳门刑法适用于在澳门内或在澳门注册之船舶或航空器内作出之事实,不论行为人属何国籍。《澳门刑法典》第 5 条规定体现了属人管辖、保护管辖和普遍管辖的内容,强调澳门刑法亦适用于在澳门以外作出而属于下列情况之事实:(1)实施伪造货币、债权证券及印花票证方面的犯罪,恐怖组织或恐怖主义犯罪以及妨害澳门地区政治、经济及社会制度犯罪;(2)实施严重的剥夺他人自由、使人为奴隶、绑架、挟持人质犯罪以及危害和平及违反人道罪,只要行为人被发现身在澳门,且不可被移交至另一地区或国家;(3)由澳门居民对非澳门居民作出之事实,或由非澳门居民对澳门居民作出之事实,只要行为人被发现身在澳门,该等事实亦可为作出事实之地之法例所处罚,且构成容许将行为人移交之犯罪,而该移交为不可准予者;(4)由澳门居民对澳门居民作出之事实,只要行为人被发现身在澳门。对于普遍管辖,《澳门刑法典》第 5 条第 2 款进一步规定:"如审判在澳门以外作出之事实之义务,系源自适用于澳门之国际条约或属司法协助领域之协定,则澳门刑法亦适用

于该等事实。"

根据澳门《司法组织纲要法》和《刑事诉讼法典》，澳门检察院有以下权限：接受检举及告诉，以及就是否继续处理检举及告诉作出审查；领导刑事侦查；提出控诉，并在预审及审判中确定支持该控诉；提出上诉，即使专为辩方之利益；促进刑罚及保安处分之执行；对刑事诉讼进行法律监督。澳门廉政公署对公共实体、公共企业和信用机构人员的贪污和欺诈罪行有权独立展开侦查，但侦查活动要接受检察机关的监督和指导，并在侦查终结后移送检察机关，由检察机关审查决定是否需要补充侦查和控诉。澳门《刑事诉讼法典》第11条第1款规定："预审法官有权限依据本法典之规定，行使在侦查方面之审判职能、进行预审以及就是否起诉及最简易诉讼程序作出裁判。"由此可见，澳门的预审法官也拥有一定的刑事侦查权，澳门《刑事诉讼法典》第11条第2款也因此强调预审法官"不得介入该诉讼程序随后之行为"。

澳门警察机关的设置属欧洲大陆国家的传统设置模式，将司法警察与行政警察相分离。治安警察局有权对最高刑不超过五年的刑事案件进行侦查。水警稽查队负责海上的治安，对其职能和权限范围内的走私、偷渡案件进行调查和侦查。司法警察局专门负责侦查严重罪案。根据澳门《刑事诉讼法典》第246条规定："一、侦查系由检察院在刑事警察机关辅助下领导进行。二、为着上款之规定之效力，刑事警察机关在检察院直接指引，且在职务上从属检察院下行动。"

四、台湾的刑事管辖权和侦查管辖制度

台湾"刑法"同样规定了属地主义、属人主义、保护主义等管辖原则，分别规定在其"刑法"第3条至第8条等条款中，如

第3条规定:"在其领域内犯罪者,适用之。在其领域外之本籍船舰或航空器内犯罪者,以在领域内犯罪论。"第4条规定:"犯罪之行为或结果,有一在其领域内者,为在领域内犯罪。"第6条为公务员在域外犯四类罪适用该法。第7条为在域外犯最轻本刑为三年以上有期徒刑之罪的台湾人适用该法。第5条、第8条为保护主义管辖的规定。

根据台湾"刑事诉讼法",检察官是台湾地区刑事诉讼中的侦查主体,司法警察(类似大陆的刑警)没有独立的侦查权。因而,检察官既是侦查活动的发动者,又有侦讯、相验、勘验权,对传唤、拘提、通缉、责付、交保、查封、扣押等强制处分有决定权,对重大强制处分权如羁押、搜索和监听的申请权;检察官就刑事案件收集和补查证据对司法警察有发交权。检察官对于司法警察官或司法警察移送或报告的案件,认为调查未完备者,得将案件卷宗和证据发回,命其补足,或发交其他司法警察官或司法警察调查。司法警察官或司法警察应于补足或调查后,再行移送或报告。对于前项之补足或调查,检察官得限定时间。同时,检察官对司法警察有要求其主管单位给予奖惩的权力。台湾警察法规定,司法警察受检察官之命令执行职务时,如有废弛职务情事,其主管长官应接受检察官之提请依法予以惩处。

台湾司法警察虽然没有独立的侦查权,但负有协助检察官侦查的职权,有服从检察官指挥和监督的义务,有向检察官报告侦查作为的义务。司法警察对于强制处分部分也只有执行权和申请权,缺乏侦查的发动权和撤案权,即使对被告也只有通知其接受询问的权力;对被告及被告以外的人所作的侦查讯问或询问笔录,除依法有特别可信的情形外,不具有诉讼法的证据能力;对刑事案件现场没有独立的勘验权,只能协助检察官进行勘验,其独立制作的勘验笔录也因勘验人员缺乏司法官资格而失去证据功能。

第三节 解决区际侦查管辖冲突的原则

要解决中国的区际侦查管辖冲突，必须首先确立中国区际刑事管辖权的划分原则。由于中国内地（大陆）和港澳台分属于不同的法系，各自享有独立的刑事司法权，相互间达成的双边或多边区际刑事管辖权协议是有效解决刑事管辖权冲突的法律手段。因而各法区在区际刑事管辖权划分原则上形成合意，是达成协议的前提。当各方面条件都成熟时，还可吸收各法区的意见，制定一部对各法区均有约束力的区际冲突法。

对于解决区际刑事管辖权冲突的具体原则，相当多数量的学者主张以属地原则为主，兼采其他原则中的一种或多种作为补充的折中方式。譬如，有的学者认为，中国区际间刑事管辖的可采性原则是：属地原则为基础，有限的属人原则为补充，协商原则具有终局决定权。[1] 有的学者主张，以属地原则为基础，注重先理为优和实际控制原则，兼采属人原则是划分互涉案件管辖权更为合理的规则。[2] 然而，由于国家间确立和解决刑事管辖冲突的原则具有强烈的主权色彩。属地原则是以一国的领域为标准，属人原则是以国籍为标准，保护原则是以保护本国利益作为标准，而普遍原则是为维护全人类的利益，各国对特定案件相互让渡其主权

---

[1] 成文良著：《刑事司法协助》，法律出版社2003年版，第239~244页。
[2] 张文、牛克乾：《试论我国内地与港澳地区互涉刑事案件管辖权的划分》，载赵秉志主编的《新千年刑法热点问题研究（下）》，中国检察出版社2001年版，第665页。

的基础上设立的。因此,这些原则不能也无法直接被移植为解决区际刑事管辖冲突的依据。毕竟,中国的区际刑事管辖权冲突不具有涉外因素,而是基于一个主权国家内不同法区间的高度自治权才产生的。区际刑事管辖权原则的确定应充分考虑各法区现行刑事管辖权原则和标准,找寻能平衡各方利益并为各方所接受的权限分工准则。

一、犯罪地原则是确定区际侦查管辖的基本原则

所谓犯罪地原则,是指以各法区的行政区域为界,由犯罪地法区的侦查职能机构对刑事案件行使管辖权。犯罪地原则符合《香港特别行政区基本法》和《澳门特别行政区基本法》的规定,与香港、澳门特别行政区高度自治和司法独立相一致。除法律有特别规定外,特别行政区有权审理在特别行政区发生的所有案件。① 在区际刑事管辖中坚持犯罪地原则,实质上就是各法区相互尊重对方的刑事司法自治权,对对方自主处理刑事司法事务不予干涉。

此外,犯罪地因犯罪行为而遭受的损失往往较其他地方更大,遗留在犯罪地的犯罪证据也更多、更集中。因此,由犯罪地有权机关来处理刑事案件具有更高的效率,也更符合及时、有效惩治防范犯罪的目的。同时,也有利于其他诉讼参与人参加诉讼。但由于各法区对犯罪地有不同的理解以及现实生活中常出现犯罪预备地、犯罪实施地、犯罪结果发生地、犯罪窝赃地、犯罪销赃地等不在同一法区的情况,对各法区依据犯罪地原则确定刑事管辖

---

① 参见《中华人民共和国香港特别行政区基本法》和《中华人民共和国澳门特别行政区基本法》第19条的规定。

权时，还应有进一步的细化规定。

第一，同一犯罪的预备地、行为实施地、犯罪结果发生地以及窝赃地或销赃地分处多个法区的，由犯罪行为实施地法区管辖为宜。对于犯罪预备地和犯罪行为实施地不在同一法区的刑事案件，由于犯罪的实施行为通常比犯罪的预备行为社会危害性大，更能准确地反映出犯罪的性质和状况，且犯罪行为侵害的主要是犯罪实施地的利益，因而此类案件较适宜犯罪行为实施地法区的侦查职能机关管辖。

对于犯罪行为实施地和犯罪结果发生地不在同一法区的刑事案件，有的学者认为，犯罪结果往往较犯罪实施行为更能集中反映犯罪的危害性，故应由犯罪结果地行使管辖权。[①] 然而，由于刑事立法上有行为犯、危险犯和结果犯之分，事实上很难笼统地认为是犯罪结果还是犯罪实施行为更能集中反映出犯罪的危害程度。但从调查取证的角度考虑，案件常与犯罪实施行为联系更为密切，由犯罪行为实施地法区的侦查职能机关行使管辖权，更容易发现有关犯罪线索、收集到与犯罪相关的证据，有利于刑事诉讼的顺利进行，也更易于取得较好的惩治犯罪的效应。

第二，对于跨法区实施的数罪，牵连数个法区，由主要犯罪地法区管辖为宜。对于此类犯罪的管辖，有两种代表性观点。有学者认为原则上应考虑由主要犯罪地管辖；主要犯罪地难以确定的，由主犯的居住地管辖；主犯难以区分的，按"先理为优"原

---

① 黄进、黄风主编：《区际司法协助研究》，中国政法大学出版社1993年版，第234页。

则和"实际控制"原则,由先抓获犯罪人的一方管辖。① 另有学者认为,不同法区的居民共同犯罪的,不论实施的是一罪或数罪,都由犯罪地法区行使刑事管辖权。犯罪地不在同一法区的,由先发现犯罪的"犯罪地法区"行使刑事管辖权。如果协商一致,也可以移送主要犯罪地所在的法区行使管辖权。②

由于跨法区实施的数罪其策划、实施、危害结果的发生、窝赃和销赃等发生在各法区,因而按犯罪地原则,各法区都有权主张管辖。为避免人为地将案件割裂开来,依据国际上一般主张的整体审查共同处理的原则,将跨法区的数罪一并处理更恰当些。可是,由于先发现犯罪的那个"犯罪地法区"不一定与案件有最密切的联系,可能不是最合适的管辖地,所以,应由与案件有密切联系的主要犯罪实施地管辖。只有当主要犯罪实施地难以确定,或者主要犯罪实施地法区对管辖权不予主张时,才可考虑"先理为优"或实际控制原则。

第三,在不同法区分别实施的数罪,应由各犯罪地法区分别管辖。这种情况是指数罪的犯罪地分别在不同的法区。对于此类案件的管辖,学者的观点存在分歧:一种观点主张一般应由不同犯罪地的司法当局进行协商,选择较重罪的实施地管辖,或者由造成危害较大的犯罪地管辖,或者交由主要犯罪地侦查职能机关行使管辖权;在无法确认主要犯罪地时,也可以由既是犯罪地又

---

① 赵国强:《基本法与区际司法协助》,中国社会科学出版社2000年版,第245页。

② 王新清:《特别行政区刑事管辖权及其与内地刑事管辖权的冲突协调》,载赵秉志、何超明主编的《中国区际刑事司法协助探索》,中国人民公安大学出版社2003年版,第210页。

是犯罪嫌疑人居住地的侦查职能机关实际行使管辖权。① 另一种观点认为应由不同犯罪地分别行使管辖权，而刑罚的具体执行或分开或由一地的有关司法机关合并执行。②

第一种观点与特别行政区高度自治和司法独立以及国家有关法律（除特别规定外）不适用于特别行政区不相符合。事实上，各法区的刑事法律具有属地性质，不能一概产生域外效力。如果将分别发生在各法区的数罪合并由一法区的侦查职能机关来管辖，势必导致法律适用上的困难。由重罪地法区合并管辖此类数罪，更是与各法区的地位平等、相互尊重原则相违背，客观上等于剥夺了轻罪地法区对轻罪的管辖权。实际上，此类案件中犯罪嫌疑人的某一具体犯罪行为完全是在一法区内完成，严格来说，该犯罪行为的本身并不具有跨法区性，因此应由各犯罪地法区分别管辖。

二、犯罪人居住地原则是确定区际侦查管辖的辅助原则

对于一些特殊案件，不便于实行犯罪地管辖或者不可能由犯罪地管辖的，应由犯罪人居住地的法区行使管辖权。此处所讲的居住地是以犯罪人持有的有效身份证为准，即犯罪人持有哪个法区颁发的有效身份证件，则判定该犯罪人的居住地为哪个法区。

（一）对于互派机构工作人员在驻在地犯罪案件的管辖问题

依据港澳特别行政区基本法的规定，中央人民政府有权向特别行政区派驻军队，并在特别行政区内设立处理外交事务的机构；中央各部门，各省、自治区、直辖市经特别行政区政府同意并经

---

① 马进保著：《中国区际侦查合作》，群众出版社2003年版，第180~181页。
② 张晓明：《香港特别行政区与内地间的刑事法律关系展望》，载赵秉志等主编《全国刑法硕士论文荟萃》，中国人民公安大学出版社1998年版，第64页。

中央人民政府批准，也可以在特别行政区派驻机构；特别行政区也可在北京设立办事机构。派驻人员既应遵守派出地法律，也应遵守所驻地的法律。由于互派机构工作人员利用职务实施的犯罪，往往对派出地造成的侵害更大，且有些职务犯罪行为驻在地法律不认为是犯罪或缺乏相应的法律规定，如坚持犯罪地管辖原则，对此犯罪管辖的漏洞难以堵塞。因此，互派工作人员的职务犯罪由犯罪人居住地法区管辖为宜；而互派工作人员的非职务犯罪仍由犯罪地法区行使管辖权。互派工作人员职务犯罪案件中，涉及的被告人中有特别行政区居民、互派工作人员以外的其他人的，则由犯罪地法区管辖。

中国于1996年和1999年颁布的《中华人民共和国香港特别行政区驻军法》和《中华人民共和国澳门特别行政区驻军法》有类似规定。特别行政区执法人员依法拘捕的涉嫌犯罪的人员，查明是特别行政区驻军人员的，应当移送驻军羁押。被羁押人员所涉及的案件由军事司法机关管辖，但驻军人员非执行职务的行为，侵犯特别行政区居民、驻军以外的其他人的人身权、财产权以及其他违反特别行政区法律构成犯罪的案件，由特别行政区司法机关行使管辖权。军事司法机关管辖的特别行政区驻军人员犯罪的案件中，涉及的被告人中有特别行政区居民或驻军以外其他人的，依照犯罪地原则，由各特别行政区法院管辖。

（二）中国域外侵犯中国主权或整体利益犯罪案件的管辖问题

对行为发生在外国或地区、侵犯中国主权和整体利益的犯罪案件，或者中国缔结的国际条约所规定的犯罪，中国各法区都享有刑事管辖权。若犯罪嫌疑人或被告人、罪犯是中国公民，首先应考虑属人原则，由犯罪嫌疑人或被告人、罪犯居住地法区管辖。

这既符合"一国两制"原则，也有助于合理有效地防范犯罪。若犯罪嫌疑人或被告人、罪犯是中国公民，但其居住地法区不主张管辖，或者犯罪嫌疑人或被告人、罪犯不是中国公民，可由最先受理或实际控制的法区行使刑事管辖权。因为这符合诉讼经济原则。如果最先受理或实际控制的法区放弃了刑事管辖权，其他享有刑事管辖权的法区有权要求其移交犯罪嫌疑人或被告人、罪犯。至于行为发生在外国或地区、侵犯中国各法区法益的犯罪案件，可由各法区自己行使刑事管辖权。

三、"先理原则"或实际控制原则是确定区际侦查管辖的补充原则

既然划分区际刑事管辖冲突的基本原则是犯罪地原则为主，居住地原则为辅，那么"先理原则"或实际控制原则就应从属于犯罪地原则，作为犯罪地原则的补充。所谓"先理原则"或实际控制原则，是指当刑事案件发生后，无法按上述原则判定哪个法区享有管辖权或依据普遍管辖原则，缔约方均拥有管辖权的，则应由最先受理该案件或者对该案嫌疑人进行实际控制的法区行使管辖权。譬如，属于普遍管辖的劫持航空器犯罪案件，不论哪一法区都有管辖权，一般由最先受理该案件或者实际控制了该案嫌疑人的法区行使管辖权。当然，本来可以不移交犯罪嫌疑人、被告人、被判刑人的先理法区或实际控制法区的刑事司法机关如认为移交会更有利于遏制犯罪，也可以通过协商予以移交。大陆与台湾互相遣返、移交劫机者的合作，取得了很好的遏制劫机犯罪

的效果，充分证明了这一做法的妥当性。① 如果先理法域或实际控制法域放弃刑事管辖权，则其他享有刑事管辖权的法域都有权行使管辖权。

---

① 马克昌：《我国区际刑事司法协助的内容刍议》，载赵秉志、何超明主编的《中国区际刑事司法协助探索》，中国人民公安大学出版社2003年版，第310页。

第二编 分 论

第二编 分 论

第七章 区际交流情报信息和送达

区际刑事警务合作既有直接针对犯罪的合作事项,也有对犯罪预防、控制、处置和侦查犯罪起支持作用的合作事项。在针对犯罪的区际刑事警务合作中,既有为查明犯罪事实、查获犯罪嫌疑人的侦查合作事项,也有侦查合作之外的刑事诉讼事务上的合作事项。支持性合作事项和诉讼事务性合作事项均属于区际刑事警务合作的初级事项。本章所述区际刑事警务合作的初级事项,主要是区际交流情报、信息和区际送达刑事诉讼文书。

第一节 区际交流情报和信息

区际刑事警务合作中的信息交流包括有关犯罪动态的信息、刑事科技信息和犯罪嫌疑人、被害人、证人个人情况的信息以及与刑事案件诉讼有关的各种信息。其中刑事情报资料的传递与交换是区际刑事警务合作的一项经常性业务,而刑事技术信息交流则是警察机关打击刑事犯罪的一项基础性工作。

一、交流刑事情报资料

(一) 交流刑事情报资料的意义

刑事情报资料是社会治安状况和刑事犯罪信息的载体,能为各法区合作侦查跨法区犯罪提供必要的基础条件,是侦查犯罪合作的起点。正如美国中情局前局长比尔·凯西所说:"情报仍然是一种捉摸不定,容易破碎,微妙复杂的商品。除了搜集情报,对其精确性进行评估,判断它与全局的关系以及它的意义外,还要引起当局的关注,从而采取对策。情报人员不是消极的工作者,如果将其工作仅限于情报搜集,那就大错特错了。获得、筛选、传递情报,只不过是工作的开始。"① 各法区警方若能迅速将其掌握的与犯罪有关的迹象和事证向对口警方转告,将有助于事先监视疑犯动态,预防犯罪。若犯罪得以实施,亦可及时逮捕罪犯,收集相关罪证。当然,此种刑事情报资料通常只能作为对口警方及其他侦查职能机关的参考,而不能成为法庭上论罪之证据。

(二) 刑事情报资料的形式特点

情报在本质上具有知识性,是将一些表面上无关系的消息进行系统分析的产物。刑事情报资料则是反映犯罪组织、犯罪分子身份及其活动等方面的信息。其外在表现形式复杂而多样,能从多个侧面、不同层次反映刑事案件的动态发展规律。情报既可以是视觉的,也可以是听觉的、触觉的、感觉的甚至是意念的。

从情报的表现载体看,可将情报分为纸介质情报、声像情报和实物情报;从情报的表现形式上看,可将情报分为文字情报、图表情报和数据情报;从情报的功能上看,可将情报分为线索情报、资料型情报、预测型情报和判断型情报;从情报反映的内容来看,可将情报分为人员情报、案件情报、证据情报和样品情报;从情报需求及其层次结构上看,可分为反映事实和过程的 A 级情

---

① 汪岩焊、汪永全、周冰冰编著:《现代私人侦探完全手册》,中华工商联合出版社2002年版,第7页。

报,反映趋势、动向的 B 级情报,归纳事实、过程、趋势和动向的 C 级情报,反映和认识事实、过程、趋势、动向、一般现象和规律的 D 级情报。根据资料来源,可将情报分为四个等级:可靠、通常可靠、不可靠、不详。根据情报准确程度则可分为四个等级:证实准确、可能准确、有可疑处、无法判断。

此外,还可将情报分为动态情报与静态情报、境内情报与境外情报、国内情报与国际情报、公开情报与秘密情报、直接情报与间接情报等。对刑事情报进行不同种类的划分,有利于根据不同类型情报的特征,对情报进行收集、筛选、分析、判断和运用。

(三)刑事情报资料的收集与传递

刑事情报的收集与整理是情报交流的前提。依据系统论的基本原理,大系统的属性和功能必然超过各个孤立的小系统功能的总和,因此有必要对刑事情报资料实行集中统一管理。

第一,各法区警方应建立严格的资料表格呈交及传递制度,将零星、分散的情况、线索和资料有效汇集起来。发现资料的警务人员都应将信息传递到警队,呈交人员如认为资料具有价值即应如实呈报。所有情报单位的联络主任负责向其下属工作人员收集资料表格并负责批准或修正情报资料的评定等级。情报部门应负责收集和储存的资料主要包含以下七个方面:(1)刑事案件卷宗。包括刑事案件的立案与结案、刑事犯罪活动的记录和刑事警察活动情况。(2)嫌疑人和罪犯的资料。犯罪嫌疑人和罪犯的个人卡片索引,内容包括其姓名、性别、出生年月日、籍贯、出生地、身高、长相、体貌特征、肤色、职业、财产状况、文化程序、犯罪前科、犯罪事实等。(3)指纹资料。(4)照片资料。主要是指犯罪嫌疑人和罪犯的照片及物证照片、犯罪工具照片和现场照片。(5) 犯罪手段资料。包括犯罪活动的全过程，如犯罪事件、作案时间和地点、作案方式与特点、作案手段等。(6) 证件方面的资料。如身份证、户口本、护照等其他官方文件、机动车辆牌照等。(7) 各种通报材料。

第二，为有助于信息在体系内各部门顺畅交流，应建立一整套完善划一的情报档案系统。对采集到的各种数据、资料、消息、情况等初级状态的信息，按照一定的程序，采用科学的方法，进行鉴别、分析、评价，使之成为有序化信息。可用手工储存和电脑储存两种方式保管资料。对实物证据资料、刑事案卷卷宗以及不易用电脑储存的情报资料可用手工方式储存。对于实物证据资料应先造册登记，然后再根据其不同类别、规格依次存储于资料库中。对于个人资料和指纹资料可建立相应的索引卡。归档时，还可将档案分为活动档案和人物档案。活动档案主要是记录一些特定的罪行活动，并按标准码对活动档案进行分类。对于警方感兴趣的特定人物，还可建立专门的人物档案，并与活动档案能相互核查对照。对于曾经犯案并经法庭裁定有罪的人应建立其手印档案。

第三，刑事登记是指对防控犯罪有意义的客体进行写实记载的各种方法的总称。做好刑事登记和刑事情报传递工作是为各法域预防和惩治犯罪提供基础性服务的前提。因此，各法区应借鉴外国先进经验、技术，结合自身的具体情况对科技防范设施的技术要求进行规范，并对科技含量低的设备器材予以更新改造，实现网络化、信息化。建立起良好的科技信息网络，快速、准确、安全地将各法区的犯罪情报和科技信息传送到各法区警方的特设网点，使犯罪分子无法利用时空条件跨法区作案或逃匿，从而有效地防控跨法区犯罪。

第二编 分 论

应建立起定期通报对方法区居民定罪判刑情况之合作机制以及相互承认案犯前科事实的制度。尽管中国各法区刑法对累犯的期间和处罚的方式有不尽相同的规定,但均承认累犯的存在。为严厉打击犯罪,维护中国各法区的利益和安全,对无论是在哪一法区构成累犯的前科,另一法区刑事司法机关均应对其以累犯论处并从重处罚。

第四,为使各种资料所提供的情报资源得到最大限度的综合利用,还应充分利用网络信息时代的优势,将信息资料数据库化。现有的刑事情报传递手段有两种方式:一种是通过邮政系统邮递各种刑事情报资料,交流有关业务,但该方式一般仅用来传递大批量且时效性不强的基础性文献资料。另一种方式是通过各法区警方经过加密的专用通信网络传递信息。各种犯罪情报资料的数据库借助信息网络可大大提高信息资料的传递速度和利用率,降低情报交流的成本,能对警务合作产生重大影响。因此,中国各法区警方将来可经过协商,建立起区际间刑事资料信息自动查询系统,利用电子邮件系统、密码无线电、电传、传真方式,通过整体网络、电话或电报进行信息传递。总之,只要各法区警方建立起预防性通报制度[①],严密监视跨境犯罪动向,及时把握刑事犯罪活动状况、特点和发展趋势,通过设立适当的联络机构和相互间的信息网络不间断地沟通和传递有关治安和犯罪的情报资料,共同研究合作防范措施和手段,协助提供刑事记录,交换重要的刑事法律法规数据等,就能牢牢占据预防、控制、处置、侦查犯

[①] 可以仿效国际刑警组织广泛通用的"绿色通告",向各法域对口单位通报跨境犯罪分子的活动情况,使其能提前采取有效的预防性措施,防范相关危险分子在该法区实施犯罪。

罪的有利地位。

二、交流警察科技信息

"科学技术是第一生产力",恩格斯将其视为"最高意义上的革命力量"[①]。在现代社会,日新月异的科学技术不断将警察科技推向新的水平,具有高科技、集约化特点的警察装备不断涌现。与此同时,一些尖端领域的高科技成果也被恶意利用,高智能的新型犯罪迅速增加。可见,科学技术发展在为犯罪防控提供有力手段的同时,也对犯罪防控提出了严峻挑战。充分利用科学技术的最新成果,进行扬长避短、除弊兴利的功能开发,使科学技术转化为先进的警察科技,提升警察与犯罪作斗争的水平是当代各国政府、社会和警方义不容辞的责任。

在决策层面,面对极其复杂的犯罪预防、控制、处置和侦查任务,各法区警方领导机关都需要对一些重要问题进行科学决策。要使决策切合实际、符合理性,必须严格按照科学决策的程序进行,坚决排除任何盲目性和主观随意性。这就要求在决策过程中,充分利用先进的科学技术手段对情况、材料、数据、案例等进行收集和统计分析,在占有确实充分的第一手资料后,再从纷繁复杂的现象中捕捉具有倾向性的问题,尽力发现该事物的内在规律。然后,以此为基础统筹全局,分别轻重缓急,明确主攻方向,提出具体目标,选择最佳方案,使决策能真正解决实际问题。

在行动层面,先进的警察科技还能够提升警察的快速反应能力、协调配合能力、技术防范能力、罪案侦破能力等。在罪案侦破方面,警察科技尤其是先进的刑事技术和视频监控技术对揭露

---

① 《马克思恩格斯全集》第19卷,人民出版社2006年版,第372页。

和证实刑事犯罪的作用非常显著。这些技术不但能对与刑事案件有关的痕迹物证进行充分收集、固定、检验和鉴定,还能够对犯罪现场进行影视化重现,使犯罪活动淋漓尽致地显现出来。如果没有科学技术作保障,不重视向科技要警力,仍然依靠人海战术,靠拼体力消耗,防控犯罪的工作就只能在低水平上徘徊,犯罪就只能是防不胜防、打不胜打的艾滋病毒。

然而,世界各国各地区以及中国各法区警察科技水平发展是不平衡的。这种情况一是不利于协同防范、控制、处置和侦查刑事犯罪,使犯罪分子选择在警察科技水平低的地方作案或在作案后逃向警察科技水平低的地方隐匿,逃避打击;二是不利于各方警察信息网络的技术对接,形成信息交流障碍,降低信息传递速度,也降低了各方的快速反应能力和整体协同能力。

联合国大会第53届会议在《加强联合国预防犯罪和刑事司法方案,特别是其技术合作能力》的决议中就特别强调科学技术合作在预防和控制犯罪中的巨大作用。为适应形势发展的需要,提升整体运用科技手段防控跨法区犯罪的能力,首先,各法区警方应联合建立防控犯罪科技开发中心,研制检测、识别、监听、监视、信息传递、功能性破坏等新技术。其次,各法区警方应通过直接或间接途径协商解决警察科技信息联网兼用的问题。只有建立起良好的科技信息网络,在保密的前提下及时将犯罪情报和科技信息发往各法域的特约网站,把"时间差"减到最低水平,才能使犯罪分子无法利用时间空隙跨法区作案。

第二节 委托送达刑事诉讼文书

刑事诉讼文书是对犯罪行为进行追诉和制裁必须具备的形式

要件，也是刑事诉讼程序合法进行的不可或缺的证明手段。及时、合法地送达刑事诉讼文书是保障刑事诉讼活动顺利进行的一个重要环节，也是保障诉讼参与人或与诉讼有关的其他人员诉讼权利的一项重要措施。为使不同法区的刑事司法活动能够顺利开展，在各法区警方之间本应建立一种切实可行的委托送达机制，以保证刑事诉讼文书能够及时、合法地送达。然而现实的情况是，内地与港澳在区际送达刑事诉讼文书方面暂无相应协议，大陆与台湾签署的《海峡两岸共同打击犯罪及司法互助协议》第7条关于送达文书的规定简单笼统，因而有必要对警方在区际警务合作中的相互委托和送达刑事诉讼文书的一些问题进行论述。

相关法律的缺位显然不利于公民权利的保障。譬如，一法区的居民在另一法区被拘留或逮捕，由于没有区际送达协议，其家属则难以及时获得确切的消息。如有相应的协议，拘捕的警方则有义务依据协议规定的送达方式和期间发给被采取刑事强制措施的案犯家属通知书。

一、区际送达刑事诉讼文书的法理梳理

（一）区际委托送达刑事诉讼文书的概念梳理

根据法学界的通常观点，刑事诉讼文书有广义和狭义之分。广义的刑事诉讼文书包括刑事司法机关制作的刑事司法文书和与特定刑事诉讼程序有一定关联且需要予以正式送达的文书，即刑事司法外文书。狭义的刑事诉讼文书仅是指刑事司法机关制作的刑事司法文书，包括传票、通知书、拘留证、逮捕证、起诉书或不起诉决定书、刑事裁决书、刑罚交付执行通知书等。刑事司法外文书通常是指由司法证明机构或其他机构依法制作或承认的具

有法律效力且与诉讼有关的文书，如身份证明、公证文书、来往信函等。为保障当事人的诉讼权利和刑事诉讼程序的进行，区际委托和送达刑事诉讼文书应采用广义的刑事诉讼文书概念。

就整个刑事诉讼活动而言，区际委托送达刑事诉讼文书是指各法区刑事司法机关，将有关犯罪案件的刑事诉讼文书，按照一定的程序和方式，相互委托送达给在对方境内的当事人或者其他诉讼参与人的一种刑事司法协助活动。就警方所参与的刑事诉讼活动而言，区际委托送达刑事诉讼文书是指各法区警方在其职责和权力范围内，将自己制作和需要送达的有关犯罪案件的刑事诉讼文书，按照一定的程序和方式，相互委托送达给在对方境内的当事人或者其他诉讼参与人的一种区际刑事警务合作活动。在这里，警方的委托送达活动是整个刑事诉讼活动中区际委托送达活动的一个部分，具有区际刑事司法协助的属性。鉴于在刑事诉讼活动中，警方的主要职责是侦查和采取刑事强制措施，警方委托送达的刑事诉讼文书主要是侦查和采取刑事强制措施的文书，如拘留和逮捕通知书，有时也会有其他文书，如传票、身份证明、公证文书等。

(二) 区际委托送达刑事诉讼文书的关系梳理

区际委托送达刑事诉讼文书与区际送达刑事诉讼文书是不同位阶的概念。区际送达刑事诉讼文书是指某一法区的刑事司法机关或有关当事人或其代理人将刑事司法文书或刑事司法外文书按照一定的程序和方式送交给另一法区的当事人或其他诉讼相关人，以便使其知悉文书内容的法律行为。区际委托送达即区际司法机关之间的相互委托送达刑事诉讼文书，这一新型方式只是区际送达刑事诉讼文书多种方式中的一种。

有区际委托送达这一新型送达方式，就有传统送达方式之说。所谓传统送达方式，是指中国各法区现在仍在采用的双挂号邮寄送达、当事人的诉讼代理人代为送达和通过民间机构送达等方式。无论是传统送达方式抑或正在构建的区际司法机关相互委托送达这一新型方式，区际送达刑事司法文书都存在三种主体和三种关系，所不同的是三种主体和三种关系在传统送达方式和新型送达方式上的变化。

一是送达主体与受送主体的关系。在传统送达方式中，送达主体是刑事司法机关或有关当事人或其代理人，接受主体是依法有权获知文书内容的当事人或者其他与诉讼有关的人员，既包括自然人，也包括法人。在法定情形下，还包括法定代理人。在新型送达方式中，受送主体未变，送达主体只是刑事司法机关。

二是委托主体与受托主体的关系。在传统送达方式中，也有委托主体与受托主体。除刑事司法机关外，委托主体还有当事人或其代理人，而受托主体则是民间机构送达。在新型送达方式中，委托主体和受托主体只有刑事司法机关。

三是受托主体与受送主体的关系。在传统送达方式和新型送达方式中，受送主体均未变化。受托主体只是由民间机构变为刑事司法机关。

上述三种主体的关系是我们理解和把握区际委托送达刑事诉讼文书的本质。其一，"送达"这个概念只适用于刑事司法机关向诉讼参与人递交刑事司法文书或其他刑事司法外文书的行为，而各法区刑事司法机关之间的刑事司法文书和法律文件的移交不是送达行为，而只能是情况"通报"或文件"递送"。因此，当事法区刑事司法机关之间只存在委托和被委托送达刑事司法文书的关系，并不能相互成为受送达人。

其二，由于区际送达刑事诉讼文书属区际刑事司法协助中的一个组成部分，其法律性质和产生的法律后果与单法区内的送达行为相比并不完全相同。首先，区际送达刑事诉讼文书并不意味着受送达人对管辖权的认可或者对方就有关案件所作出的判决的承认。否则，必然使各法区因顾虑重重而不愿向其他法区提供送达协助。因内地与港澳在区际送达刑事诉讼文书方面暂无相应协议，这一点可以从相互委托送达民商事司法文书的法律文件中得到佐证。《最高人民法院关于内地与香港特别行政区法院相互委托送达民商事司法文书的安排》第7条强调："受委托方对委托方委托送达的司法文书的内容和后果不负有法律责任。"其次，一法区不能以其对某案件标的享有专属管辖权或者以其国内法不允许该项诉讼为由而拒绝提供有关送达的司法协助。对拒绝区际送达理由的限制性规定，目的是为有关法律关系参与人知晓文书内容提供尽可能的保障。《关于向国外送达民事或商事司法文书和司法外文书的公约》（以下简称《海牙送达公约》）有类似规定，《最高人民法院关于内地与澳门特别行政区法院就民商事案件相互委托送达司法文书和调取证据的安排》第8条也规定，受托法院收到委托书后不得以其本辖区法律规定对委托方法院审理的该民商事案件享有专属管辖权或不承认对该请求事项提起诉讼的权利为由，不予执行受托事项。在各法区警方提供刑事诉讼文书送达协助时，也应遵循此类规定。

（三）各法区对送达刑事诉讼文书的不同认识和做法

由于各国特别是大陆法系和英美法系国家对文书送达的性质

的认识存在很大分歧,因而在送达制度上各自呈现出许多不同特点。① 在大陆法系国家和世界上其他大多数国家,送达被视为国家司法机关履行司法职权的行为。司法文书(有时也包括司法外文书)由司法机关按法定程序和方式送交给与诉讼有关的人员。然而,英美法系国家将送达司法文书视为当事人或其律师的事情。除强制性文书的送达外,一般通知的送达并不属于履行司法权的行为。

对司法文书送达性质认识上的分歧不仅直接反映到国际刑事司法协助中来,而且对中国区际刑事司法协助也带来了一些影响。内地(大陆)法区、澳门法区和台湾法区刑事司法文书送达多采用大陆法系的观点。内地法学界大多认为,刑事诉讼中的送达是指公安、司法机关依照法定程序和方式将诉讼文件送交收件人的诉讼活动。送达的主体只能是公安、司法机关。② 依据刑事诉讼法第81条和《最高人民法院关于执行〈中华人民共和国刑事诉讼法〉若干问题的解释(试行)》,送达方式包括直接送达、由收件人成年家属或其所在单位的负责人代收送达、留置送达、委托收件人所在地法院送达、邮寄送达和由特定的单位或部门转交送达。澳门《刑事诉讼法典》在第四编第98条明确规定:"一、诉讼行为之告知旨在传达:a)要求到司法部门之命令;b)参与诉讼措施而作之传召;或c)诉讼程序中所进行之行为或所宣示之批示之内容。二、告知由办事处依职权作成,又或经司法当局或有权限之刑事警察当局作出批示后由办事处作成,并由负责处理该案件

---

① 徐宏著:《国际民事司法协助》,武汉大学出版社1996年版,第135~137页。
② 陈光中、徐静村主编:《刑事诉讼法学》,中国政法大学出版社2002年版,第205页。

之司法公务员执行,又或由为此目的而被指定且具备适当证明文件之警务人员、行政当局人员或属邮政部门之人员执行。"香港至今实行英美法系的当事人主义诉讼制度,需要送达的司法文书相当部分是通过当事人委托其代理人自行完成。

目前,中国各法区对送达期间的规定各不相同。如前所述,中国各法区相关法律对送达方式及具体要求的规定各不相同。

有学者认为区际送达不涉及国家主权、安全和公共秩序问题,因此主张除因地址不详可以退回请求外,原则上任何一方都不得拒绝协助送达。[1] 然而,众所周知,在中国"一国两制多法区"的政治、法律格局下,各法区的政治制度、法律传统、机构设置等有着很大差别,不同法区存在各自的公共安全和公共秩序是毋庸置疑的。因此,在中国区际刑事司法协助中采用公共秩序保留原则确有其存在的基础。《海峡两岸共同打击犯罪及司法互助协议》第15条的"不予协助"条款采纳了该原则,即"双方同意因请求内容不符合己方规定或执行请求将损害己方公共秩序或善良风俗等情形,得不予协助,并向对方说明。"《最高人民法院关于内地与澳门特别行政区法院就民商事案件相互委托送达司法文书和调取证据的安排》第8条第2款采纳了该原则,明确规定受委托法院在执行受托事项时,如果该事项不属于法院职权之内,或者内地人民法院认为在内地执行该受托事项将违反其基本法律原则或社会公共利益,或者澳门特别行政区法院认为在澳门特别行政区执行该受托事项将违反其基本法律原则或公共秩序的,可以不予执行。澳门刑事诉讼法也肯定了公共秩序保留原则在刑事司法协助

---

[1] 单长宗主编:《中国内地与澳门司法协助纵横谈》,人民法院出版社1999年版,第195~241页。

中的运用。该法典第216条（请求书之拒绝遵行）第1款强调："如属下列情况，须拒绝遵行请求书：a）被请求之司法当局无权限作出有关行为；b）要求作出之行为系法律所禁止或违反公共秩序者；c）请求书之执行侵害本地区之基本原则或安全；d）有关行为涉及执行非属本地区法院所作且须经审查及确认之裁判，而显示该裁判仍未经审查及确认。"

当然，考虑到"公共秩序"这一概念内涵的不确定性及其较易被随意滥用，对该理由的适用应从严把握。特别是对区际送达这种目的较为单纯的刑事司法协助事项，各法区警方更不宜以此理由随意加以拒绝。应将提出公共秩序保留的范围限定于请求协助之事项与被请求协助方根本制度所确立之原则和整体价值观念相冲突，因而对被请求协助方的社会稳定和公众心态直接造成严重损害的情形。① 被请求方法区警方在拒绝提供送达协助后，有责任详细地向请求方法区的警方作出书面说明和解释。

（四）区际委托送达刑事诉讼文书的法理构建

根据区际委托送达刑事诉讼文书的主体关系，各法区对送达刑事诉讼文书的不同认识和做法，我们认为应从以下几个方面对区际委托送达刑事诉讼文书进行法理构建。

第一，委托送达刑事诉讼文书是普遍适用的特殊送达方式，区际送达刑事诉讼文书应积极采用这种方式。在同一法区内的普通诉讼进程中，送达刑事诉讼文书基本上是采用直接送达方式，即使是一地区刑事司法机关委托受送人所在地的刑事司法机关代

---

① 徐京辉：《"一国两制"框架下的我国区域刑事法律及刑事司法协助》，载赵秉志、何超明主编《中国区际刑事司法协助探索》，中国人民公安大学出版社2003年版，第20~21页。

为送达，也是本法区刑事司法权的正常委托行使，并不涉及他法区的独立司法权问题。而互涉刑事案件的刑事诉讼文书送达对象在客观上已经超出了本法区刑事司法权的管辖范围，无法适用直接送达的方式。如果采用民事诉讼中的邮寄送达，委托诉讼代理人送达，都会因有可能泄露案件机密、耽误诉讼时间、无法及时取得送达回证等原因给诉讼活动造成不便，所以，刑事案件都不适用此类送达方式。与此相反，在采用区际委托送达刑事诉讼文书方式之后，不仅可以收到迅速及时和准确无误的效果，还可以保证重大案件不泄露机密，尽快取得送达回执等程式要件。特别是在被委托方无法及时找到受送达人时，还能通过信息反馈，使委托方迅速采取其他送达措施，不至于因送达问题而贻误诉讼时机。显而易见，这种送达方式在跨法区诉讼中被普遍采纳是明显的实际效用使然。

第二，区际委托送达刑事诉讼文书是同等刑事司法主体之间互为的一项刑事司法行为，其行为本身所体现的是权利和义务的统一。各法区刑事司法机关按照有关法律赋予的权力，遵循案件管辖原则，依法对刑事案件行使侦查权和审判权，不受其他机关和个人的干预。然而，由于各法区都享有独立的刑事司法权，而且，同一法区的刑事司法权只能由本法区的刑事司法机关在其法区内行使，不能直接延伸到区外，因此，当一法区需要将刑事诉讼文书送达到另一法区的受送达人时，必须委托他法区的有关方面予以协助。同时，这种委托送达行为也相应产生了接受委托方，依法履行在本法区内送达他法区刑事诉讼文书的义务。由此可见，这种委托方与被委托方之间形成的法律关系，是各自拥有独立刑事司法权的地区刑事司法机关之间，即同等主体之间相互代为一定刑事诉讼事务的对等合作关系，任何一方既享有委托对方送达刑事诉讼文书的权利，也应当同时履行接受他方委托代为送达刑事诉讼文书的义务。

第三，委托送达刑事诉讼文书必须依照事先约定或者各方共同签订的协议所规定的程序进行。送达刑事诉讼文书是一项严肃的法律行为，必须具备特定的形式要件和履行法定的程序，这些程序性要求应当以各法区共同签订的规范性文件的规定为准。大陆与台湾已于2009年4月26日签署了《海峡两岸共同打击犯罪及司法互助协议》，其中关于委托送达的规定，内容虽比较简单和概括，尚缺乏针对性和可操作性，但毕竟是有了可依照的规范性文件，以后可在实践中逐步完善。由于目前在中国内地、香港、澳门三个法区之间还没有形成正式的区际送达协议，从刑事司法实践来看，各方之间是通过个案协商、行政默契的方式来进行刑事诉讼文书送达的，其保障实现的力度非常不足，因而在内地与香港、澳门之间急需在制定规范上有新的突破。在此之前，可参照互相委托送达民商事司法文书的规范性文件进行，主要是《最高人民法院关于内地与香港特别行政区法院互相委托送达民商事司法文书的安排》和《最高人民法院关于内地与澳门特别行政区法院就民商事案件相互委托送达司法文书和调取证据的安排》，以及《内地与香港特别行政区相互执行仲裁裁决的安排》和关于内地与澳门特别行政区相互认可和执行仲裁裁决的安排。

最高人民法院于香港回归祖国后的1998年12月30日制定、1999年3月30日施行了《最高人民法院关于内地与香港特别行政区法院互相委托送达民商事司法文书的安排》。该司法文件共计10条，比较具体地规定了香港回归后，解决内地与香港特别行政区法院之间如何送达民商事司法文书的程序问题，但仍有粗漏之嫌。尽管如此，它仍然不失为新时期在司法协助方面内地与香港之间签署的第一个法律文件。在此基础上,香港特别行政区与内地又于 1999 年 6 月 21 日达成了《内地与香港特别行政区相互执行仲裁裁决的安排》(以下简称《安排》)。《安排》于 2000 年 1 月 5 日在香港通过立法会修改仲裁法后生效,同年 2 月 1 日在内地也正式生效。《安排》比起第一个文书送达协议的内容要翔实得多,是中国区际司法协助的一个具有重大意义的协议。《安排》内容全面,并具有较强的可操作性,为内地与香港在文书送达与仲裁裁决的执行上扫清了障碍。虽然从表面上看它只能解决民事问题,然而刑事诉讼中的有关方面也可以参照执行,并为内地、香港、澳门三方将来协商制定有关区际刑事诉讼文书送达的规范性文件提供了实践依据。

二、区际相互委托送达刑事诉讼文书的具体事项

由于内地、香港、澳门对送达的概念、主体、对象、方式、条件、时间和受送达人等重要事项的规定存在诸多差异,在三法区没有形成正式的区际送达刑事诉讼文书协议之前,无论是通过个案协商、行政默契的方式,还是参照互相委托送达民商事司法文书的规范性文件进行刑事司法文书送达,如不对有关细节问题加以明确,将在实质上影响送达效果。

(一)送达委托书的内容及委托书异议的处理

送达刑事诉讼文书应以刑事司法协助请求书的形式提出,请求书应载明如下内容:请求机关与被请求机关的名称和地址;请求协助送达文书的名称;所涉案件性质及基本犯罪事实;请求方关于送达时限、送达事项完成后请求送还有关证明书和特殊送达方式及其注意事项的意思表示;受送达人的姓名、职业、住所或

居所，以及该人与有关法律程序的关系；请求方的签章和请求日期。

关于对委托书异议的处理，《海峡两岸共同打击犯罪及司法互助协议》和《最高人民法院关于内地与澳门特别行政区法院就民商事案件相互委托送达司法文书和调取证据的安排》均无规定。《最高人民法院关于内地与香港特别行政区法院互相委托送达民商事司法文书的安排》中规定，被请求方"如果认为委托书与本安排不符，应通知委托方，并说明对委托书的异议，必要时可以要求委托方补充材料"。对刑事诉讼文书送达请求书如果存有异议，警方可参照此协商方式办理。

(二) 区际送达方式

《海峡两岸共同打击犯罪及司法互助协议》、《最高人民法院关于内地与香港特别行政区法院相互委托送达民商事司法文书的安排》和《最高人民法院关于内地与澳门特别行政区法院就民商事案件相互委托送达司法文书和调取证据的安排》均未对送达方式作具体规定。《海峡两岸共同打击犯罪及司法互助协议》只在第7条规定："双方同意依己方规定，尽最大努力，相互协助送达司法文书。"《最高人民法院关于内地与香港特别行政区法院相互委托送达民商事司法文书的安排》第6条规定："送达司法文书，应当依照受委托方所在地法律规定的程序进行。"

根据上述规定，一般情况下，中国区际送达应依据被请求方法区的法律予以送达。在与被请求方法区的基本法律不相违背的情形下，也可按照请求方要求的方式送达，以保证送达行为的有效性。譬如，内地和澳门、台湾对留置送达方式均有规定，在受送达人拒绝签字或拒收有关文书的情况下，将文书留置于其住所，即视为已送达。内地（大陆）刑事诉讼法还允许在与受送达人同住的成年家属拒收时也可采用留置送达方式。而香港法律却未规定留置送达方式。澳门刑事诉讼法有告示及公示送达方式，但内地刑事法律对此未作规定。为避免区际送达无法发生其应有效用，不必硬性强求适用被请求方法区的法律，而应考虑请求方法区的法律。

（三）区际送达期间

《海峡两岸共同打击犯罪及司法互助协议》第7条第2款规定："受请求方应于收到请求书之日起三个月内及时协助送达。"《最高人民法院关于内地与香港特别行政区法院相互委托送达民商事司法文书的安排》第4条第2款规定："受委托方接到委托书后，应当及时完成送达，最迟不得超过自收到委托书之日起两个月。"《最高人民法院关于内地与澳门特别行政区法院就民商事案件相互委托送达司法文书和调取证据的安排》第5条第2款规定："受委托方法院应优先处理受托事项。完成受托事项的期限，送达文书最迟不得超过自收到委托书之日起两个月……。"

综上可见，《海峡两岸共同打击犯罪及司法互助协议》和两个"安排"对区际送达期间所规定的最长时限都比较长，若各法区经常在最迟期限才将文书送达，则会影响到刑事诉讼程序的正常进行。为防止出现这一问题，委托方可在委托书中写明本法区法律所要求的最迟期限，以提醒委托方注意。内地警方则可按照《公安机关办理刑事案件程序规定（2013）》（以下简称《程序规定》）第13章（刑事司法协助和警务合作）第369条的规定办理区际送达文书事务，以缩短送达期间。该《程序规定》第369条规定："执行刑事司法协助和警务合作，请求书中附有办理期限的，应当按期完成。未附办理期限的,调查取证应当在三个月以内完成;送达刑事诉讼文书,应当在十日以内完成。不能按期完成的,应当说明情况和理由,层报公安部。"可见,该《程序规定》关于送达文书的期间非常之短。

(四)送达回证或送达证明

送达回证和送达证明是用以证明送达行为及结果的诉讼文件,是判断送达方式是否符合法定要求以及认定相关诉讼行为是否有效的重要依据。我国各法区都有关于送达行为证明的规定,只是证明的内容和程序稍有差异。例如,《最高人民法院关于执行〈中华人民共和国刑事诉讼法〉若干问题的解释(试行)》第105条和第108条就规定,送达诉讼文件必须有送达回证。收件人本人或者代收人在送达回证上签收的日期即为送达日期。邮寄送达的,挂号回执上注明的日期为送达的日期。如果收件人本人或者代收人拒绝接收或者拒绝签名、盖章,送达人可以邀请见证人到场,说明情况,在送达回证上记明拒绝事由和日期,由送达人、见证人签名或者盖章,并将诉讼文件留在其住处或者单位后,即视为送达。澳门《刑事诉讼法典》第100条规定了直接送达、邮寄送达、告示及公告送达三种通知方式。采用邮寄方式送达时,应在信封或通知书正面指明送达函件之性质、有关法院或发出该函件之部门以及有关邮寄程序和推定收件日期之规定。如果收件人拒绝签收或拒绝接收该信件或通知书,邮政部门工作人员应就此事件作出注记;如果收件人不在,将信件或通知书交予与其一起居住或工作之人的,邮政部门工作人员须载明此事。

在有关区际送达的规范文件中,《海峡两岸共同打击犯罪及司法互助协议》第7条第3款规定:"受请求方应将执行请求之结果通知请求方,并及时寄回证明送达与否的证明资料;无法完成请求事项者,应说明理由并送还相关资料。"《最高人民法院关于内地与香港特别行政区法院相互委托送达民商事司法文书的安排》第5条规定:"送达司法文书后,内地人民法院应当出具送达回证;香港特别行政区法院应当出具送达证明书。出具送达回证和证明书,应当加盖法院印章。受委托方无法送达的,应当在送达回证或者证明书上注明妨碍送达的原因、拒收事由和日期,并及时退回委托书及所附全部文书。"《最高人民法院关于内地与澳门特别行政区法院就民商事案件相互委托送达司法文书和调取证据的安排》第11条规定:"完成司法文书送达事项后,内地人民法院应当出具送达回证;澳门特别行政区法院应当出具送达证明书。出具的送达回证和送达证明书,应当注明送达的方法、地点和日期,及司法文书接收人的身份,并加盖法院印章。受委托方法院无法送达的,应当在送达回证或者送达证明书上注明妨碍送达的原因、拒收事由和日期,并及时退回委托书及所附全部文件。"

考虑到各法区当前刑事法律的特点,将来在拟定有关区际送达文书和调查取证协议时,可参照两个"安排"关于内地与港澳法院间的送达方式,规定内地司法或公安机关在协助送达后应出具送达回证,而香港、澳门特别行政区司法或警察机关应当出具证明书。区际送达回证或送达证明应包括送达的地点、日期和方式以及收件人的身份,并在其上加盖负责送达机关的印章。在送达回证上还应有收件人的签字或盖章。如果被请求协助方无法送达文书的,应当在送达回证或送达证明书上注明妨碍送达的原因、拒收的理由和日期,并立即将司法协助请求书及所附全部文件如数退回。

第八章 区际委托调查取证

证据是证明案件事实的唯一根据，而调查取证则是警方侦查活动的重要任务之一。各法区警方在侦查区际互涉犯罪尤其是跨法区犯罪过程中，除了查获犯罪嫌疑人外，还要查获确实充分的证据来对犯罪事实作出客观上的认定。由于互涉犯罪尤其是跨法区犯罪的证据往往散落在多法区之中，正在进行侦查的法区警方需要另一法区警方代为调查证据的，就可通过区际委托得方式进行，必要时委托方可派出侦查人员到另一法区协助调查取证。

第一节 刑事证据与举证及证明责任

在诉讼意义上，证据是证明案件事实的材料，证据问题是诉讼的核心问题，全部诉讼活动实际上都是围绕证据的收集和运用进行的。中国还没有统一的证据法典，但中国刑事诉讼法、民事诉讼法和行政诉讼法（相对于港澳称内地法律、相对于台湾称大陆法律）都规定了证据制度。对证据的概念，只有刑事诉讼法作了定义。

一、刑事证据的概念和特征

根据 2012 年 3 月 14 日通过的中国刑事诉讼法修正案，中国《刑事诉讼法》第48条第2款规定：证明案件真实情况的一切事实，都是证据。证据有下列8种形式：(1) 物证；(2) 书证；(3) 证人证言；(4) 被害人陈述；(5) 犯罪嫌疑人、被告人供述和辩解；(6) 鉴定意见；(7) 勘验、检查、辨认、侦查实验等笔录；(8) 视听资料、电子数据。

一般认为，所有证据都应当具有证明力和证据能力。证据的证明力是指证据对有待证明的案件事实的证明功能。证据的证据能力是指证据资料在法律上允许其作为证据的资格。这是证据的基本特征。中国刑事证据制度也基本反映了上述特征，具体表现为：

(一) 客观性

刑事证据的客观性是指此类证据是客观存在的事实，而不是人们主观猜测和虚假的东西。刑事证据的客观性这一本质特征是由刑事案件事实本身的客观性所决定的。它包括两个方面的含义：一是刑事证据的本质是事实。刑事证据事实的存在也有两种基本形式：一种是诸如物品、痕迹、文件等客观存在的物质；另一种是被人们感知并存入记忆的事实。无论是以哪种形式存在的事实，都可以成为刑事证据。二是刑事证据是不以人的主观意志为转移而客观存在的事实。伴随着案件事实的发生，刑事证据事实便不以人的主观意志为转移地形成了。刑事证据的客观性，为侦查、检察和审判人员调查收集证据，查明和证明刑事案件的真相，提供了物质基础。

(二) 关联性

现实证据的关联性是指该类证据与刑事案件的待证事实之间存在客观的联系。刑事证据不仅是客观存在的事实，而且必须是与刑事案件事实有关联的事实。客观存在的事实是多种多样的,并非所有的客观事实都能成为证据,只有那些与刑事案件事实存在客观联系的事实才能成为证据。刑事证据之所以能够对现实案件事实起证明作用,正是由于现实证据与刑事案件事实之间存在联系。凡是与刑事案件事实具有客观的必然的联系,对查明刑事案件有意义的事实,就可以作为刑事证据;凡是与刑事案件事实无关的,对查明刑事案件没有意义的事实,不论其多么真实可靠,都不能作为刑事证据。

(三) 合法性

刑事证据的合法性是指该类证据必须是按照现实法律的要求和法定程序而取得的事实材料。刑事证据的这一特征表明:其一,刑事证据的提供、收集和审查,必须符合法定的程序要求。无论是刑事司法人员收集证据,还是当事人或其他诉讼参与人提供证据,都应当合法,否则就不能作为刑事证据。严禁刑讯逼供和以威胁、引诱、欺骗以及其他非法的方法收集证据。非法取得的证据,在证据理论和诉讼理论上,严格讲是不应当具有证据效力的,更不得作为定案的依据。其二,刑事证据的形式应当合法。即作为证明刑事案件事实的证据材料形式上必须符合法律要求,否则,就不可以作为刑事证据。中国诉讼法对刑事证据的种类作了明确规定,如中国《刑事诉讼法》第42条第2款规定了七种证据种类:物证、书证;证人证言;被害人陈述;犯罪嫌疑人、被告人供述和辩解;鉴定结论;勘验、检查笔录;视听资料。其他诉讼法也作了相应规定,同时还对各种证据的形式作出了明确的要求,如物证、书证必须附卷,不能附卷的要通过照相、录像、制作模型等方式附卷;证人证言、被害人陈述、犯罪嫌疑人、被告人供述和辩解、当事人陈述，应当以书面形式加以固定，并经核对无误后，由证人、保护人、犯罪嫌疑人、被告人、民事或行政诉讼当事人签名盖章；鉴定结论必须采用书面形式，由鉴定人签名盖章；勘验、检查笔录、现场笔录，根据需要分别采用书面笔录、绘图、照相、录像等形式，书面笔录要由勘验人员、现场见证人签名盖章；等等。其三，刑事证据必须经法定程序出示和查证。根据中国刑事诉讼法的规定，证人证言必须在法庭上经过公诉人、被害人和被告人、辩护人双方询问、质证；物证必须当庭出示，让当事人辨认；未到庭的证人的证言笔录、鉴定结论、勘验笔录和其他作为证据的文书，应当当庭宣读，听取公诉人、当事人和辩护人、诉讼代理人的意见。未经法庭查证属实的材料，均不得作为定案的根据。

在民事司法领域，内地与港澳的公民、法人、社会组织等民事主体之间所发生的民事法律行为，需要在有关方面取得证明时，也有一个委托对方协助调查取证的问题，但与刑事案件相比，后者在委托调查取证中所遇到的困难要比前者大得多。因为，民事案件处理中经常采用的当事人自行举证和诉讼代理人进行举证的制度在刑事诉讼中所起的作用十分有限。按照西方的法学观点，刑法和刑事诉讼法都属于公法，刑事诉讼活动主要是由国家机关主持，以国家公权力为主导，当事人虽然是诉讼主体，但是，在行使诉讼权利时却处于相对被动的地位，无法通过相互委托律师调查取证的模式来收集到有利于自己的证据，客观上需要公权力在协助调查取证上有所作为，使区际侦查合作在证据的收集和运用方面有新的突破。

二、举证责任与证明责任

修改后的中国《刑事诉讼法》第49条规定,公诉案件中被告人的举证责任由人民检察院承担,自诉案件中被告人的举证责任由自诉人承担,这是此次刑事诉讼法修改的新规定。举证责任事关刑事诉讼各方证据责任的分配及诉讼利益,对此应予充分重视并正确把握。

证明责任和举证责任理论都是刑事证据制度的基础理论。就学界研究现状来看,关于证明责任与举证责任这两个概念的认识存在分歧。一般认为,证明责任分为提出证据的责任与结果责任,前者又称为主观证明责任,渊源于罗马法"举证义务存于主张之人,不存于否认之人"。而后者又称为客观证明责任,主要解决待证事实的真伪不明时,由谁承担败诉的风险。

中国新《刑事诉讼法》第49条第一次在中国明确了刑事诉讼中证明责任的分担问题,弥补了法律规定上的空白,使得刑事证据制度更加合理,刑事证明体系更加完备。但值得注意的是,立法机关在表述证明责任分配时使用了"举证责任"而不是"证明责任"的表述方式,这并非无意为之,而是有意之举。立法机关主要考虑到以下两点:一方面,使用"举证责任"的表述方式是与中国《民事诉讼法》和《行政诉讼法》的规定保持一致;另一方面,人民法院在刑事审判过程中承担了一部分补充、审查、核实证据的义务。根据中国新《刑事诉讼法》第191条的规定,合议庭在庭审过程中对证据有疑问的,可以宣布休庭并对证据进行调查核实,人民法院可以采取勘验、检查、查封、扣押、鉴定和查询、冻结等措施。在修法过程中反复多次强调之所以使用"举证责任",主要考虑到"不能否定法院客观全面审查证据的义务"。

因此，笔者认为，不能完全以国外举证责任的含义套用中国新刑事诉讼法举证责任的含义。

证明责任是指由哪些执法机关承担运用证据证明案情事实的义务。关于证明责任的解释有罗马法的"两原则"说、英国的"三义"说和我国台湾地区的"三责任"说等。这些学说一方面称举证责任和证明责任是两个不同的概念，但另一方面又在具体阐述中把两者混淆不清。在中国也存在类似情况，如有学者认为"我国诉讼中的证明责任可以界定为司法机关或某些当事人应当收集或提供证据证明所认定的案件事实或有利于自己的主张的责任，否则将承担其认定或主张不能成立的危险，其中当事人提供证据证明有利于自己的主张的责任又称举证责任。"[①]

证明责任是证明的逻辑延伸。证明实际上是国家法定机关行使法定职权的活动，因而证明责任是一种权力性的法定职责，是职权和义务的统一。虽然看起来与举证责任很相似，都是一种负担，但其权力性与举证责任的利益性差别将它们区别为本质不同的两种责任。因此，"刑事诉讼证明中的证明责任就是公安司法机关依照法律规定的职权，在诉讼中所进行的收集、审核、运用证据，证实和确认案件事实的职责，是刑事诉讼证明中内容最全面、最完整的责任形式。"[②]

证明责任也是一种双重责任，包括行为责任和后果责任。行为责任又包含两个方面的内容：一是刑事司法机关在刑事诉讼中，

[①] 严端：《诉讼中证明责任探讨》，载陈光中主编的《刑事诉讼法学五十年》，警官教育出版社1999年版，第291页。

[②] 宋世杰：《中国刑事诉讼发展与现代化》，湖南人民出版社2002年版，第433页。

应依法履行收集、审查判断证据、查明案件事实的职权;二是组织证明参加者履行举证责任和说明责任,这体现出其与举证责任、说明责任在行为层面上的关联,呈现出行为证明责任的多方参与性。行为责任不同于行为举证责任。当事人举证行为非基于法律的要求,而是受其企盼胜诉的思想支配,因而是一种主观责任。而证明行为责任蕴含于授权性法律规范中,由于授权性规范在规定刑事司法机关及其人员权限范围的同时,实际上也为他们设置了职责,所以也属于强行性规范范畴,而非任意规范,刑事司法机关及其人员必须严格遵守,不能随意改变。所以,这种行为责任在本质上是一种客观责任。

后果责任也不同于结果举证责任。结果举证责任是由于当事人主观上未完满举证,而导致其客观上必然依法承担败诉后果。而这种后果责任是指公安司法机关及其公职人员在刑事诉讼证明过程中由于过错致使刑事案件在实体上或程序上出现重大瑕疵,被认定为错案,应承担的一种职务上的主观过错责任。

举证责任的分配原则从理论到实践都有比较成熟的原理和具体规定,而对于国家机关证明责任的分配原则,尚属理论上的空白,在实践中各国的做法也有差异。由于证明责任,不是来自于人的主观意愿,刑事司法机关的证明行为不是出自于某种主张,而是依法定职责为发现案件真实而着手实施的,因而,当然不能采用"谁主张,谁举证"的原则,而应当严格遵从职权原则和阶段责任原则。

(一)职权责任原则

刑事司法机关的证明责任由其证明权而产生,并由其相应的职权作保障。因而,在刑事诉讼证明中,应根据刑事司法机关的职权承担相应的证明责任。作为主要侦查职能机关的公安机关主要承担与其侦查权相适应的责任，即通过侦查活动来履行其收集证据，查获犯罪人和通过预审核实证据，认定案件事实的责任。检察机关，与其公诉权相适应，承担审查移送起诉材料，进一步核实证据，确定是否提起公诉并对自侦刑事案件证据进行收集和审查、查明犯罪事实、提起公诉的责任等。审判机关，与其审判权相适应，承担主持法庭审理、综合评判证据、确定证据采用或补充调查，最终认定案件事实，作出裁判的责任等一系列证明责任。奉行对抗式审判、追求形式真实的英美法系国家把审判看作是理论上处于平等地位的对立双方在有权决定争端裁决结果的法官面前所进行的争斗，法官作为消极的仲裁者不参与调查收取证据活动，因而不负收集调查证据的责任。建立在职权调查原则和实体真实原则基础之上的大陆法系实行审问式审判，法院在审判中有权收集和发现能够使案件真相得以揭示的证据和事实，因而负收集调查证据的责任。中国采取大陆法系的做法，公安机关、检察机关和审判机关应当承担与其职权相适应的证明责任。

（二）阶段责任原则

如前所述，由于刑事诉讼证明的阶段划分直接导致证明责任承担的阶段性。即侦查阶段的证明责任主体是公安机关；起诉阶段的证明责任主体是检察机关；审判阶段，人民法院是证明责任主体。因此，在诉讼过程中，哪一阶段上出现了错误，则由其负证明责任的主体机关来承担，即承担国家赔偿的责任和应予承担的过错法律责任。

还应提及的是，大陆法系国家多将侦查职能机关和检察机关视同当事人，认为其应负举证责任。在中国，也有学者认为，"审查起诉阶段,侦查职能机关主张对犯罪嫌疑人提起公诉,是主要的控诉方,负有举证责任……在对公诉案件的审判阶段,代表人民检察院出庭支持公诉的公诉人是主要的控方,应当对追究被告人刑事责任的主张负举证责任。"① 根据以上对举证责任与证明责任的阐释,侦查职能机关和检察机关不具备举证责任主体资格应该没有疑问了。但是,怎么解释起诉阶段侦查职能机关的提证行为与审判阶段检察机关的提证行为呢?其实,侦职能查机关与检察机关的提证行为分别与它们在侦查阶段、起诉阶段承担的证明责任密不可分。实际上,在侦查阶段和起诉阶段,它们承担的证明责任一般表现为行为责任,而后果责任暗含于行为责任之中;在后一证明阶段,通过该阶段证明责任主体机关的评判才能外化,并且,由于证明的递进性,后一证明责任主体机关责任的承担必须建立在前一机关证明责任完成的基础之上。因此,提证行为成为衔接证明责任链条的必不可少的中介,而且,在这个行为责任与后果责任分合过程中,二者达到了完美的统一,并进一步印证了国家机关证明目的的客观性。根据中国新《刑事诉讼法》第43条"审判人员、检察人员、侦查人员必须依照法定程序,收集能够证实犯罪嫌疑人、被告人有罪或者无罪、犯罪情节轻重的各种证据"和第153条"人民法院审判公诉案件,人民检察院应当派员出席法庭支持公诉"的规定,侦控方在提证时,为架构"控辩对抗"发现真实的理性诉讼格局而只提出有罪、罪重的证据,但侦查职能机关向检察机关移送案卷采"全卷移送制",移送的案卷中包括有罪、无罪、罪轻、罪重的全部证据。这昭示了该行为提

---

① 卫跃宁:《谈谈我国刑事诉讼中的证明责任与举证责任》,载《诉讼法学新探》,中国法制出版社2000年版,第411页。

证责任的职权性、中立性而非利益性。它和举证责任的个人本位相反，是建立在国家本位之上的职权行为，是国家管理职能和裁判职能的结合，具有公权性。

根据上述可知，国家侦查职能机关负有收集证据、为公诉机关的"检控"①活动提供证据证实犯罪确实存在的证明责任。寻迹推进则可以进行如下演绎：跨境犯罪案件大都是对社会危害较大的案件，需要由国家的专门机关进行侦查并向审判法庭提起公诉；侦查职能机关和公诉机关如果不能收集到确实充分的证据，全面履行证明责任，就必然在法庭上处于被动的地位并导致公诉失败；公诉失败的结果将造成国家对危害社会的犯罪行为打击不力，致使犯罪分子逍遥法外，并可能产生诱发新犯罪的社会效应。正是因为侦查与惩罚犯罪之间存在着这样一种逻辑关系，所以，收集证据，特别是委托不同法区侦查职能机关收集能够证明跨法区犯罪的证据就显得意义重大且影响深远。

第二节　委托调查收集人证材料

就证据的种类和取证方式而言，委托取证包括代为调查收集人证材料，代为调取物证、书证和视听资料（代为采取搜查措施并扣押有关的物证、书证、视听资料），代为进行现场勘验、物证检查和对案中的重大技术性问题进行司法鉴定。

---

① "检控"是香港的起诉机关向法院提起公诉的专用术语，该权力由律政司检控科具体行使。

一、委托对证人进行调查

刑事诉讼中较常用且较容易收集的证据材料是证人证言。跨法区犯罪的嫌疑人不管在哪里作案、怎样隐蔽，不管他采取多么诡秘的反侦查伎俩，都不可避免地要在一些场合露面，与一些人发生接触，这就为侦查人员查找到知情人，深入了解有关案件的真实情况提供了可能性。特别是与犯罪嫌疑人有过直接接触或者是对嫌疑犯的行为有所察觉的知情人，所提供的证言材料证明价值更大。

委托调查身处他法区的证人，委托方必须先出具委托书，并在委托书中写明委托调查的对象、调查事项、调查目的、调查要求。如果有特定的调查目标，还应当写明被调查人的姓名、住址、工作（服务）单位、联系方式和调查提纲。在被调查对象和调查目的不很明确时，可以概括地写明调查的内容和调查范围，由被请求方的警方根据情况灵活进行，以便查找到最了解案件情况的证人，取得最真实且具有可采性的证言。

被委托方对知情人进行调查询问时，可以由主持调查的侦查人员制作询问笔录，也可以由知情人写出书面证词，或者将被调查人的口头陈述情况制作成录音、录像等视听资料，经被调查人审查补正，并确认准确无误后予以封存或采取其他保全措施，然后通过区际移交途径转送给委托方警方。由于跨法区犯罪案件的特殊性，使这种委托查证方式的时间要求都比较严格，因此，接受委托方法区警方应当及时采取行动，迅速开展调查并控制案情发展，避免因贻误时机、打草惊蛇而失去调查取证的最佳机会。

委托调查身处他法区的证人不仅应当合法及时，还要遵循一定的策略原则进行。因为中国不同法区的刑事证据制度差别较大，调查取证的方法和程序以及对证据效力的采信原则也存在着明显的不同。例如,在实行普通法制度的香港,法律对证人的作证义务没有作出强制性的规定,侦查人员根据案情需要询问证人,获取证言时应当遵循作证自愿的原则,而且,调查询问活动必须由被委托法区的侦查人员进行或由被委托方法区的警务人员在场作为见证人。接受询问的证人有权要求自己的律师在场,还可以依据沉默权拒绝回答任何问题和随时中断会见。因此,在港澳台询问证人必须非常讲究策略和技巧。一般来说,事先应当充分征求港澳台警方的意见,制定出有针对性的询问方案,研究如何做好证人的思想工作。正面接触后,由港澳台侦查人员向其宣讲法律规定和证人作证的必要性,或让其消除思想顾虑,或使其意识到如果不积极配合将对其产生不利的后果。询问的程序主要是让其自然陈述所了解的情况,然后侦查人员再就具体问题对其发问,询问完毕后由被调查人审阅调查笔录或录音资料,经有关人员签署后提存。在询问过程中,应始终注意提问的方式、语气,注意证人的情绪波动和心理变化,尽量避免因调查工作的失误造成证人中断会见的现象发生。

如果内地侦查人员需要直接与港澳台证人见面,获取证人证言时,通常情况下,应由港澳台侦查人员出面约请证人到当地的警务办公场所与侦查人员见面,也可以由港澳台警务人员陪同到证人自选的地点会见。但是,无论采用哪一种方式都要由港澳台的警务人员先与证人接触,在进入实质性问题的询问时才由内地派出人员介入,严防因麻痹大意而中入暗设的圈套。

二、委托对被害人进行调查

被害人是自身合法权益受到犯罪行为直接侵害的人。在普通暴力犯罪中，受到侵害的利益主体基本上是自然人，其中包括境内境外的居民和外国人、无国籍人。另有一些犯罪，如诈骗、偷渡、盗窃、制假售假、侵犯知识产权的犯罪，危害的利益主体还涉及法人和国家。而有些犯罪，如财税犯罪、环境犯罪，还有贩毒、走私、贩运伪币、偷越国边境犯罪则主要侵害的是国家利益。

由于犯罪行为所侵害客体的复杂性，因此，在一个具体的犯罪案件中，可能同时侵害了国家、法人和公民的利益，被害人呈现出多元化多层次的复杂情况。要调查身居境外的被害公民或被害法人，如果不能直接进行，最好是像调查证人那样委托所在法区警方的侦查部门进行，其委托和调查程序也基本上与前述的调查证人相同。

另外，一般情况下，被害人对犯罪分子都怀着极端仇恨的心理，有追究他们刑事责任的强烈要求，并能积极主动地协助司法机关查清案件事实，尽可能提供证据。同时，公民被害人往往还会根据自己因遭受侵害所直接造成的经济损失，向侦查人员提供自己所掌握的有关情况和追诉要求，其中包括对被侵占财产的追缴要求，以及附带民事诉讼的赔偿请求。这样，更有利于侦查人员全面掌握案情，收集到客观全面的证据，推动起诉和审判活动的公平、公正进行。

三、委托鉴定人作出鉴定结论

犯罪侦查经常涉及一些比较复杂的技术性问题，仅靠侦查人员的直观感受无法解决实质性问题，需要通过刑事科学技术专家或者其他专门人员，采用精密的科学仪器，进行物证检验、技术测试、法医鉴定、侦查实验等侦查活动，从而得出科学的鉴定结论，为犯罪的定性处罚提供科学的依据。

在运用刑事科学技术对物证进行鉴定方面，各法区都有自己的强项，各自拥有某一方面较高水平的专家和技术设备。当一法区警方在办案中遇到技术性很强的疑难问题时，可以向他法区提出咨询请求或委托其进行技术鉴定。提出请求和送交鉴定材料的程序按照要约与承诺的方式进行。接受委托一方应遵循本法区的法律规定，尽快组织专家开展实验、检验活动，根据请求方的要求就某些技术性问题制作咨询报告，或根据一些技术参数作出具有科学内涵的鉴定结论，为解决请求方侦查中遇到的疑难问题提供帮助。除被请求方自愿提供无偿服务之外，委托鉴定中产生的一切费用应由请求方负担。

四、传唤证人作证

刑事审判涉及证人出庭作证和鉴定人到庭陈述的问题。香港的法律制度属于普通法系，实行的是当事人主义的诉讼制度，案件涉及的证人必须接受法庭的传唤亲自到庭作证；澳门虽然属于大陆法系，实行的是职权主义的诉讼制度，但该制度也要求证人到庭宣誓作证，接受各方的质询。如果案件涉及的证人、鉴定人身居境外，或者需要传唤正在境外服刑的已决犯到庭作证，就需要通过司法合作的途径，委托上述人员所在法区的警察机关代为传唤这些证人按期出庭作证。

在香港证据法里，把鉴定人就案情事实作出的技术性鉴定结论划进了证人证言的范围，被称为技术证言。因此，鉴定人出庭就鉴定情况所作的陈述也是属于证人证言的范围，同样需要接受交叉询问和质证，这是法律为保障证言真实性而确立的必备形式要件。

请求传唤证人或鉴定人过境作证，请求方必须提供司法委托书和过境人员的名单、基本情况和出入境签证,还要负责解决这些证人在过境作证期间所发生的车旅费、生活费、误工补助费等费用。对已被羁押证人的过境作证问题,还要采取有效措施,确保在过境时的交接、看管安全,并保证在诉讼完毕后就将该人立即送还被请求方。并且请求方还要保证,不得对作证人员此前在被请求方法区内的犯罪事实进行追诉、羁押,或实行其他限制人身自由的措施。据此可以认为,这种传唤不同法域证人过境作证的司法合作应当是在确属必要的前提下才可以进行,而且,不管主张首先是由哪个法域的司法机关提出的,一般都要由两地的警察机关来实际操作。在具体实施前,两地警察机关还要协商制订出周密的行动计划,确保合作活动稳妥恰当和万无一失。

为使询问证人更有成效和方便内地警方开展工作,在急需港澳台证人作证的情况下,应尽量采取邀请证人到内地作证的方法,一般要通过港澳台警方进行联系和安排,由邀请方负责证人的全部交通、食宿费用。这样做不仅能够获取比较真实的证言材料,而且还有利于证人客观作证并确保证人的安全。

第三节　委托调取物证、书证和视听资料

在犯罪证据体系中,能以物质实体存在并能调取使用的证据主要是物证、书证和视听资料。此类证据因其具有比人证更客观真实的特性,常被作为认定案件的重要事实依据。因此,及时从犯罪现场或其他有关场所收集这些证据十分重要。

一、委托调取物证

散落在他法区的物证,主要包括犯罪分子遗留或丢弃的作案

工具；被犯罪行为破坏的现场以及有关的物品和设施；犯罪分子遗忘在现场的随身携带物品和留下的足迹、指纹及其他痕迹；财产犯罪中的赃款赃物；毒品犯罪、非法贩运违禁品犯罪和走私犯罪所涉及的犯罪对象等。这些作为物质实体或者痕迹形态的物证都是客观存在的实物，只要被请求方警方细心观察，认真辨别，都能够做到依法收集并及时向有关请求方移交。

从现实情况来看，内地与澳门警方的相互委托收集和调取物证以及内地警方协助香港警方收集和调取物证的开展还比较顺利。内地因其司法制度和证据制度比较开放、灵活，一般都能够满足港澳警方的要求，合作效果也比较理想。而香港警方协助内地警方收集和调取物证的开展有时就比较迟延。由于内地与香港之间在司法制度上差异较大，香港警方向内地警方移交案中的证据材料时常会遇到法律障碍。根据香港政府发给香港各执法单位的《内部指引》规定，一般情况下，不允许香港警方向内地警方移交由香港警方提取的案件证据材料；特殊情况下，必须报经保安局、律政司批准。但《内部指引》没有禁止香港警方协助内地警方在香港调取物证。在此情况下，内地警方在香港调取物证应特别注意政策性、技巧性，应根据不同的情况采取不同的方法进行。

其一，委托香港警方对侦查目标进行搜查。当香港警方对内地警方请求协助收集证据的案件审查后，认为该案件在香港某处藏匿的物证，根据香港法律同样视为犯罪证据或怀疑与香港警方正在侦查的某宗案件有关时，警方可以向法庭申请搜查令，或运用警方的权力进行搜查。通常情况下，香港警方也可以让内地侦查人员以观察员的身份在场，但不能从事搜查活动，内地侦查人员对现场如果需要拍照和录像，可由香港警务人员代为进行。对香港警务人员在现场查获并带回警务处工作场所的物品，一般也允许内地侦查人员拍照和录像，但是否可以交给内地侦查人员带回内地，则要根据具体情况看是否符合法律要求或有无采取变通的余地。

其二，通过说服工作，请物品保管人自愿将有关物品在香港警务人员的见证下交给内地侦查人员。如果保管人不希望有香港警务人员在场，为防止暗中圈套，内地侦查人员应尽量不在香港与其交接物品，而要尽量说服其将物品带到内地交给我方。为取得物品保管人的信任，内地侦查人员应事先让物品拥有人（通常是我方在押的犯罪嫌疑人）写出自愿交出物品的书面信函，带往香港向物品保管人出示，有条件的可让物品拥有人与保管人直接通电话做说服工作，争取在友好平稳的气氛中进行。

二、委托调取书证和视听资料

书证是能够证明犯罪事实的书面材料。这些书面材料如实施跨境犯罪活动的计划、方案；与犯罪有关的地图、标志、符号；犯罪集团成员的名单、表册；贩毒、走私犯罪组织分布窝点的代号和联系密码；实施犯罪的联络标记、信件、电报；分赃、洗钱和财产放置情况的记录；贪污犯罪涂改的账册、收支凭证等。这些书面证据有些是掌握在境外的黑社会犯罪头目手里，或者隐蔽在人们所不注意的极为秘密的地方，侦查人员采取常规的办法很难收集到，靠区际侦查合作的方式就会有较大的收获。

另有一种被定名为"视听资料"的新证据，它是能够提供原始声响、动作和显示储存材料的高科技证据。从形式上看，主要包括录音、录像和电子计算机储存资料、科学监测设备提供的信息以及互联网等其他现代化科学技术设备所提供的犯罪资料等。现代科学技术的发展，使世界各国在重要的公共场所都安装有视听监控设备,如车站、码头、机场、政府办公大楼、重要会议场所、出入境验证大厅以及犯罪分子经常出没的高级宾馆、饭店等场所安装有录音、摄像设备,充分利用这些条件,可以及时收集到能够证明犯罪活动的过程和物证、书证存放状态的原始证据材料。有效利用现代科学技术手段与犯罪作斗争,将能显示犯罪过程的动态证据在法庭上出示,对实现司法工作的公正与效率的价值目标具有重要意义。

第九章　区际协查与即行追堵

犯罪是无国界和区界的。在侦查区际互涉犯罪尤其是跨法区犯罪过程中，仅靠各法区警方单打独斗、各自为战，难以获取全案证据，查清犯罪事实，更难以及时准确地查获犯罪嫌疑人。因而担负主侦查职能的法区警方需要通过他法区警方的协查才能完成任务。而对正在地缘空间进行的跨法区犯罪，实行即行的海上巡查追缉、海岸线巡查堵截和陆上巡查堵截最为及时有效。

第一节　区际协查的概念

协查即协助侦查案件，区际协查即区际协助侦查案件。在中国区际刑事警务合作这一特定语境中，区际协查案件可简称为"区际协查"。

一、区际协查的内涵和意义

区际协查，是指中国各法区警方之间相互协助侦查刑事案件的一种刑事警务合作活动。区际协查是侦查跨法区犯罪的重要手段之一，也是区际刑事警务合作的一项重要的日常业务。

就协查与主侦查的关系而言，协查是主侦查的延伸和拓展。所谓主侦查，是指拥有侦查管辖权的某一法区警方的侦查单位所开展的侦查活动。主侦查权依据本法区刑法、刑诉法和法区间的刑事管辖划分协议或原则获得。据此可以认为，区际协查是基于主侦查目的实现而展开的一种合作，也是主侦查程序中的一种合作。但由于区际协查必须通过各法区的警务联络机构进行，被请求方可以认为自己是在为请求方而协查。

对涉及他法区的犯罪案件尤其是跨法区的犯罪案件，负有主侦查责任的警察单位只有采取积极、严密的侦查措施，迅速查清案件事实，收集到确实充分的证据，将犯罪分子及时逮捕归案，才能最终实现刑罚对犯罪的一般预防和特殊预防作用。但是，在中国多法区并存的现实情况下，要完成这一艰巨而又复杂的任务，仅靠某一法区警方的协查很难达到预期的目的。因此，必须动员各有关法区警方齐心协力，密切配合，相互协查，才能从根本上预防和遏制跨法区犯罪的发展与蔓延。

作为一项日常的刑事警务合作活动，相互协查案件在国际社会中早已广泛开展并取得了明显的成效。国际协查机制首先表现为国家对国际犯罪、跨国法罪拥有刑事管辖权，其次才是国家刑事管辖权在一定条件下的域外延伸。它建立在国际礼让和国际社会大家庭成员相互理解、信任、支持的基础上，标志着国家侦查权的相互转移，体现出国际社会在惩治国际犯罪、跨国犯罪领域的深层发展和机制创新的趋势，展示出国际刑事警务合作与全球化潮流中的犯罪国际化发展趋向完全一致。

在国际协查机制的大力推动下，各主权国家的警察机关联手侦破了不少震惊世界的大案要案，使许多作案后企图一跑了之的犯罪分子束手就擒，从而强化了国际刑事警务合作的作用和现代法制对犯罪的威慑力量，迫使那些走投无路的负案逃犯不得不到刑事司法机关投案自首，以便以自己的悔过行动求得法律的从宽处理。中国将这种在国际社会行之有效的协查机制运用于中国内部的各法区之间，引导各法区在平等互利的基础上加强协查案件，对切实有效地维护中国各法区社会的安全和秩序，促进中国的经济发展、社会进步以及最终实现海峡两岸的和平统一都具有十分重要的意义。

二、区际协查与区际委托调查取证的区别

区际协查与区际委托调查取证都与证据有关，而且在合作程序上也基本相同，但二者之间却存在着明显的区别。主要表现在：区际协查涉及的问题比较广泛、复杂，区际委托调查取证涉及的问题则相对比较单一。在区际委托调查取证过程中，被委托方警方采取一般的调查措施，通常就可以得到较为理想的结果；而在区际协查过程中，被委托方需要作出严密部署，组织必要的侦查人员开展较广泛的侦查活动，才能够达到工作的预期目的。如前所述，协查是主侦查的延伸和拓展，而主侦查的主要目的有三个：一是查获犯罪嫌疑人，二是查清犯罪嫌疑人所犯罪行，三是充分获取犯罪嫌疑人及其犯罪事实的确凿证据。只有全面完成这三项任务，才能算作是完整的破案。由此可见，全面的区际协查是针对上述三项目的展开的，是一项综合性的刑事警务合作。而区际委托调查取证则是一种单一性的刑事警务合作，它可以在查获犯罪嫌疑人之前，也可以在查获犯罪嫌疑人之后。

三、区际协查与国际协查的区别

国际协查案件的成功实践和丰富经验，可以为中国区际协查案件提供借鉴。然而，中国区际协查案件与国际协查案件虽然存在着共性，但两者之间的区别也是十分明显的。

第一,协查的性质不同。从协查的性质来看,国际协查是主权国家之间的刑事警务合作,依据国际公约、条约等国际法或国际惯例进行,并有国际刑警组织等国际组织从中协调和斡旋;在对具体案件的合作进程中,主权国家可以引用国际公约、条约中的保留条款或使用公共秩序保留原则拒绝履行某项合作义务。而区际协查是在一个主权国家内部不同法区间进行的刑事警务合作,不受国际公约、条约的约束,原则上不需要国际组织从中协调,而是依靠法区间达成的默契或者依据各法区签署的刑事司法协助或警务合作协议(安排)直接开展合作;另外,在一般情况下不能随便以公共秩序保留原则拒绝履行某项义务,因各法区间的共同利益"使这一制度少有适用的机会"①。

第二,适用的犯罪案件不同。从协查针对的犯罪案件的必备形式要件来看,国际协查的案件必须是具有跨越国界的性质,也就是说,案件的犯罪主体,犯罪的行为、结果,犯罪涉及的标的物和犯罪造成的直接危害后果都具有国际的因素。此类案件一般都涉及两国或两国以上的国家利益,或者虽然罪行发生在一国,但犯罪分子在实施犯罪行为之后已逃往他国,若不及时开展协查,将其缉拿归案,该犯罪分子就会继续犯罪,危害其他国家的安全和社会稳定。所以,世界各国都有义务予以协查,在维护国际社会和外国利益的同时也维护本国的利益。区际协查的案件只是跨越了一国内部各法区间的边界,一般情况下,犯罪分子尚未逃到其他国家,只需要有关法区开展协查就能够达到侦查破案的预期目的。然而,如果某一犯罪既具有跨法区的性质,又同时具有跨国的性质,可在认定为跨法区兼跨国犯罪案件的基础上,既开展

---

① 沈娟:《中国区际冲突法研究》,中国政法大学出版社1999年版,第94页。

跨区际协查，又开展国际协查。

第二节　区际协查案件的种类

如本书第二章所述，中国的区际刑事警务合作是适用于法区间互涉犯罪尤其是跨法区犯罪的一项区际合作，区际协查案件也如此。但这只是一个简单笼统的说法，具体来说，区际协查究竟适用于哪些犯罪案件，尚需作进一步的说明。

一、内地与香港、澳门协查的犯罪案件

由于内地与港澳之间在区际刑事司法协助或警务合作上没有协议性的安排，现实尚无法依据规范性文件详细列举出内地与港澳之间可协查案件的种类。不过，根据香港、澳门近几年的一些立法情况和内地与港澳十几年来的刑事警务合作实践，可以勾画出一个大致的范围。

1990年4月4日，第七届全国人民代表大会第三次会议通过的《中华人民共和国香港特别行政区基本法》第23条规定："香港特别行政区应自行立法禁止任何叛国、分裂国家、煽动叛乱、颠覆中央人民政府及窃取国家机密的行为，禁止外国的政治性组织或团体在香港特别行政区进行政治活动，禁止香港特别行政区的政治性组织或团体与外国的政治性组织或团体建立联系。"1993年3月31日，第八届全国人民代表大会第一次会议通过的《中华人民共和国澳门特别行政区基本法》也在第23条作了与《香港基本法》第23条完全相同的规定。

依据《澳门特别行政区基本法》第23条，澳门特别行政区立法会于2009年1月10日通过了《维护国家安全法》。该法共计15

条，第1条至第7条规定了危害国家安全的7种犯罪行为，即叛国、分裂国家、颠覆中央人民政府、煽动叛乱、窃取国家机密、外国的政治性组织或团体在澳门作出危害国家安全的行为、澳门的政治性组织或团体与外国政治性组织或团体建立联系作出危害国家安全的行为。就危害国家安全犯罪的协查来说，凡《中华人民共和国刑法》分则第1章规定的危害国家安全罪与澳门《维护国家安全法》规定的危害国家安全的7种犯罪行为都可列入可协查的范围。但由于香港立法会至今未对香港特别行政区基本法第23条进行再立法，致使香港没有澳门那样的《维护国家安全法》，从而使内地与香港警方对危害国家安全犯罪的协查无法进行。

就普通刑事犯罪的协查来说，港澳回归祖国以来，公安部和广东省公安厅分别与香港警务处、澳门保安局或澳门警方进行了许多正式会晤。就形成的会晤纪要和付诸协查的实践看，内地与澳门警方在协查犯罪案件上受双重归罪原则的限制较少。双方根据本法区的刑法认为构成犯罪的案件，只要实际需要，一方提出协查请求，通常情况下另一方都会予以协查。而在内地与香港之间，这种相互协查却难以平等地开展。由于受本法区刑法和刑事司法体制、现实司法程序的严重制约，内地警方提出的协查请求，香港警方落实的障碍和困难很大；相反，只要是香港警方提出的协查请求，内地警方通常都会予以落实。

二、大陆与台湾协查的犯罪案件

《海峡两岸共同打击犯罪及司法互助协议》在第2章"共同打击犯罪"第4条"合作范围"中规定了内地与台湾可协查的案件种类：（1）涉及杀人、抢劫、绑架、走私、枪械、毒品、人口贩运、组织偷渡及跨境有组织犯罪等重大犯罪；（2）侵占、背信、诈骗、洗钱、伪造或变造货币及有价证券等经济犯罪；(3) 贪污、贿赂、渎职等犯罪；(4) 劫持航空器、船舶及涉恐怖活动等犯罪；(5) 其他刑事犯罪。

结合现实大陆与台湾的关系状况和《海峡两岸共同打击犯罪及司法互助协议》（以下简称《互助协议》）的其他条款，对大陆与台湾之间可协查的犯罪案件种类仍须作以下说明：

其一，《互助协议》关于案件种类的规定实行了"特定性与灵活性相结合"原则。其特定性表现在：一是不涉及危害国家安全方面的犯罪。虽然大陆与台湾均已承认"九二共识"中的"一个中国"，近些年海峡两岸的经济、社会和文化交往也取得了重大进展，但两岸并未从实质上解决"一个中国"的名称归属和国家主权问题，台湾方面暂时还不可能与大陆签署含有协查妨害国家安全犯罪的协议，所以《互助协议》所列举的案件种类主要是有关社会治安和涉及恐怖活动的重大犯罪、经济犯罪、职务犯罪以及其他刑事犯罪。二是关于遣返的规定限制了协查的力度和结果。虽然《互助协议》从遣返人员的范围、遣返方式等方面对刑事人员的遣返制度进行了完善，但《互助协议》的特定性仍然存在。在《金门协议》中，双方虽然采用了"遣返"一词，但在协议实施过程中，台湾方面始终将海峡两岸的遣返等同于国际间的"引渡"，坚持"己方人民不遣返"、"政治犯不遣返"、"宗教和军事犯不遣返"、"已进入司法程序不遣返"等原则，使遣返制度不能完全得到执行。《互助协议》对这些原则未作根本性的变更，如第6条第3款规定："受请求方已对遣返对象进行司法程序者，得于程序终结后遣返。"第4款规定："受请求方认为有重大关切利益等特殊情形者，得视情决定遣返。"这些规定势必影响台湾警方对大陆协查请求的协查的力度和结果。其灵活性表现在：《互助协议》第4条中的"等"字和第5项的"其他刑事犯罪",其意图是为以后双方的协助留下可协商的余地。

其二,《互助协议》所列举的案件种类采用了"折中的双重归罪"原则。《互助协议》第4条第1款首先规定:"双方同意采取措施共同打击双方均认为涉嫌犯罪的行为。"并在第2款中对双方同意着重打击下列犯罪以列举的方式作出规定。同时又在第3款补充规定:"一方认为涉嫌犯罪,另一方认为未涉嫌犯罪但有重大社会危害,得经双方同意个案协助。"此种以双重归罪为基本原则,但可协商对有争议的重大社会危害行为实行个案协助的规定,体现了对双重归罪的原则折中。

第三节 区际协查的对象和内容

区际协查虽然包括三个方面的目的和任务,但以查获犯罪嫌疑人为基本任务。按照侦查工作的一般逻辑,除少数犯罪案件在侦查初期就能发现、确定明确的犯罪嫌疑人之外,大多数犯罪案件是通过排查嫌疑对象而后再查获犯罪嫌疑人的。区际协查的逻辑也是如此。

一、协查犯罪嫌疑对象,以核实犯罪嫌疑人

(一)犯罪嫌疑对象与犯罪嫌疑人的区别及其地位

协查犯罪嫌疑对象和犯罪嫌疑人及其有关问题,必须首先明确这两个概念的内涵和不同点。但从理论上厘清犯罪嫌疑对象与犯罪嫌疑人的区别确实不易。因此,我们运用扣两端法,即从是什么和不是什么两个方面予以说明,对犯罪嫌疑对象、犯罪嫌疑

人的关系进行分析，以期说明问题。

犯罪嫌疑对象是指身份、行为、去向、携带物品等明显违反常规，已引起警方怀疑并列入排查核实范围，但尚未有可靠证据且未在刑事司法程序（主要是刑事司法本书）上确定为犯罪嫌疑人的人。犯罪嫌疑对象是侦查业务术语，是侦查人员运用逻辑思维，推测出来的可能犯罪的人。而犯罪嫌疑人则是刑事程序法术语，是刑事司法机关运用一定证据，认定具有犯罪行为但尚未在刑事司法程序上被列为被告人的人。由此可见，侦查活动中的犯罪嫌疑对象与犯罪嫌疑人的本质属性和法律地位是不同的，但二者存在着可能性的逻辑联系，对犯罪嫌疑对象的排查有可能使之上升为犯罪嫌疑人。

就侦查的逻辑程序来说，一般先是通过逻辑思维勾画出犯罪嫌疑对象的各种特征并在此基础上列出排查范围，再从排查范围中查找核实犯罪嫌疑人并继续进行侦查。因而不管是犯罪嫌疑对象，还是犯罪嫌疑人都应继续深入进行侦查。不过，对犯罪嫌疑对象采取的继续侦查措施通常是排查核实，以便获得证据，甄别其行为是否构成犯罪，而犯罪嫌疑对象一旦上升为犯罪嫌疑人，采取的继续侦查措施通常是查找其下落并适用刑事强制措施。对跨法区犯罪嫌疑对象和犯罪嫌疑人的协查应按上述逻辑展开。

（二）犯罪嫌疑对象的协查内容

犯罪嫌疑对象协查的内容甚广，根据侦查目的大致可分为三项：一是协查犯罪嫌疑对象的个人资料，二是协查犯罪嫌疑对象的活动情况，若发现嫌疑对象确已犯罪，应随即协查其犯罪证据。获取上述资料和情况，不但有利于确定犯罪嫌疑对象是谁，还可以分析犯罪嫌疑对象有无可能犯罪，可能性高低，甚至甄别其是否属于犯罪嫌疑人。

1. 犯罪嫌疑对象的个人资料

犯罪嫌疑对象的个人资料包括：真实姓名、性别、年龄、职业、履历、身份证件、是否有违法犯罪记录等；自行申报的地址、联系电话、配偶、子女情况等资料；已经领取的旅行证件、驾驶牌照，以及购买的车辆、房产、股票；在银行开户、公司登记、电话登记、税务申报以及信用证的使用情况，信用卡的消费记录等，以从中发现可用于案件的证据材料。对来历不明人员的身份查询，除提供照片、体貌特征、着装习惯、十指指纹外，还应尽量提供该人在香港的可能住处、关系人和联系电话。

2. 犯罪嫌疑对象的活动情况

犯罪嫌疑对象的活动情况包括：本人嗜好及经常出入的消费场所、娱乐场所；经常交往的人员情况；出入境记录和出境活动的情况和是否仍在本地居住等。对于上述情况，被请求方警方在必要时可采取必要的技术监控措施或派员搜索嫌疑对象是否出现，在锁定嫌疑对象后以尽快查明其身份和活动规律。过去，澳门警方曾运用跟踪调查的方式，对以区际出入境为常业，有走私毒品、违禁品嫌疑的人，经常到澳门赌场赌博的内地公职人员，经常跨区域将大量款项汇入金融机构并不断出境入境的人等具有反常行为人实行监控，才最终发现并协助内地侦破了一批像马向东、金鉴培等利用公款到澳门豪赌的严重犯罪案件。

协查嫌疑对象的个人资料和活动情况要按照法律规定的程序进行，以确保协查活动和协查结果的合法性。如果内地警方需要委托港澳台警方调查某人是否进入香港、澳门或台湾，及其在港澳台的居住地点、活动情况时，需要首先用电信或信函的形式向港澳台警方发出请求，并提供各种有关的材料，必要时可以派员前往协助。通常情况下,港澳台警方会根据内地警方所提供的案情线索,经审查后依据本法区法律的规定分步骤开展协查。

二、查获犯罪嫌疑人,以破获案件

跨法区犯罪案件大都是一些主观恶性很大的惯犯、累犯等组成的职业犯罪集团所为,这类犯罪集团有些属于臭名昭著的黑社会,有些则属于罪恶累累的恐怖、贩毒、走私、组织偷渡的社会黑恶势力。犯罪组织中的成员非常复杂,有些是职业杀手,有些是诈骗惯犯,有些是窝赃销赃能手,有些是以公开身份作掩护,专门从事组织、教唆、策划、指挥和协调的幕后人物。这些直接参加重大跨法区犯罪活动的人多数是亡命之徒。他们心狠手辣,狡兔三窟,在实施犯罪行为后,因有同伙接应和掩护能迅速逃之夭夭。警方很难及时将隐藏很深的犯罪分子抓获,即使一法区警方发现某人是嫌疑对象,要弄清他们的真实身份也比较困难。通过委托有关方面的警方在本法区内进行调查,可以及时抓住蛛丝马迹发现谁是犯罪嫌疑人,进而了解其真实身份、履历情况、财产状况及其违法犯罪记录,挖出隐藏其后的犯罪网络和其他犯罪集团成员。目前,跨法区犯罪分子为规避刑事制裁而逃往其他法区藏匿的事件屡屡发生,加强各法区警方对犯罪嫌疑人的身份及其财产情况进行协查合作,不仅具有客观必要性,而且也存在着现实可能性。

三、协查犯罪嫌疑人身份和财产,获得齐全证据

协查所取得的嫌疑对象的个人身份、履历情况、有无违法犯罪记录和财产状况的材料,应当与证明案情的证据材料区分开来。委托协查的一方只能将这些材料作为弄清嫌疑对象是否有犯罪的

预谋和犯罪的动机，在进一步查清嫌疑对象的籍贯、宗教信仰、财产状况的基础上，决定是否将其列为犯罪嫌疑人立案侦查，一般情况下，这些材料不能作为证明某人有罪的证据使用。而证据材料是犯罪行为过程或在犯罪行为影响下形成的，通过它可以再现犯罪的真实情况，依据该证据材料能够认定某一犯罪案件是否成立。但二者之间也有一定的联系，特别是可以运用有关嫌疑对象情况的材料，来证明嫌疑人是否是惯犯和累犯，实施不法行为时是否达到了法定年龄，这对是否将该案立案侦查和起诉法庭审判有重要参考作用。

在香港，绝大多数的人口、财产信息资料都是以其姓名和身份证号码（非香港居民则以护照、通行证号码）为电脑检索条件的。每个香港居民在向香港入境事务处申领身份证时都在申请表上留有左手拇指指纹。而且，所有在香港有犯罪记录的人员，在警方掌管的电脑档案中都留有十指指纹。与内地不同的是，香港没有专门的户籍管理制度，缺少专门的户籍档案资料，所以，警方要获取嫌疑人的家庭成员以及家庭住址情况时，都只能通过其他的辅助性资料，用查阅当事人的自我申报表册的方法来获取信息。

香港的公司登记、商业登记资料是向全社会公开的，任何人都可以前往工商行政管理部门查询。香港的公司注册处（有限责任公司登记处）位于香港金钟道政府合署13字楼；商业登记处位于香港湾仔税务大楼4字楼。通常情况下，警方查询此类资料需要一个月的时间，但是，一般市民前往查询只需一至两天时间就可获取有关资料。资料管理部门可以对每份资料收取11～45港币的管理费用。

鉴于上述情况，内地侦查人员在向香港警方提出协查请求之前，应尽可能地收集准确的被调查对象的姓名、出生日期、身份证号码（包括第一位的英文字母和最后括号中的数字）、家庭住址和电话号码、公司英文名称、公司地址和电话号码等信息资料，以方便香港警方的协查工作。因为香港警方对黑社会组织及其成员情况实行严格管理，在一般情况下，核查某人的身份以及有没有黑社会背景、犯罪记录等资料所需时间较短，如果属于紧急需要能够立等可取。

由于香港实行高度自由的社会管理，对个人隐私的保护有严格的法律规定，略不小心就有可能陷入关于隐私权的官司。在个人隐私权中，银行资料是重要的内容之一，受《香港个人私隐保护条例》的保护，香港警方要调查此类资料必须向法庭申请并得到许可。因此，要求香港警方协查银行账户资料、信用卡资料时，除了提供准确的银行名称、储户姓名、身份证号码、账号、卡号之外，还应简要介绍案情和查询的必要性。通常情况下，查询某人在香港银行的开户、开卡情况所需时间较短，信息反馈较快；而查询某账户的存取记录、资金流向以及信用卡的消费记录所需时间较长，一般需要一个月左右。在进行这一合作中，内地警方应根据案情的缓急程度分步骤向港方提出协查要求。此类调查一般通过电信或函件来往的方式就可以达到目的，非特殊情况无须派侦查人员赴港具体操作。

通过澳门和台湾警方协查犯罪嫌疑人的身份及其财产状况，其联络和实施程序与香港大同小异。需要注意的是，两地法律与香港法律、两地刑事司法体制与香港刑事司法体制的差异。大体而言，属于大陆法系的澳门法律和台湾法律没有属于普通法系的香港法律那么严格刻板，但澳门和台湾警方的侦查权皆由检察官主导，澳门和台湾警方的协查也受制于检察官。

第四节　区际协查方略

辩证唯物主义和历史唯物主义认为，无论自然世界还是人类社会都处于矛盾的统一体之中，一切矛盾又处于运动和变化之中，人们认识世界和解决矛盾的目的在于推动社会进步。因此，应当在肯定矛盾的普遍性的同时还要看到矛盾的特殊性，并对不同质的矛盾采用不同质的方法去解决。这也是自然辩证法肯定的一项最基本原则。当我们今天研究区际协查方法和策略时，也应当根据跨法区犯罪现象的特殊规律和行为路线，运用时效思维、开放思维、综合思维来思考和解决问题，从治标和治本两个方面遏制跨法区犯罪的发展和蔓延。

一、构建多警种、多部门参与的区际协查联动机制

第一，各法区警方或警察主管机关应始终不渝地强化本法区刑警（澳门和台湾为司法警察）、海警（大陆既有海警又有边防警）、治安警等警种的沟通协调，统一思想，建立起警方内部的多警种协查联动机制。进而，通过法区间的警务联络机制，实现多法区多警种协查联动机制的连接和协作。

第二，提升跨法区犯罪的预测预警能力。为实现跨法区犯罪预防、控制、处置和侦查的即时性，各法区都要加强跨法区犯罪的信息和情报收集、研判，提升跨法区犯罪预测、预警的准确性、时效性，力争把跨法区犯罪消灭在萌芽状态。

第三，在已有的通报案情和协查机制的基础上，进一步拓展协查的范围和深度，强化协查的力度，提高合作的档次。因而各法区警方还应通过政府部门间的沟通协调，实现警方与出入境管

理、反贪、海关等部门的联络和协作，形成本法区的多部门协查联动机制。

第四，根据高发性跨法区犯罪的规律性、行动路线和行为特点，各法区警方每年共同组织几次统一行动，开展相互协查协同作战，进行既有声势又有实效的围剿战役，打出警威，打出国威，威慑跨法区的犯罪分子。

澳门回归祖国前，针对香港黑社会组织疯狂进行跨法区犯罪的情况，粤港澳三地警方联合协查，协同行动，一举侦破被国际社会称为"世纪大劫案"的张子强系列勒索案。这次联合协查行动不仅使张子强等18名香港犯罪分子和18名内地犯罪分子受到法律严惩，同时还破获了澳门黑社会组织实施的多起重大犯罪案件，不仅重挫了香港、澳门黑社会组织的嚣张气焰，还为澳门的顺利回归营造了一个安全的社会环境。显而易见，只有各法区警方密切协作，组织专门力量进行统一行动，始终保持对跨法区犯罪的高压态势，才能从根本上压倒跨法区犯罪分子的嚣张气焰，在整个国家范围内取得反跨法区犯罪的全面胜利。

二、不断改进和完善信息共享机制和科技手段

为加强各法区间的协查力度，实现对跨法区犯罪的全面控制，做到迅速部署、重拳出击，除具有良好的多警种区际协查联动机制外，还需要有及时准确的信息、情报来源和科技手段。切实做到这一点必须从以下几方面入手：

第一，建立最现代化的信息和情报处理系统。各法区警方要确保有准确、全面的犯罪信息和情报来源，就必须建立完整的信息和情报收集、储存、研判、交流、查询管理体系。此外，还要充分利用最新的互联网、计算机技术，在各法区警方之间建立起

专用的通信网络，每一个法区根据实际需要在有关部门设立适当数量的网站，并在确保安全的前提下实现信息和情报的网上交流、网上查询、网上通报、网上通缉等。

第二，及时交换和查询跨法区的信息和情报。各法区警方应将协查的犯罪嫌疑对象、犯罪嫌疑人个人身份及家庭人员资料；所使用的出入境证件、签证和出境入境的口岸登记资料；与协查对象相关物品的资料；申报出口进口业务的公司、企业以及每次进出口岸的人员、货物资料等相关信息、情报纳入专用网络信息系统，并通过计算机系统的储存、检索、识别、输出功能交换这些信息和情报。各法区警方的侦查部门也可以根据需要，通过互联网随时到专用网络信息系统进行异地查询。

第三，实现出入境监控手段的高科技化。不断增强和改进出入境口岸的监控检测设备，除已采用最先进的 X 射线探测、红外线探测、二氧化碳检测、激光检验技术设备外，随着科技的不断发展，不断促进监控系统、检测设施、技术识别系统的升级换代，实现出入境监控手段的高科技化。

第四，联合培训技术侦查骨干。各法区警方在不断研究改进技术侦查手段的基础上，还要定期或不定期地进行相互交流和学习，通过联合开办技术培训班、派员到对方考察学习、联合招开专项技术研讨会、相互交流实战经验等方式，来迅速提高第一线侦查人员的现代化科技意识、个人的技术水平和警务实战能力。

三、根据形势变化及时调整协查战略战术

目前，各法区的社会黑恶势力正在借助内地与港澳台经济和社会联系日趋紧密、人员往来频繁的有利时机不遗余力地向境外扩张，企图形成连接多法区的犯罪暗流，借用境内外的社会资源

来实施更大规模的犯罪。根据同这一犯罪现象作斗争的需要，各法区警方应及时调整协查案件的战略战术。

——决策机关应当准确地把握跨法区犯罪现象的基本规律和演变发展的大趋势，制定出长期的宏观控制战略和短期的实现目标，形成一套科学严密的系统战略思想。

——根据一定时期跨法区犯罪表现出来的新特点、新动向，及时研究调整跨法区犯罪的防控措施和战术控制决策与指挥，变换协查跨法区犯罪的新措施、新方法。

——针对不同类别跨法区犯罪的不同特征及其变化规律，制定有针对性的查控方案，采取灵活机动的协查战术，把发案率及其规模控制在一定的范围内。避免出现因一时的形势好转而产生麻痹思想，待某类犯罪失控后再采取紧急应对措施的被动局面出现。

——建立危险犯罪预防控制机制，实施全方位的监控措施，防止黑社会组织和其他专门从事跨法区犯罪的社会黑恶势力，利用节假日、季节变化、天气变化、政策变化和国际形势的变化突然兴风作浪，使各法区警方猝不及防而陷入被动。

第五节　边防巡查与即行追堵

从上述阐述中可以看出，区际协查只是案后侦查过程中的一种合作形式，它对正在地缘空间进行的跨法区（以下称地缘在行跨法区犯罪，以区别于网络在行跨法区犯罪），如正在进行的跨法区贩毒、走私、抢劫、组织和运送偷渡等犯罪活动的侦查和预防功效十分有限，必须依托区际边防体系即行追缉和堵截。

第二编 分 论

一、联合构建区际边防体系

长期以来,在巨额利益驱动下,一些犯罪集团或团伙利用地缘上的有利条件,经常在粤港和粤澳之间的海域、台湾海峡组织实施海上贩毒、走私、抢劫、组织和运送偷渡等犯罪活动,且日趋智能化、隐蔽化、快捷化。对这些犯罪活动仅在案后开展区际协查,很难奏效。

为积极应对地缘跨法区犯罪,中国内地(大陆)、香港、澳门、台湾四地均建立了自己的边防体系。但是,如果各法区警方各自运作自己的边防体系,它就不是合作型的区际边防体系。因此,区际边防控体系在地缘上由内地、香港、澳门、台湾四法区的边防体系构成;在合作上,应建立情报和信息交流、相互联络、联合指挥和协同作战机制;在功能上,应集管理、巡逻、盘查、追缉、堵截、侦查等功能于一体;在主体范围上,既包括内地(大陆)守卫海防和陆地边境的边防警察、海上执法的海警和沿海地区的陆地公安民警,也包括香港、澳门、台湾的海警和沿海地区的陆地警察;在防控力度上,既能通过有效的巡查来预防地缘跨法区犯罪,又能够在紧急情况下进行及时有效的追缉和堵截、捕获地缘在行跨法区犯罪分子。

根据当前地缘跨法区犯罪活动海陆并进、灵活机动、分散多发、巡查防控难度大的特点,各法区警方均应继续加强海上巡查追缉、海岸线联防巡查堵截、陆上巡查堵截构成的边境三级巡查防控体系。以下阐述内地警方的边境三级巡查防控。

二、海上巡查与追缉

海上巡查与追缉是对地缘跨法区犯罪实施的纵深防控,具有远距离侦查和防控意义。考虑到中国内地沿海水域广阔、海岸线漫长、陆地边境复杂的地理特点，以及地缘跨法区犯罪在沿海地区频繁发生，需要加大巡查力度的实际情况，应当根据各地巡查和追缉任务的不同适当增加驻守边防武装警察的编制，配备先进的通信、交通和武器，延伸沿海海域的巡查范围，加大舰艇出海巡查的频率。同时，还要从立法上扩大边防武警追缉地缘跨法区犯罪的职责权限，以提高海上巡查与追缉的实战效果，对地缘跨法区犯罪分子形成强大威慑。

海上巡查与追缉是一级外围防控，有时在夜黑、风大、雨骤、浪高的广阔海域巡逻，与毒犯、走私犯、偷渡犯，甚至是海盗、恐怖分子进行较量要经受多大的磨难是不言而喻的，而与具有现代化装备的跨法区犯罪分子打一场耐力战、科技战、智慧战，其难度更是常人难以想象的。近些年来，内地对这一方面的资源投入有所加强，海上一线的巡查能力不断提高。同时，内地还通过制定行政法规的方式赋予边防武装警察在继续行使边防治安管理权限的同时，还可以对三类（偷渡、走私、破坏界碑界桩犯罪）六种（偷渡、走私毒品、走私伪币、走私文物、走私淫秽物品、破坏界碑界桩）犯罪行使侦查权，进一步强化了海上一级防线对地缘跨法区犯罪的防控力度。

三、海岸线联防巡查与堵截

中国大陆的沿海地区有两千多公里的海岸线，而且许多沿海水域都布满了礁石、浅滩、暗流，这一恶劣的客观条件使大吨位的巡逻舰艇无法靠近，许多地缘跨法区犯罪分子正是利用这种有利条件，凭借小船机动灵活的特点进行疯狂的走私、偷渡活动，使得边防武装警察疲于奔波，防不胜防。从现实情况来看，地缘跨法区犯罪分子及其非法物资除一小部分是通过航空港和水陆口岸进出边境的之外，绝大部分是由近海水域利用漫长海岸线的复杂地形上岸的。同时，在这一方面的防范相对薄弱也是当前走私犯罪、海盗犯罪、组织和运送偷渡犯罪屡禁不止的根本原因。过去曾经出现过的多次走私贩私高潮，就是少数沿海居民与犯罪分子内外勾结，实行船上交易，岸边接运的走私方式。从以往查获的案件来看，越是在雨暴风狂之夜，地缘跨法区犯罪活动就越猖獗。可见，加强海岸线联防巡查与堵截、实行军民一体化的执法协作、形成多方面的防控合力应当是从根本上防控地缘跨法区犯罪的关键一环。

第一，建立健全海岸线地区有关部门之间的联勤制度。在海岸线地区各级党委、政府领导下，由政法委牵头，组织海岸线各地方的公安、边防、海关、水上监管等部门共同建立和完善包括联合办案和协同作战等内容在内的联勤制度，通过制度强化海岸线地区公安民警、边防武装警察、海关缉私警察、船舶管理等人员的职责和任务。

第二，组建海岸线地区的军警民联防巡查体制。通过地方人民政府组织沿海居民与上述职能部门相配合，形成职能部门与广大人民群众相结合的军警民联防巡查体制，把祖国的海岸线变成阻止地缘跨法区犯罪活动的铜墙铁壁、令地缘跨法区犯罪分子闻风丧胆的狙击阵地。为确保军警民联防巡查堵截体制发挥实效，要层层签订责任书，将责任落实到单位、落实到村、落实到人，使地缘跨法区犯罪分子无机可乘。

第三，加强沟通协调，落实制度和工作任务。根据实际需要定期召集或在特殊情况下临时召集有关职能部门举行联席会议，研究部署，统筹协调，深入开展各项防范治理行动，商讨适应新情况的方略。在行动中，各有关部门之间要加强横向协作，互相提供情报线索，实行协同作战，形成强有力的巡查堵截地缘在行跨法区犯罪的联合兵团。

四、陆上巡查与堵截

港澳台的地缘跨法区犯罪分子和地缘跨法区犯罪行为涉及的物资、资金到达内地海岸后，他们最迫切的期望是迅速向内陆扩散渗透，以尽快达到犯罪目的。例如，组织内地居民偷渡的港澳蛇头只要到达犯罪地，就会马上投入宣传并广泛实施串联、诱惑、拉拢和组织、运送偷渡人员的活动，以实现其获取最大经济利益的犯罪目的；走私犯罪分子到内地海岸后最关心的是尽快将走私物品出手后迅速逃之夭夭。当他们在内地海岸线地区出手走私物品发生困难时，就会将走私物品扩散到内陆。

然而，任何违法犯罪都要在有人的地方进行，因此，广大人民群众是巡查与堵截地缘跨法区犯罪的最广泛的社会力量。从社会治安的角度来看，群众常常是不法行为侵害的对象，他们之中蕴藏着同犯罪作斗争的积极性，警方应当在地缘跨法区犯罪通向内地的陆地通道上设置多重巡逻线和堵截关卡，并充分发动群众、依靠群众、组织群众自觉与一切地缘跨法区犯罪行为作斗争，在沿海陆地上形成严密巡查、堵截地缘跨法区犯罪的第三道防线。

随着开放式边防体系全面实行，对群众的自身防范能力将会提出更严、更高、更新的要求。群众在维护社会治安中不再是消极的参与者，更不应该是无奈的受害者，见义勇为也不应是一般性的提倡，而必须成为每一位群众必备的基本素质。我们应当通过积极而切实的工作，使广大人民群众真正认识到自己是国家的主人，是社会治安防范中不可缺少的重要力量。为了充分调动人

第二编 分 论

民群众对地缘跨法区犯罪实施防范的积极性,可以通过制定规范性文件的方式明确广大群众在维护社会治安秩序、查堵走私、组织偷渡犯罪中的地位、责任、权利和义务,其中包括应得到的奖励、表彰、损失补偿等项内容,用政策或法律来调动人民群众与地缘跨法区犯罪作斗争的积极性。

为把深港陆地边防线建设成真正的铜墙铁壁,深圳边防六支队近年来先后投入1800多万元在深港陆地边防线上安装了闭路电视监视系统和红外线电子报警系统,为每个哨位配备了照明灯、望远镜,哨位之间实现民用电话、对讲机联通,哨兵巡逻也有了机动车辆。在该支队沙头角关口指挥监控中心,十几面嵌入墙壁的电子屏幕,把边防辖区的重点地段显示得一清二楚,官兵们坐在监控台的键盘前,轻移鼠标,"电子眼"就会随着指令不断调整视角。这套电子监控系统集图文传输、电子监控、紧急报警、组织指挥、边情处置为一体,可以全天候、全方位对重点地段进行安全监控。"2014年1月以来,针对外国人借道深圳偷渡香港活动较为突出的情况,广东边防六支队运用这套电子监控系统,不断加大边界地区的管控力度,采取有力措施,加大反偷渡工作力度。截至2014年12月29日该支队共查获各类偷渡案件66起,抓获偷渡人员249人,其中外籍231人,摧毁境内外蛇头勾结组织偷渡团伙3个,有力震慑了粤港边界一线的偷渡活动。"[1]

---

[1] 王磊:《粤港边界严打偷渡活动全年抓获偷渡249人》,载《羊城晚报》,2014年12月29日。

第十章　区际追逃与追缴犯罪所得

据有关资料显示，在内地负案外逃的犯罪分子中，除严重危害社会治安的犯罪分子之外，还有许多严重的腐败犯罪、经济犯罪分子。这些逃犯有些潜逃至港澳台后便隐匿下来，有些则以港澳台为跳板，继后又潜逃至国外，其中大多数人还携大量赃款赃物。相反，少数港澳台居民在本地犯罪后潜逃至内地逃避法律制裁。可见，区际追逃、移交逃犯和追缴犯罪所得已成为中国四法区警方的一项长期而艰巨的任务。然而，在中国区际刑事警务合作实践中，这些合作却因涉及法律问题较多，容易产生合作障碍。在内地与港澳尚未作出相应安排，《海峡两岸共同打击犯罪及司法互助协议》只有原则规定①的现实情况下，需要在总结实践经验的基础上进行理论创新和合作机制创新，以增强合作力度，更好地维护各法区的社会治安稳定和经济发展。

---

① 《海峡两岸共同打击犯罪及司法互助协议》在第 6 条"人员遣返"中规定：双方同意依循人道、安全、迅速、便利原则，在原有基础上，增加海运或空运直航方式，遣返刑事犯、刑事嫌疑犯，并于交接时移交有关证据（卷证）、签署交接书。

第二编　分　论

第一节　区际追捕逃犯

跨国追逃合作这一侦查合作，在国际刑事警务合作中早已应用，并逐渐被更多的国家所接受而成为国际制度或惯例。借鉴国际社会的通行做法和中国内地与外国追逃合作的实践经验，建立我国区际追逃合作制度不仅具有客观必要性，而且还存在着现实可能性。

一、区际追捕逃犯的概念

区际追捕逃犯简称区际追逃，它是指在相关法区警方的有效协助下，一法区警方对在本法区内犯罪后逃匿至另一法区或正在向另一法区逃窜的犯罪嫌疑人、被告人、罪犯或重大嫌疑对象，按照其逃匿（窜）方向、路线、隐藏地进行追踪追缉，并将其拘捕的一种侦查行为。

根据内地（大陆）刑法和内地与港澳的区际追逃实践，以及《海峡两岸共同打击犯罪及司法互助协议》，下列情况的普通刑事犯罪，内地（大陆）警方可以向港澳台警方提出协助追捕并移交案犯的请求：（1）内地居民、港澳台居民或外国人在内地犯罪后逃往港澳台地区；（2）内地居民、港澳台居民或外国人在外国犯有内地刑法应予追究的罪行后逃往港澳台地区；（3）内地居民、港澳台居民或外国人在港澳台地区对内地居民犯有内地刑法应予追究的罪行，而且案犯现在正在港澳台地区；（4）前述人员实施的跨法区犯罪的主要行为地属内地（大陆）管辖，犯罪嫌疑人逃往港澳台地区。港澳台警方向内地（大陆）警方提出移交案犯请求的情况也大体如此。

中国区际刑事警务合作

区际追逃是各法区警方联手打击跨法区犯罪,特别是对在本法区内实施犯罪后潜逃另一法区的犯罪分子进行有效打击的侦查措施。它不仅可以加快对案件的侦破速度,及时惩处严重破坏社会治安秩序、经济秩序的犯罪嫌疑人,而且还可以防止逃犯在他法区继续实施新的犯罪,避免再发生更大的社会危害。

按照逃犯跨法区逃匿(窜)的表现形态,区际追逃大致分为两种情况和方式。一是紧急情况下的追犯,即对正在向另一法区逃窜的犯罪嫌疑人、被告人、罪犯或重大嫌疑对象的追踪追缉。因这种追逃的情势和时间性非常紧急,协助方应立即组织海上、陆上堵截和口岸查控等措施(具体内容见本书第九章第五节)。二是一般情况下的追逃,即对已经逃匿至另一法区的犯罪嫌疑人、被告人、罪犯或重大嫌疑对象的追踪追缉。因这种追逃的情势和时间性通常较缓,追逃方警方应按照区际追逃的程序步骤进行。若可能发生紧急情况,如已有情报显示逃犯将逃至第三方,追逃方警方可以通过协查程序请求协助方警方实施出入境口岸和边防查控措施。

二、一般情况下的区际追逃机制

(一)形式要件

中国内地(大陆)与港澳台之间开展区际追逃合作,当然是一项维护社会治安稳定和促进经济发展的利国利民之事,应当积极推进和全面开展。但是,我们还应当看到,在港澳特别行政区享有高度自治权和独立司法权,海峡两岸"一国两制"只具有形式意义的现实条件下,开展这一具有高度政治敏感性的侦查合作,将会引起港澳台社会的极大关注,甚至产生某种争议。为达

到既能取得实效,又能实现稳妥合作的目的,各法区间在使用区际追逃时需要具备下列形式要件:

首先,必须是特别需要。区际追逃是一项极为严肃的侦查措施,不到特别需要又别无他法,则不能使用。特别需要的具体标准是:犯罪分子实施的犯罪行为十分恶劣,给国家和人民造成的危害极大,社会影响和群众反映特别强烈,政府已向警察机关发出限期破案的指令;同时,侦查部门确信犯罪分子已经逃匿至另一法区境内,如不采取区际追逃的合作方式,不但不能迅速及时地将犯罪分子送上法庭,还可能使犯罪分子逃至国外,从而无法平息社会舆论的强大压力。因此,不到万不得已一般不宜启动跨法区追捕逃犯的侦查行动。例如,华远集团公司走私案件的首犯赖昌星出逃加拿大的案件就属于此种类型。赖昌星从同案犯——福建省公安厅原副厅长庄如顺那里听到"福建有布置,已经通知海上控制"的消息后,通过黑道乘飞艇偷渡至香港,而后又从香港逃至加拿大。这期间,内地警方既没有请求香港警方进行协查,也没有启动与香港警方的追逃合作,致使赖昌星于2012年才从加拿大遭返至中国内地接受法律制裁。

其次,必须事先通报。追逃方警方在采取区际追逃行动之前,应先向协助方警方的警务联络机构或通过侦查对口部门发出通报,商讨请求他们协助追逃并将逃犯移交本方的可行性,如果协助方警方确有把握地表示可以单独完成追逃缉捕任务,就不必派员实施区际追逃方式。而只有在对方表示无能为力或久侦无获时,才可以提出派员进入对方境内进行追逃合作的请求,并以书面形式向对方说明案件的性质、在逃人员的情况、过境追逃的理由和根据,以及过境人数、时间等。

再次,必须征得对方同意。根据"一国两制"原则,香港和

中国区际刑事警务合作

澳门特别行政区基本法规定香港和澳门特别行政区均享有独立的司法权,未来海峡两岸实现统一后,台湾也享有独立的司法权。在这种高度自治、司法独立的体制下,即使在一国内的不同法区,一法区警察也不得随便进入他法区境内行使职权,只有在取得对方同意的前提下方可派员进入对方境内开展联合侦查活动。因此,追逃方警方发出的请求必须在得到对方同意的答复并作出相关安排后,才能够按约定派员进入对方境内。

最后,必须与当地侦查人员一同行动。按照常规,进入一法区境内的他法区侦查人员在当地没有执法权,当然也就不能单独开展追逃活动。可见,与当地侦查人员一同行动,以当地警方的名义,按照当地的法律规定进行追逃是必须遵循的规则。行动中所需要的一切司法文书都要由当地警方制作并向有关人员出示,这时追逃方警方的侦查人员只能做当地侦查人员的助手,只起案情分析、现场辨认、跟踪抓捕,并在当地侦查人员的协助下将逃犯押解出境的作用。而且,这种联合追逃所引起的费用应当由追逃方警方支付。

(二) 联络和请示

在内地与香港、澳门的警务合作中,早已形成了高层对口的联络方式,即内地由公安部作为联络主体、香港由香港警务处作为联络主体、澳门由保安局和澳门警察总局作为联络主体开展相互联络和协调。由于区际追逃是一项具有高度政治敏感性的侦查合作,根据有关规定,内地的批准决定权统一由公安部行使。除公安部特别授权广东省公安厅对涉及香港、澳门特别行政区的案件,需要与对方开展联合侦查活动时,可以自行决定并直接开展联络与合作;深圳市公安局可与香港警务处直接开展联络与合作,珠海市公安局可与澳门警察总局直接开展联络与合作外,凡需要赴港澳开展追逃的内地其他省、直辖市、自治区的地市级以下公安机关,必须逐级上报本省、直辖市、自治区公安厅(局)审查,由省、直辖市、自治区公安厅(局)审查后报公安部审批,获得批准后按批准的方案进行。

《海峡两岸共同打击犯罪及司法互助协议》没有具体规定警务合作的联系主体和方式,只在第3条"联系主体"中原则规定:"本协议议定事项,由各方主管部门指定之联络人联系实施。必要时,经双方同意得指定其他单位进行联系。"根据该条规定,公安部与台湾警政署已分别确定了双方的联络人,大陆的福建、上海和广东等省级公安机关也与台湾警政署建立了联系窗口并已开始联络和一系列合作。但大陆所有地方公安机关,凡因特别需要而派出侦查人员赴台追逃的均应逐级上报公安部批准,待联络台湾警方同意和安排后方可实施。

(三)工作要求

区际追逃是一项风险很大的侦查工作,穷途末路的逃犯随时都会对侦查人员的安全造成直接威胁。内地警方派出的每一位侦查员,不仅要有吃苦耐劳、乐于奉献的精神,还应当具备才思敏捷、善于交往、能够迅速打开工作局面的业务能力。在他们被派往他法区执行追逃任务期间,必须严格按以下要求行事:

——处处以国家的根本利益为最高行动准则,始终以维护国家的主权和尊严为己任;充分尊重他法区的司法独立权和高度自治权,在相互尊重的良好合作氛围中开展工作;

——严格依法办事,尊重、遵守追逃行动所在地的法律、社会制度、生活习惯和工作规律,做遵纪守法的模范;

——与追逃行动所在地侦查人员精诚团结，密切合作，重视与尊重协助方的建议和意见，在沟通和协调的基础上形成切实可行的行动方案；

——与追逃行动所在地的政府官员、社会各界人士、有关人员接触时要不卑不亢，彬彬有礼，一切交往要趋利避害，不强人所难；

——坚守信仰，谨言慎行，严防泄密，严防被坏人引诱和策反；

——强化统一行动意识和服从领导的组织观念，重事权，重协商，重调查研究，行动中多与同事沟通，重要事项向内地领导请示汇报。

（四）工作纪律

内地侦查人员在港澳台追逃的工作纪律包括许多方面，重点有以下三点：

第一，不得向任何无关人员泄露可能的行动，即使是在追逃小组的成员之间，也不得相互打听与自己无关的事项。属于领导单独直接交办的专门性工作，承办人员只对交办领导直接负责，不能向其他任何人员（包括领导）泄露，其他人员也不得过问和越权干预。

第二，根据案情发展需要向港澳台警方索取技术侦察资料时，经领导审查批准后，交由负责这项工作的专门人员进行；凡需要取得香港、澳门的入境事务管理部门帮助开展工作的，由参加追逃专责小组的领导经请示批准后与合作方直接联系实施。

第三，所有人员在赴他法区工作期间，不准从事国家以及港澳台法律、法规所禁止的活动，不得发表与国家利益相违背的言论，实施有损国格、人格尊严的行为，不得私自接受新闻媒体的采访和报道。

第二节 区际移交逃犯

区际追逃的内容有广义和狭义之分：在狭义上，区际移交逃犯与区际追逃是紧密联系的两个事项；在广义上，区际追逃包括区际移交逃犯。但区际移交逃犯又是一个相对独立的环节，需要专门予以阐述。

一、区际移交逃犯的概念

（一）术语分析

现实理论界对"移交逃犯"这一术语大致有三个理解：其一是关于移交逃犯事宜的各种刑事、行政途径、方式的统称，这些方式包括引渡、简易引渡、驱逐出境、移管被判刑人和共同体成员国内部的以相互承认逮捕令为基础的案犯移交等。① 其二是上述刑事、行政途径、方式中的一个程序或环节。因上述方式通常要经过请求、接受、审查、裁定、安排程序才能进入移交阶段，故有此说法。其三是为区别、替代或者遮蔽国际法上的引渡而使用的术语。国际法上的引渡（extradition），是指一个被控诉或被判罪的人由他当时所在的国家把他交给另一个认为他在其领土内犯了

---

① 艾明：《论境外追逃合作中的案犯移交问题》，载《江西公安专科学校学报》2007年第1期。

中国区际刑事警务合作

罪或对他判罪的国家。① 就其内容而言,国际法上的引渡和移交是相同的。不过,引渡的主体双方都是国家,而移交逃犯的主体双方,则有一方是国家,另一方是非主权地区实体,如中国香港与十多个国家签订的移交逃犯协定②;还有的主体双方均不是国家,如美国的州际逃犯移交③。

还有一个区别、替代或者遮蔽"引渡"的术语是"遣返"。如英联邦国家之间相互引渡逃犯的合作,虽然主体双方都是国家,但英国1967年的《逃犯法》对该种合作却回避使用"引渡"二字,而以"遣返"(return)一词取而代之。这或许是为了体现英联邦成员国之间的特殊关系,其成员国之间互不称外国。而且,成员国之间在引渡领域遵行一些比较特殊的原则、规则和制度,如不适用双重犯罪原则等。④《海峡两岸共同打击犯罪及司法互助协议》(以下简称《互助协议》)所使用的术语也是"遣返"。该《互助协议》在第6条"人员遣返"中规定:"双方同意依循人道、安全、迅速、便利原则,在原有基础上,增加海运或空运直航方式,遣返刑事犯、刑事嫌疑犯,并于交接时移交有关证据(卷

---

① [英]劳特派特修订:《奥本海国际法(上卷,第二分册)》,王铁崖、陈体强译,商务印书馆1972年版,第179页。
② 根据香港《逃犯条例》和香港与十多个国家签订的移交逃犯协定,香港与外国之间的移交(surrender),是指缔约双方同意按照移交协定的条文,把任何在被要求方管辖区内找到的并遭要求方通缉以便就移交协定中所列的罪行提出检控、判刑或执行判刑的人移交给对方。
③ 美国州际逃犯移交的安排,主要是由美国宪法、联邦法例及州际立法作出规定。美国宪法第4条第2款第二段规定:"在任何一州被控告犯有叛国罪、重罪或其他罪行,逃脱法网而在他州被寻获之人,应根据他所逃出之州行政当局的要求将他交出,以便解送到对犯罪行为有管辖的州。"
④ 黄瑶:《"一国两制"下香港与外国的移交逃犯协定》,载《政法学刊》1997年第3期。

证)、签署交接书。"该《互助协议》使用这一术语的目的同样也是为遮蔽具有政治敏感性的"引渡"一语。不过,这里的"遣返"一词已不再具有行政属性,而只具有刑事属性。

(二)内涵与外延

依据前述对"移交逃犯"一语的分析,区际移交逃犯在广义范围上,是指中国内地(大陆)、香港、澳门、台湾四地互相应对方请求将己方控制的逃犯交给对方进行刑事追诉的一种刑事警务合作活动。在狭义范围上是指中国内地(大陆)分别与香港、澳门、台湾三地互相应对方请求将己方控制的逃犯交给对方进行刑事追诉的一种刑事警务合作活动。本书从狭义范围上进行阐述。

从现实来看,内地(大陆)与香港、澳门、台湾三地相互移交逃犯一般有四种情况:其一,一法区警方已有准确情报或确凿证据,证明逃犯现在另一法区境内,请求该法区警方将其拘捕并移交;其二,一法区警方通过国际刑警组织发出通缉令,另一法区警方以执行通缉令的名义将通缉犯逮捕,通缉方提出移交请求;其三,协助方应请求方请求在本法区开展协查,在协查中发现并已控制了逃犯,请求方提出移交请求;其四,请求方和协助方侦查人员联手开展追逃,在协助方境内将逃犯抓获,请求方提出移交请求。无论是紧急情况还是一般情况,第四种情况均会发生。可见,区际移交逃犯的发生首先必须有一方通过某种渠道提出请求。

二、区际移交逃犯应适用的原则

关于区际移交逃犯应适用的原则,理论界已有各种说法和论据。但其中有些说法常把区际移交逃犯的原则和区际刑事司法协助的基本原则相混淆。众所周知，区际刑事司法协助的基本原则是适用于区际刑事司法协助各方面和全过程的根本性原则，是上位原则；而区际移交逃犯的原则是适用于区际刑事司法协助某一方面、某一过程的具体原则，是下位原则。这一关系是我们论证区际移交逃犯适用原则的基本立足点。因此，我们认为：建立中国的区际移交逃犯制度，除应考虑本书前述的确立区际刑事警务合作基本原则的根本前提和基本原则之外，还应从区际移交逃犯所具有的实体法和程序法特性入手，方可使各法区普遍接受和适用。

（一）遵守协议或安排原则

在《互助协议》中，直接关系遣返逃犯的只有第6条"人员遣返"，但第6条的适用必须结合其他条款，主要是第2章"共同打击犯罪"的第4条、第5条，这两个条文也与遣返有重大关系。(1)在共同打击犯罪的范围上，以"双重犯罪"为原则，以"非双重犯罪"为例外，即采用了"折中的双重归罪"原则。《互助协议》第4条第1款规定"双方同意采取措施共同打击双方均认为涉嫌犯罪的行为"，并于第2款规定了可进行合作打击的具体犯罪种类。从这两款规定来看，在共同打击犯罪的范围上，协议采取的基本立场是"双重犯罪"原则。不过，作为例外，协议第4条第3款规定："一方认为涉嫌犯罪，另一方认为未涉嫌犯罪但有重大社会危害，得经双方同意个案协助。"(2)协助侦查的事项包括遣返。《互助协议》第5条规定："双方同意交换涉及犯罪有关情资，协助缉捕、遣返刑事犯与刑事嫌疑犯，并于必要时合作协查、侦办。"(3)遣返方式多样，但遣返限制较为严格。《互助协议》第6条第1款首先规定了遣返的基本原则，即人道、安全、迅速、便利原则。《互助协议》第 6 条第 2~4 款还规定了遣返的限制条件，其中第 2 款和 3 款规定事项可能成为拒绝遣返的理由。这三项限制条件包括：一是遣返程序后置于受请求方已经开始的司法程序；二是存在与受请求方重大关切利益等特殊情形时，受请求方根据情形决定是否遣返；三是请求方原则上只能就遣返请求中的行为对遣返对象进行追诉。在遣返实践中，大陆与台湾警方必须遵守这些规定。

考虑到内地与港澳的关系既不同于国与国的关系，也不同于大陆与台湾的关系，因而在内地与香港、澳门分别协商《移交逃犯安排》时，既不能完全采用适用于国际引渡的双重犯罪原则、政治犯不移交原则、军事犯不移交原则、与种族和宗教信仰有关的犯罪不移交原则、本地居民不移交原则等，也不能完全采用大陆与台湾之间相互遣返所采用的有限制的犯罪范围和折中的双重犯罪原则，但可适当设置一些必要的保留条款，如"己方公共秩序保留"原则。只要这些保留条款不损害"一个国家"这一核心前提和国家安全，在"两种制度"上可以有更多的协商余地。

（二）管辖权确定后按程序移交原则

在确定可移交的犯罪范围之后，被请求方是否将逃犯移交给请求方，首先取决于请求方是否对逃犯所犯罪行享有刑事管辖权。刑事管辖权是依据刑事实体法的规定所取得的，但由于中国四法区的刑法对管辖权的规定不同，所以在处理跨法区犯罪案件时，只能选择其共性，即采用四法区刑法所公认的犯罪地管辖原则，由主要犯罪地的司法机关来行使管辖权。这里的"主要犯罪地"指的是主要犯罪行为的实行地、犯罪行为的结果地、犯罪结果所造成的主要危害发生地。当某一具体案件的管辖权发生冲突时，可以通过平等协商的途径来确定管辖权的行使。特别是在某一法区犯罪后逃往他法区的犯罪嫌疑人，原犯罪地警方对案件享有独立的管辖权，它有权向逃犯藏匿地法区提出缉捕和移交的请求，被请求方有义务提供积极的协助。

适用这一原则还需要解决的一个问题是：当某一国家向中国某一法区提出的移交（引渡）请求与中国四法区间的移交请求发生冲突时应该怎么办。如根据香港法例第503章"逃犯条例"和第525章"刑事事宜相互法律协助条例"的规定，香港与相关国家签订的"移交逃犯协定"或"刑事司法协助协定"适用于香港。若某一国家根据本国与香港签订的移交逃犯协定，向香港提出了移交本国人或第三国人的请求，而几乎与此同时，中国内地也向香港提出了与该国同样的移交请求，香港是按照"优先承担条约义务"原则将逃犯移交给该国，还是按照国内优先原则将逃犯移交给内地，抑或是按照解决管辖权冲突的原则和程序，具体问题具体处理。在我们看来，这一问题不仅仅是国际条约与国内法的冲突问题，还是更深层次的刑事管辖权问题。为避免在法律适用上争论不休，解决这一问题应从解决刑事管辖权入手，即首先确定该国和中国内地是否享有刑事管辖权。如果该国享有刑事管辖权，中国内地没有，则移交该国；如果中国内地享有刑事管辖权，该国没有，则移交中国内地；如果该国和中国内地发生刑事管辖权冲突，则由中国中央主管部门与该国协商解决，协商不成的，按照实际控制逃犯的管辖规则，香港则应将逃犯移交给内地。

（三）不移交就起诉原则

国际引渡中的一个重要的基本原则是"或引渡或起诉原则"。其含义一般表述为：在其境内发现被请求引渡的犯罪人的国家，按照其缔结的有关引渡条约或者依据互惠原则，应当将该人引渡给请求国。如果不同意引渡，则应依照国内法对该人提起诉讼以便追究其刑事责任。

"或引渡或起诉原则"一般被理解为普遍性管辖权的实现方式，但二者在适用范围上存在交叉。国际刑法公约中关于引渡的共同性条款对"或引渡或起诉原则"起到补充性作用。"或引渡或起诉原则"的最终目的在于赋予犯罪人所在国以设定管辖权的义务。

在中国区际移交逃犯中，可借鉴国际引渡中"或引渡或起诉原则"，将之表述为"不移交就起诉原则"，以解决法区间因管辖权冲突造成对犯罪的追诉不力。当两个法区对逃犯所犯之罪行的管辖权问题发生争议时，双方应尽量协商解决，一方如决定不将逃犯移交给对方，该方就有义务提起诉讼对逃犯进行惩处，以防止犯罪分子逃避法律制裁。

(四) 灵活务实原则

在严格遵守维护国家主权和利益原则的前提下，各法区对移交逃犯中出现的特殊问题可保持适度的灵活性与务实性。为实现这一要求，必须建立畅通的间接移交（隐性移交）渠道。例如，一方面可以按照港澳地区处理非法移民方面的法律规定，对非法入境、非法居留或骗取入境证件的逃犯，按照处理非法移民的法律程序实施直接、快捷的驱逐出境。另一方面可以借鉴澳门《订定关于引渡之法律制度法令》第13条的规定，争取需要移交的人员有更多的"自愿移交"，以便对其实施立即移交，而不启动或减少启动正式移交程序。同时，为适应复杂情况的需要，还应对特殊案件中的特殊问题建立个案协商机制。

三、区际移交逃犯的条件

法区间开展移交逃犯合作，直接关系到法区间的刑事立法、刑事政策和被移交人的犯罪性质以及人权保障等问题，因此，只有在符合法定条件和确实需要时，才能开展这项刑事警务合作活动。

首先，请求方必须有确凿证据证明被请求缉捕和移交的逃犯确实犯有罪行。否则，不但请求方的刑事管辖权会受到质疑，严重影响移交，而且还会对当事人的人身、名誉或者财产造成损害。内地《刑事诉讼法》第60条规定：逮捕犯罪嫌疑人的前提条件必须是"有证据证明有犯罪事实"。最高人民法院、最高人民检察院、公安部等六部委的司法解释将"有证据证明有犯罪事实"界定为有证据证明发生了犯罪事实；有证据证明犯罪事实是犯罪嫌疑人实施的；证明犯罪嫌疑人实施犯罪行为的证据已有查证属实的；能证明的犯罪事实可以是犯罪嫌疑人实施的数个犯罪行为中的一个。由此可以看出，逮捕犯罪嫌疑人的证据要求是相当严格的。从一定意义上讲，处理跨法区犯罪案件比单一法区犯罪案件应当更加慎重，切不可捕风捉影、乱施强制而给这项活动造成负面影响。

其次，依照请求方刑法符合追诉条件。区际移交逃犯虽不完全适用"双重归罪原则"，但这并不等于说被请求方只能被动地执行请求方提出的移交请求，而不管逃犯的行为是否触犯了请求方的刑法，构不构成犯罪，该不该受到刑事追究，就将其缉捕和移交。而是强调被请求方不仅能用自己的刑法去衡量逃犯的行为性质，只要符合犯罪地刑法规定的追诉条件，就可以启动移交程序。在这里，对请求方提出的移交请求是否符合该法区刑法规定的追诉条件，如刑法是否有该罪名、行为是否符合犯罪构成、是否超过诉讼时效、是否具有免责理由、是否属于其他法律调整的范围等，请求方应有充分的事实与理由予以说明，同时被请求方也要认真考虑这些因素，凡是不符合请求方法定追诉条件的案件可以婉言退回。

最后，被请求移交的逃犯所犯罪行可能被判处徒刑以上刑罚或者已经被判处的徒刑正在执行。限定这一条件的重要意义有两点：一是因为缉捕和移交活动一经开始，就意味着要对逃犯进行较长时间的羁押，如果逃犯被缉捕和移交后，由请求方法院最后判决有罪，其羁押的期限还可以直接折抵刑期。而对罪行较轻，可能被判处拘役等轻刑的，就不一定要采用移交合作方式。在国际引渡立法中，行为人所犯的可引渡之罪一般限定在可能判处一年徒刑以上刑罚的范围内。《中华人民共和国引渡法》第7条第2项规定："为了提起刑事诉讼而请求引渡的，根据中华人民共和国法律和请求国法律，对于引渡请求所指的犯罪均可判处一年以上有期徒刑或者其他更重的刑罚；为了执行刑罚而请求引渡的，在提出引渡请求时，被请求引渡人尚未服完的刑期至少为六个月。"可见，对罪行较轻的逃犯由有关方面采取其他方法处理将更符合人道主义精神。二是从刑事司法成本的角度来看，缉捕和移交逃犯是不得已而为之的措施，社会资源投入较多，形成的刑事司法成本较高，如果采用其他比较经济的措施能够起到同样作用的话，就不必采用这一措施。

四、区际移交逃犯的程序

（一）提出移交请求

在区际移交逃犯法律关系中，提出移交请求的一方应称之为请求方,相对的一方为被请求方(大陆与台湾之间为"受请求方")。请求方为了提起刑事诉讼或者为了执行刑罚的原因向逃犯所在地提出缉捕和移交请求时,应当提交由请求方的主管机关正式签署或者盖章的请求书,与此同时,还要附带提供其他相应材料。为了提起刑事诉讼目的而请求移交的,应提供有权机关制作的批准逮捕决定书、逮捕证、通缉令或者其他具有同等效力文件的副本;为了执行刑罚而请求移交的,应当附有发生法律效力的判决书或者裁定书的副本,对于已经执行部分刑罚的,还应当附有已经执行刑期的证明材料;为了便于被请求方的实际执行,提出移交请求的一方还必须提供必要的犯罪证据或者证据材料,其中包括请求方掌握的逃犯照片、指纹和随身携带的身份证、出入境证件的证明材料,以及衣着、体貌特征、语言习惯、DNA 资料等其他可供识别的详细材料。另外,还要提交所依据的法律法规文件或者有关法律条文,具有法律效力的判例、法令、法律修正案或者司法解释等。

(二)被请求方对移交请求的审查与处理

当接到请求方为缉捕和移交逃犯而发来的请求书后,被请求方应当立即对请求书和其他附带材料进行研究和审查,无论接到的是直接的书面材料还是电传文件。研究、审查的内容主要有两个方面:其一,请求书和附带材料。如果被请求方认为请求方提供的案件情况及有关材料不足以说明问题时,可要求请求方补充材料或者改变请求的内容。其二,请求书指明的移交对象和所列罪行是否属于有关协议或安排的范围,是否存在不移交、暂缓移交的情况。《互助协议》规定了一些限制遣返的情况,如第 6 条:"受请求方已对遣返对象进行司法程序者,得于程序终结后遣返。"

又如第 14 条:"若执行请求将妨碍正在进行之侦查、起诉或审判程序,可暂缓提供协助,并及时向对方说明理由。"未来内地与港澳之间的《区际移交逃犯安排》如有此类规定的,应予遵守。

若请求书符合要求,且不存在不移交、暂缓移交的情况,被请求方又有条件开展这项协助的就要立即正式付诸实施。缉捕对象尚未出现或者已经失去控制的应当立即采取措施,部署警力展开追捕,并同时通知出入境口岸实行边防查控措施;如果逃犯已经被拘留、逮捕或者取保候审,被请求方在经过材料审查和研究、报批程序后,依法作出是否接受移交请求的决定,并尽快通知请求方,送达有关的诉讼文书。

(三) 移交逃犯的执行

请求方在接到被请求方决定移交逃犯的通知后,要尽快作出接收工作的安排,并就移交逃犯的具体时间、地点和移交方式等同被请求方进行磋商。

移交逃犯的方式可以根据实际情况灵活采用。如在共同边界由两地警方直接核验移交,也可以由请求方直接派侦查人员到被请求方监管部门提押移交,或者由被请求方用遣返人员的方式在出入境口岸移交。只要是能够实现有效打击犯罪的目的,而且双方同意的移交方式都是可以采用的。长期以来,海峡两岸移交逃犯,有一些是通过双方红十字会在台湾海峡水域进行船头移交的,也有一些是通过半官方的海基会、海协会中转移交或者通过第三方中介解押移交的。《互助协议》生效后,这些间接移交方式应不再使用,而应由两岸警方直接进行接触并移交逃犯。

另外,请求方在接收被移交的逃犯并按照本法区的刑事诉讼程序作出的裁判生效后,还应当及时将终审裁判的副本及交付执行的有关情况通报被请求方。至此,这一缉捕和移交逃犯的区际刑事警务合作活动就达到了圆满的终结。

第三节 区际追缴犯罪所得

国际刑事公约常将"犯罪所得"和"犯罪收益"两个术语交换使用,为叙述方便,这里统一为"犯罪所得"。追缴犯罪所得有两个意义,一方面可以掌握认定犯罪分子有罪并处以刑罚的证据,另一方面又能通过没收来切断犯罪分子生存和继续犯罪的经济基础。

一、区际追缴犯罪所得的适用范围

在国际领域确立追缴犯罪所得的刑事司法措施,最早是由联合国1988年12月19日通过的《禁止非法贩运麻醉药品和精神药物公约》予以肯定的。此后,一些国际刑事公约都不断涉及这一命题,欧洲国家于1990年制定的《关于洗钱及所有犯罪所得的搜查缉获和没收犯罪收益公约》规定了各缔约国之间相互协助追查、扣押并没收犯罪所得的义务。1994年4月,联合国预防犯罪和刑事司法委员会第三届会议审议通过了《控制犯罪收益》的决议案。此后,联合国的其他一些文件和一些国家之间的多边或双边刑事司法协助条约也吸收了这一措施的原则精神,不断扩大应用于其他有所得的各种犯罪。与此同时,各国的国内立法也正越来越多地引入或扩展关于没收犯罪所得的适用,把凡是具有经济目的和经济效果的犯罪形式都纳入应受没收非法所得的制裁范围之中。在法国、瑞士、意大利、美国等国家,在加大惩治犯罪分子对毒资以及贩毒所获资产进行清洗行为的同时,又把毒品外资金的清洗行为也列为依法查处的对象。近年来，重视并加大对特定犯罪所得的洗钱行为的打击力度，已成为许多国家刑事法的一个重要发展趋势。

中国大陆与台湾签订的《海峡两岸共同打击犯罪及司法互助协议》在第9条"罪赃移交"中规定："双方同意在不违反己方规定范围内，就犯罪所得移交或变价移交事宜给予协助。"可见，区际追缴犯罪所得这一措施已进入规范性文件，未来内地与香港、澳门的刑事司法协助安排也应包含这一内容。

就相关的国际刑事公约和一些国家的刑法来看，其规定的犯罪所得概念与范围，与中国内地（大陆）、澳门、台湾刑法的规定①都是从广义的角度来考虑的，只是使用的术语和列举的详略不同。例如，根据联合国禁毒公约的解释，"收益"是指直接或间接地通过法律确定的犯罪而获得或取得的任何财产，包括收益转化或变换的财产，或者是已与收益相混合的财产。"财产"，是指各种资产，不论是物质的还是非物质的，动产的还是不动产的，有形的还是无形的，以及证明对这种资产享有权利或利益的法律文件和文书。

概括相关的国际刑事公约和中国各法区刑法关于犯罪所得财

---

① 《澳门刑法典》第103条规定：给予或承诺给予作出一符合罪状之不法事实之行为人之酬劳，不论系行为人或他人收受，悉归本地区所有。行为人透过符合罪状之不法事实直接取得之物、权利或利益，不论系为其本人或为他人取得，亦归本地区所有，但不影响被害人或善意第三人之权利。以上两款之规定，适用于以透过符合罪状之不法事实直接得到之物或权利作交易或交换而获得之物或权利。台湾"刑法"（2009年6月10日修正）第38条规定：下列之物没收之：一、违禁物。二、供犯罪所用或犯罪预备之物。三、因犯罪所生或所得之物。前项第一款之物，不问属于犯罪行为人与否，没收之。第一项第二款、第三款之物，以属于犯罪行为人者未限，得没收之。但有特别规定者，依其规定。

产的规定，其范围主要是：固定资产、流动资产和知识产权等。其中包括土地使用权、土地上的附着物（如建筑物、自然附属物、机器设备）等固定资产，现金存款、金银首饰、有价证券、家用电器等流动资产，专利权、商标权、著作权等知识产权以及保险、赠予等所有权或债权凭证等。

从相关法律规定和中国的刑事司法实践来看，对上述犯罪所得财产的没收有两种方式：一种是有条件的没收，只没收犯罪的直接所得及其延伸部分；另一种是无条件的没收，除对前述部分进行没收之外，还可以没收犯罪工具和其他犯罪手段，以及将犯罪所得进行投资所获取的利润。对于毒品犯罪及洗钱犯罪大都实行无条件的没收。

二、区际追缴犯罪所得的程序

（一）实施步骤

追缴犯罪所得这一措施包括追查、冻结或扣押以及没收三个环节。不过，"没收"一词在这里的含义，通常不是指收缴财产的具体行动，而是指将法律意义上的财产所属权利移交给政府或者宣布政府对某项财产拥有所有权的法律程序。如果以追缴行为的性质为划分标准，追缴犯罪所得的措施可分为两种：一种是暂时性措施；另一种是永久性措施。

暂时性措施，包括冻结或扣押。按照相关国际刑事公约的规定，冻结或扣押系指暂时禁止财产的转让、变换、处置或转移，或对财产实行暂时的扣留或控制，事实上这些暂时性措施应当属于预防手段。在侦查过程中，办案人员一旦发现有犯罪所得的非法收入，就应当依照法律程序对其实施严密控制，以便保全证据，防止再次转移或处置。永久性措施是没收,即对不法财产实施永久性的剥夺。没收是控制犯罪所得的第三个环节,也是对非法财产的最终处理方法。通过对涉案财产的跟踪追查,在冻结或扣押的基础上使用没收措施,可以实现彻底打击犯罪,剥夺犯罪分子生存和继续犯罪所依赖的经济条件的最终目的。不过,中国各法区警方均无这一权力,没收的适用最终要由各法区法院裁定。

(二) 实施方法

在中国不同法区间开展追缴犯罪所得合作,必须严格按照适用于四法区均参加的国际刑事公约或有关的区际协议(安排),并在不违反本法区的法律和法制原则的基础上进行,以确保这一合作行为的合法性和适当性。

具体来说,当一法区警方需要另一方警方协助追缴犯罪所得时,应当首先向被请求方发出书面的请求(紧急情况下可以通过电信联系,请对方先采取必要的合作措施,其次再将书面材料发给对方)。请求书需要写明案由,犯罪人的情况,犯罪所得的名称、种类、数量、特征等可以辨认的内容,并提出请求采用的查封、扣押、冻结等具体措施,以及实施这一合作方法的事实依据和法律依据。此外,请求方还需要提供该犯罪所得可能置于被请求方管辖范围内的依据;提供请求方警方按照法律程序发出的财产没收令的副本等有关文件。

被请求方收到追缴犯罪所得的请求文书后,应当采取下列方法予以协助:

——收到上述符合法律要求的请求文件后,如认为不违背本法区的法律规定,应当根据上述请求提供的有关线索开展前期工作,调查有关的金融交易,设法取得保证追回犯罪资产的证据。

中国区际刑事警务合作

一般的方法是责令金融机构提供一切与案中财产有关的信息，其中包括关于某客户的个人账面细节；并要求金融机构报告可疑的或者异常的现金交易情况，以便对有关资产线索开展追查活动；

——被请求方侦查人员发现请求方所指犯罪资产的去向后，应当在法律允许的范围内尽快采取强制措施，如冻结、查封或扣押，防止犯罪分子将这一可疑犯罪资产通过任何新的交易进行转移或处置；

——被请求方警方根据实际需要，向法院申请关于没收或查抄犯罪资产的最终命令，或按照请求方的要求采取其他适当行动以保障该犯罪资产的安全；

——对于已经没收的犯罪资产，应当按照协议的约定移交给请求方，由请求方按照本法区的法律规定作出最终处理。

区际追缴犯罪所得是一项可能涉及中国四法区和外国的追缴措施，它需要国际刑事公约和各法区法律提供充分保障。中国内地修改后的《刑事诉讼法》第142条规定："人民检察院、公安机关根据侦查犯罪的需要，可以依照规定查询、冻结犯罪嫌疑人的存款、汇款"。近年来，内地警方通过国际刑事警务合作，成功地破获了多起带有洗钱性质的跨国犯罪案件。例如，1989年2月，中国银行北京分行的职员吴大鹏监守自盗，窃得4张票面金额达320万美元的汇票后出逃境外，将其中一张汇票提现并在他人帮助下通过香港、美国等金融机构转移到瑞士，另一张87万美元汇票则进入新加坡银行。根据内地公安机关的请求，瑞士警察机构冻结了涉及此案的台湾三友信托公司在瑞士银行的19万美元；新加坡高级法院经庭审宣判，冻结了的在新加坡澳新银行的87万美元归中国银行。①

完全发生在中国四法区执法部门之间的追缴合作,也有一些成功的经典案例。例如,2001年9月18日,香港廉政专员公署向新闻界宣布:成功破获一个已运作5年的庞大洗黑钱集团,拘捕39人,涉案款项达500亿港元。香港廉政公署在早些时候就接获贪污举报,指称一名银行高级经理曾收受贿赂,协助进行"洗黑钱"活动。经调查发现,该集团雇用多名"跑腿"每日将巨额现金从内地走私来港,款项包括人民币、港币及其他外币。香港廉政公署相信该集团正在广东、福建及香港的多处地方运作,并涉嫌每日从内地走私相当于5000万港元的现金来港。这些款项怀疑是内地商人逃税或有人进行其他犯罪活动所得的收益。在内地公安机关协助下,香港廉政公署迅速查明了全部案情,实施了一项名为"猫头鹰"的突击行动。拘捕宝生银行一名高级经理及两名职员,香港找换店的5名股东及9名职员、5名涉嫌运送黑钱的"跑腿"及3名处理存款的中间人。其他14名银行户口持有人被怀疑有协助"洗黑钱"活动也被拘捕。此次行动中,香港廉署在搜查一辆由内地进入香港的货车及找换店时,检获850万港元,并冻结了有关的7000万元存款。②

---

① 向党:《中国涉外警务》,中国人民公安大学出版社1997年版,第494页。
② 参见《广州日报》,2001年9月19日。

第三编 展 望

第三编 展 望

第十一章 区际控制下交付

就侦查针对的犯罪阶段形态来看,侦查有预备犯罪侦查、在行犯罪侦查和终了犯罪侦查之分。将这一划分纳入区际侦查合作,它就有预备犯罪侦查合作、在行犯罪侦查合作和终了犯罪侦查合作之分。区际委托调查取证、区际协查案件、区际追缉逃犯、区际追缴犯罪所得等侦查合作形式通常适用于终了犯罪的侦查,而区际控制下交付这一侦查合作形式则适用于预备和在行跨法区犯罪,以及跨国兼跨法区犯罪的侦查合作,且其在形态上属于联合侦查,较区际委托调查取证、区际协查案件等协作性侦查合作的形态更高。

第一节 控制下交付的概念和实践意义

控制下交付(Controlled Delivery)虽已运用于中国区际侦查合作中,但其仍是一个新的概念,因而有必要先厘清其内涵和外延。

一、控制下交付的概念和属性

(一)控制下交付的渊源和内涵定义

控制下交付是国际社会在侦查跨国毒品犯罪斗争中创设并逐

步发展起来的一种特殊侦查手段。这一新概念的提出，始于1988年维也纳国际大会上通过的《联合国禁止非法贩运麻醉药品和精神药品公约》（以下简称《联合国禁毒公约》），随后，在1990年联合国第十七届特别会议上通过的《全球行动纲领》和1998年联合国第二十届特别会议上通过的《加强国际合作以处理世界性毒品问题的措施》中，得到了进一步的确认和完善。

根据《联合国禁毒公约》的规定，"控制下交付"是一种特殊的侦查技术，是在一国或多国的主管当局知情或监督下，允许国际货物运输中夹带的非法或可疑毒品或它们的替代物质运出、通过或运入其领土，以期查明涉及毒品犯罪的有关人员。经过二十多年的实践检验和不断完善，控制下交付这一国际联合侦查手段确实为侦破跨国贩毒犯罪案件发挥了重要的作用，使一些隐藏很深的犯罪组织和犯罪分子予以暴露并给予毁灭性的打击，而且其适用对象还拓展至跨国走私、洗钱、贩运人口等犯罪。据此，对警方的控制下交付的内涵作如下表述：

控制下交付，是指在一国或多国警方实行严密控制或监督下，允许犯罪分子在跨国境运货中非法隐匿的毒品、跨国走私的物品、跨国洗钱的货币、跨国贩运的人员等通过出入境口岸，或进出自己的管辖范围，并寻迹跟踪监视，以最终掌握贩毒或走私物品路线、发现交易场所、摸清交易方式、锁定涉案下线人员，进而查明有关的犯罪组织和跨国犯罪的联系网络，以选择最佳时机将犯罪分子全部缉捕归案的侦查手段。用中国的成语说，就是"欲擒故纵"、"放长线钓大鱼"和"一网打尽"。

（二）控制下交付的属性

从控制下交付的行为属性来看，它是侦查谋略指导下的一种集法律性、技术性、战术性于一体的秘密侦查手段。从历史和逻辑渊源来看，这种高层级的"欲擒故纵"侦查谋略，其实质是国内侦查谋略在国际侦查合作中的进一步拓展或变通性应用。

围绕特定犯罪案件进行国际侦查合作，并在国与国之间运用控制下交付这一联合侦查手段，是打击跨国贩毒等严重危害多国社会治安的跨国犯罪活动的有效措施。它是警方与其他国家机关采用现代化技术手段，将跨国贩毒、走私、贩运人员等犯罪活动纳入自己的视线之内，自始至终地实行全程跟踪，严密监控、顺藤摸瓜，直至将全部案情查清并等待时机成熟后，各有关国家统一采取行动，全面出击，人赃俱获，一网打尽，最终侦破全案的一种侦查手段。

（三）"控制下交付"译名探析

把英语中的"Controlled Delivery"译为"控制下交付"，是中国内地对这一国际侦查手段的习惯性译法，而中国台湾地区却将其翻译为"监视下运送转移"。其含义是指禁毒执法机构发现托运货物中非法夹带有可疑麻醉药品或精神药物后，在涉案一国或几国主管当局知晓并监视下，仍让其出境、入境或过境，以期查明所有涉案人员的一种侦查措施。

对这两种不同的翻译，中国公安部的吴红霞女士认为，"控制下交付"并不能恰当地体现其本意，台湾学者将其翻译为"监视下运送转移"似乎更加贴切。[①] 她的立论依据有以下两点：

第一，从中英文词义转换角度分析，"control"有控制、管制、管理、管辖、监督的意思，"controlled"即被（受）控制、管制、

---

① 吴红霞：《初探"控制下交付"》，载《湖南公安高等专科学校学报》2002年第5期。

管辖、监督之意，而"delivery"有交付、交货、传送等意思。如果仅从字面上去理解并无不妥，但如果考察其具体的内容即可发现，"controlled delivery"主要是指对已知毒品的运输、交易过程进行监视，其目的是查清贩毒集团的贩毒路线、交易场所、涉案人员，尽可能多地扩大战果，抓获更高层级的毒贩，避免因证据不足而无法定罪和量刑，以便更好地打击有组织贩毒活动。事实上，在实施控制下交付的过程中，往往因为存在很多不可"控制"的因素而可能导致"失控"或造成侦查行动的失败或终止，尤其在涉及运输、交付跨越不同管辖权行政区域（或国家）时，更有可能因衔接不当、配合不周而出现失误。这也是在具体使用这一手段时，要非常慎重和严格保密的原因。而且，不同管辖地区特别是不同国家间的合作必须以其对等的权利和义务作保障，因涉及司法管辖权这一国家主权中比较敏感的问题，所以，在实际操作中真正的控制是比较困难的。由于失控的因素和危险太多，为了保证毒品安全，在《联合国禁毒公约》第11条第3款中明确规定可以终止。可见，控制下交付并不是完全在"控制下"或可以在控制下实现的，其特点主要是"监视"，而非控制。

　　第二，从"控制"的范围来看，是指有关方面对已经发现的毒品贩运活动，认为可以实施"控制下交付"时，经严格审批许可和周密计划后，对这一批货物的运送及交易的全过程进行监视、控制，并不是只对交付这一环节进行控制。而且对运送过程的监督无论是工作量，还是发生突变的可能性都比交付阶段更大，所以在运送转移过程中，当出现可能失控的情况时，警方往往不等交付进行就立即终止行动，以避免不必要的损失或风险。由此可见，这一侦查措施的核心是将隐藏有毒品的货物，置于警方的监视之下进行"安全"的运送和转移。

笔者认为，上述观点的合理性是不言而喻的，同时，这种细腻求索的精神还能够体现出学者型国家工作人员的高素质，以及在研究分析问题上的严谨学风。然而，长期以来，中国内地官方和学术界对该概念的表述已经约定俗成，虽然这两种译法的侧重点不同，但是它们之间并没有实质性的区别。所以，为便于读者阅读和理解，本书仍使用"控制下交付"这一术语并阐述下文。

（四）控制下交付的外延类型

控制下交付作为一项集法律性、技术性、战术性于一体的秘密侦查手段，应当对其进行更深层次的归类分析，以便使控制下交付理论能够准确地反映实践并能更好地为实践服务。

1. 控制下交付的空间类型

按控制下交付涉及的空间范围，可以将其划分为国际控制下交付、区际控制下交付、警际控制下交付三种。国际控制下交付是指跨越两个以上国家领域范围的控制下交付。区际控制下交付是指跨越一国内部实行不同刑事法律制度地区的控制下交付。警际控制下交付是指在单一制国家内部跨越不同警察管辖区，或者在一国内部同一法区内跨越不同警察管辖区的控制下交付。

国际控制下交付是应对跨国犯罪的侦查合作形式，主要由《联合国禁毒公约》等国际性文件和有关国家的国内法来调整。这种侦查合作形式虽起源于国内侦查谋略，但在国际上却是首创形式，体现着国际社会对贩运毒品等犯罪作斗争的坚定决心，因此最具有典型意义。

区际控制下交付是一国内部的多法区应对跨法区犯罪的侦查合作形式，以中国最为典型。它是根据"一国两制"的现实格局，引进国际社会使用控制下交付的成功经验，解决区际侦查合作问题的一种形式。虽然联邦制国家也存在多法区现象,但联邦制国家内不同法区间的法律制度并没有本质的差别,法区间也不实行封闭式的管理,所以,在联邦制国家内不同法区间实施控制下交付与在国家一法区内部不同地区间实施控制下交付没什么两样,二者均不存在实质性法律障碍。

警际控制下交付是单一制国家内部各警察管辖区,或者是一国内部同一法区内各警察管辖区应对贩运毒品等犯罪的侦查合作形式。因其属于一国或同一法区内部的侦查事务,不特别需要各警察管辖区侦查部门事先达成正式协议后才开始行动。使用这种控制下交付,完全可以按照侦查权的同一性,由相关警察机关的共同上级实行集中统一指挥的合作机制来开展。

2. 控制下交付的方法类型

第一,以是否起用查获毒品作为诱饵,控制下交付可以分为实态性的控制下交付和非实态性的控制下交付。所谓实态性的控制下交付,是指侦查人员将查获的隐藏有真实毒品的货物原封不动地交付运输,并以此为诱饵突破全案的侦查方式。非实态性的控制下交付,是指侦查人员将查获的毒品完全或部分取出和替代后所实施的控制下交付。由于控制和监督受各种因素的影响而存在着不确定性,若一旦发生风险,侦查人员所控制的毒品就有可能遗失散落,从而给社会带来潜在的危险性。前文所提及的甘肃省临洮县公安局缉毒队所交付运输的"毒品",经鉴定只在表面含有0.1%的海洛因,可以说完全是一种理想的替代物。有鉴于此,世界上一些国家提出使用无毒的"替代品",以解决真正毒品可能在中途流失的问题。然而,相反的问题随之产生,如果毒品在中途被仿造替代,一旦被贩毒分子发现,就有可能会出现使贩毒集团头目漏网的可能。因此,具体采取哪一种监控交付方法,尚需要侦查决策人员在逐案判断的基础上斟酌决策。

第二，按照是否派侦查人员跟踪监视，可以划分为随行监视控制下交付和非随行监视控制下交付。随行监视方法一般与实态性的控制下交付同时并用，以确保原装毒品等违禁品不至于中途流入社会；而非随行监视方法一般则与非实态性的控制下交付同时并用，其原因是不担心会出现向社会扩散的严重后果。

此种分类的意义是：对于前者，不仅要对运输物实行控制，而且还要采取相应的措施对人实行控制。常见的做法是：将控制下的押运人员"逆用"，使其为我服务，或者派卧底警员替代随行押运人员，开展内线侦查。由于对人的控制属于一种动态控制，其风险远甚于后者仅对物的静态控制。因此，要实施前者时，在事前必须尽量制定周密的足以控制实物的方案以及必要时可以及时采取的补救措施；而且还要加强对卧底警员的保护力度，在把握不住的情况下，要以安全为优先考虑要素，宁肯终止行动也绝不以人的生命作为赌注去冒险。

二、控制下交付的侦查实践意义

控制下交付开创了国际侦查合作中运用新型特殊侦查手段的先例，形成多国警方打破国境界限，联合侦查、携手破案的新局面。传统的国际侦查合作受国家主权原则的限制，只是一国警方根据另一国警方的请求，在本国国境内单独进行侦查活动，并将侦查的结果与请求国联系交流，一般不能派员跨国过境实施跟踪监控的侦查行为。

随着全球化的快速推进，跨国贩毒、走私、洗钱、贩运人口等犯罪活动也日益猖獗起来。由于涉案人员多且来自于多个国家或地区，所实施的犯罪行为又具有跨国性，而且多是处于国际有

中国区际刑事警务合作

组织犯罪集团的控制之下，如果一国警方一发现犯罪线索就立即破案，直接在本国境内将涉案人员缉捕，收缴所贩运的毒品等赃物，就会因收网太早太快而打草惊蛇，致使其他准备接应的犯罪集团成员闻讯潜逃，造成难以实现一网打尽的后果。因此，自20世纪60年代始，一些国家就开始探求强化区域性国际侦查合作的可能性，以最终打破国家之间的界限，在特定案件侦查中运用跨国联合侦查手段，采取新型国际侦查措施来对付日益猖獗的跨国犯罪活动。"据此，可以这样说，控制下交付能够有效地组织有关国家的警察机关通力合作，对进行跨国贩毒、走私违禁品的犯罪分子、货物运输过程及交货或取货场所进行秘密监控，以最终彻底查清案件所涉及的所有方面，将全部涉案人员一网打尽。"[①]

在国际反毒品斗争中，控制下交付这种跨国联合侦查手段已被许多国家应用于在行跨国贩毒案件的侦破活动中。1989年10月，中国在北京组织了有32个国家和地区，三个国际组织参加的"亚洲地区缉毒研讨会"。会议形成的"倡议书"敦请各国政府加强国际间的缉毒执法合作，促使各个国家和地区的警察机关在可能的情况下尽量使用控制下交付的手段，将国际贩毒集团一网打尽，并号召各国尽快建立日常的缉毒联络制度，以利于有关毒品犯罪的信息及时、准确地传递和交流。如果世界各国当局都能够在严密监视和控制下，允许毒品或毒品替代物继续运送和交付，并依靠国际协助和地区协作在适当的时候拘捕收货人，以查明真正的非法贩运毒品和清洗黑钱的犯罪人，乃至幕后组织者和操纵者，就可以打破各国当局画地为牢的传统合作格局，使侦查活动从本国领域延伸至另一国境内，由间接协作向直接协作发展，促

---

① 向党：《中国涉外警务》，中国人民公安大学出版社1997年版，第479页。

使国际侦查合作的范围进一步扩大。

显而易见，在中国内地（大陆）与港澳台不断加强区际侦查合作的今天，建立确保中国各法区社会稳定和经济安全运行的新机制尤为必要，对港澳的长期繁荣发展和尽快实现海峡两岸的和平统一具有重大意义。为实现上述目的，在对在行跨法区犯罪侦防对策进行深入探索时，应认真总结国际社会对在行跨国贩毒、走私、洗钱、贩运人口等犯罪活动实施控制下交付的成功经验，研究进一步把这一侦查手段引入中国区际侦查合作的必要性与可能性，并在借鉴国际公约和国际侦查合作实践的基础上，把控制下交付扩大运用于侦查一切有运送、接头、接收、保管等环节的在行跨法区犯罪，对提升"一国两制"框架下的区际刑事警务合作水平，有效遏制跨法区贩毒、走私、洗钱、偷渡等严重危害社会治安的犯罪具有重大影响。

第二节　控制下交付的应用特征

从《联合国禁毒公约》和其他有关的国际文件以及国际侦查合作实践来看，控制下交付既是一种秘密侦查手段，又是法律性、技术性、战术性三位一体的侦查行为。为了科学有效地使用这一侦查手段，需要对其应用特征作进一步的概括。

一、合法性

在法治社会里，侦查是一种法律强制性与调查技术相结合的刑事司法行为。侦查手段的使用一般都会涉及社会公权力以何种方式或在多大程度上对公民和社会组织的权利产生影响，并在现行法律的平台上实现自身的平衡，因此，使用控制下交付这一侦查手段的合法性应是对其发挥作用的最基本要求。按照现代法治理念，这里所指的合法性包含以下两层含义：

第一，跨国联合控制下交付必须符合途经国的国内法，这是国际法和国际惯例一向严格遵循的原则。因为在国际政治舞台上，所有国家不论大小强弱，其法律地位一律平等，国家的内政与主权不受外来国家的非法干涉和侵犯。而且，从国家权力来看，在本国内行使侦查权是国家主权的重要内容之一，具有独立性和排他性，一般不允许其他国家的干预和介入。在侦查实践中，当某国需要实施控制下交付这一侦查手段时，该国警方为监控毒品运输、交接的全部流程，就有必要派员跨越几个国家进行寻迹跟踪，发现涉案的犯罪嫌疑人，这就关系到相关国家的主权问题。尤其是在同一案件涉及不同国籍的犯罪嫌疑人且又需要在不同的国家对其采取法律强制措施时就显得更为重要。因此，请求国在酝酿并制订控制下交付计划时，必须根据已有的国际公约、地区协定或双边条约进行，在尊重被请求国国内法的前提下与其商讨有关的合作事宜。

第二，在中国内部的不同法区间使用控制下交付手段时，也必须在不违反途经法区刑事立法基本精神的前提下进行，相互尊重，平等协商，在形成共识的基础上达成合作意向，并按照严格的法律程序操作实施。

从上述法治理念出发，可以对中国是否可以使用控制下支付这一秘密侦查手段作出回答：控制下交付这一为遏制跨国毒品犯罪而提出来的秘密侦查手段，已经得到《联合国禁毒公约》和其他国际规范的承认，中国第七届全国人民代表大会常务委员会也于1989年召开的第九次会议上批准中国缔结该公约。根据国际法的基本原理，经国内立法程序批准的国际公约便转换成为国内法，从即日起就在本国内发生法律效力。据此,控制下交付这一秘密侦查手段不仅可以在国际范围内使用,而且在中国内地(大陆)使用也已具有完备的法律基础。

眼下,中国的香港、澳门特别行政区也是《联合国禁毒公约》的适用地区。台湾虽不是《联合国禁毒公约》的缔约方,但由于台湾本土毒品犯罪的不断增多以及以台湾为过境地的毒品犯罪日益严重,使得加强禁毒合作变得尤为迫切,这就促使台湾地区于2003年不得不修正《毒品危害防制条例》,并增设了控制下交付的有关规定,从而使得台湾地区的控制下交付具备了法律上的依据。此后,为了使控制下交付的运作程序进一步细化,台湾地区又制定了"侦办跨国性毒品犯罪入出境协调管制作业办法"以及"海关执行毒品控制下交付作业要点"等法令,从而为在台湾地区实施控制下交付提供了具有较强操作性的规程。据上可知,控制下交付既可在中国内地(大陆)、香港、澳门、台湾四法区使用,也可在四法区之间使用。

有学者在讨论诱惑侦查的方法时,将控制下交付也列入其中,对这种秘密侦查手段的合法性提出了质疑。事实上诱惑侦查和控制下交付虽同属秘密侦查手段,但二者并不构成必然的包含关系。诱惑侦查分为犯意诱发型和机会提供型两类,通说认为犯意诱发型有违法之嫌,而机会提供型则值得肯定。[①] 在大多数情况下,控制下交付的实施是由于在对货物的常规检查中发现毒品而引起的,随后即对这批毒品进行严密的外线监控,在这种状态下实施的控制下交付显然既不属于犯意诱发型的诱惑侦查,也不属于机会提供型的诱惑侦查。

---

① 马滔:《诱惑侦查之合法性分析》,载《中国刑事法杂志》总第47期。

只有在少数情况下,即在抓获第一批贩毒分子并严密封锁消息的情况下,由侦查人员伪装或"逆用"抓获的贩毒分子继续运送,以期扩大战果,才属于机会提供型的诱惑侦查。就是这种在极少数情况下使用的侦查手段,其合法性也已得到各国判例的支持。当然,由侦查人员亲自发动,诱发犯意的毒品运送,如甘肃省临洮县公安局缉毒队将伪造的"毒品"让被抓获的贩毒人员交个体运输户运输,进而再使用控制下交付的手段,最终将"运送毒品"的"犯罪嫌疑人"抓获。[①] 由于该案的侦查源头属于犯意诱发型的诱惑侦查,其违法性十分明显。

二、同意性

使用控制下交付往往涉及多个不同的法区。这些法区可以是主权国家,也可以是一国内部实行不同法律制度的地区。当一个案件需要几个主权国家,或国内多个法区采取联合行动时,为使合作取得成效,必须在相关国家或多个法区之间事先达成共同意向。这是实行联合侦查、拟订联合方案的重要前提。所谓共同意

---

① 2003年6月16日的《广州日报》刊登了《缉毒队长自导大案邀功》的报道。2001年8月11日上午,甘肃省临洮县公安局缉毒队在对过往车辆例行检查时拦截了一辆兰州市的出租车,在车的后排座位上起获重达3669克的"海洛因"。出租车司机荆爱国被定西地区中级人民法院一审判处死刑,剥夺政治权利终身。正在临洮县公安局为缉毒队请功时,另一贩毒案主犯马进孝却供出临洮县公安局副局长张文卓、缉毒队长边伟宏为邀功制造假案的事实。马进孝按照张文卓、边伟宏的安排,把张边二人用石灰制成的九大块"海洛因"委托荆爱国运送,当车还没有开出20公里路段时就被张边二人截获。荆爱国对一审判决不服上诉后被宣判无罪,而"8·11"运输毒品案的主要经办人张文卓、边伟宏因涉嫌制造假案被依法提起公诉,最后,定西地区中级人民法院判处制造假案的案犯张文卓有期徒刑5年,判处边伟宏有期徒刑3年,缓刑4年。

向,是指请求国事先将该贩毒案件的确实情报、实施控制下交付的必要性和可行性,以及需要被请求国实施行动的具体时间、方式、途径和联络渠道等详细情况向被请求国通报,在被请求国研究并作出同意的表示后所形成的共识。

控制下交付是国际侦查合作的一种形式,即使是被请求国同意实施联合控制下交付,请求国也不能在被请求国国内独立行使侦查权。如果被请求国认为现实情况不适宜的时候,可以拒绝请求国的要求,或者采取逮捕犯罪嫌疑人、扣押毒品的方式来中止控制下交付。此外,毒品流出国、途经国或终点国都依法拥有对运送中的毒品或携带毒品的人员采取刑事强制措施的权力,所以事先形成共同的合作意向,使合作建立在自愿的基础上具有重要意义。

中国是一个领域广阔、人口众多的大国,在同贩运毒品等严重危害社会的犯罪活动作斗争中,不仅需要在内地与港澳台不同法区间积极使用控制下交付,而且在内地(大陆)各省、自治区、直辖市之间科学地使用控制下交付都将会取得事半功倍的效果。中国内地(大陆)有31个行政区域,相互间需要实施控制下交付手段同严重的违法犯罪行为作斗争时,在具有应然性的前提下也必须严格按照法律程序形成合意。中国现行的有关法律、法规已明确规定,跨省、自治区、直辖市侦办毒品案件,必须先层报本省公安机关禁毒部门同意,并由本省公安机关禁毒部门向协作地省级公安机关禁毒部门通报案情、交流意见,同时报公安部禁毒局备案。为促进国内的禁毒协作,华东六省一市,中南、西南八省二区一市,粤滇桂二省一区,东北和内蒙古三省一区,以及浙江省的绍兴、杭州、宁波、温州、金华五市七县等有关地区先后召开了禁毒协作会议,并在合意的基础上制定了有关章程、协议和制度，为中国内地（大陆）各有关行政区之间有效实施控制下交付提供了便利条件。

三、合理性

各有关方面联合实施控制下交付还必须建立在合理性的基础上。这里的合理性包括三方面的内容：一是采取该侦查手段应当具有合理的前提，即有关案件的情况复杂，暴露出来的案值巨大，涉案人员扑朔迷离，需要采用这一侦查手段才能突破全案。例如，兰州市公安局与广州市公安局于2002年联合侦破的杨某贩运毒品案，就是事先通过"卧底"获取杨某将从境外购进一批毒品的情报后，实施控制下交付所破获。2002年5月15日，兰州市警方通过监控手段发现，贩毒分子杨某将分藏有20000克高纯度海洛因的三个编织袋，混装在一辆装满土豆袋的货车上，准备运往广州出售，立即派出精干侦查员跟踪前行。5月18日货物"安全"抵达广州市，在随后的几天里，兰州市公安局与广州市公安局的专案人员秘密布防，联手行动，将前来接收毒品的犯罪分子一网打尽，共破获三个隐藏极深的犯罪团伙，抓捕20余名犯罪嫌疑人，缴获毒资200余万元，成为在国内实施控制下交付的经典案例。

二是实施监视、控制的预案要合理。使用控制下交付的各有关方面必须在事先拟定详细完备的工作方案。其中包括行动的开始地、最终目的地，出入有关合作方控制区的具体时间，行动的路线，参与侦查的人数，联系交接的地点、方法和暗号，以及在监视合作中相互的职责划分等。此外，还应当制定出必要的应急措施和后备方案，在紧急情况下中止行动的方式，以确保夹带的毒品在运输、交付过程中始终处于办案人员的严密监视和控制之下，保证合作的连续性和人员、毒品、资金的安全。

三是合理平衡各方在合作中的权利和义务。其中包括联合实施控制下交付中各方人员应履行的职责，相互为对方人员提供那些必要的帮助，办案经费的具体负担，抓获的犯罪嫌疑人和起获的毒资如何处理，以及案件的审判、执行等项内容。

四、隐蔽性

作为一项秘密侦查手段，隐蔽性应是实施控制下交付的题中应有之义。具体而言，隐蔽性包含以下内容：

——起因的隐蔽性。所谓起因的隐蔽性，是指无论侦查人员是在得到情报的基础上查获毒品抑或是在常规检查中查获毒品，侦查人员都不应使用公开的查缉手段，而应将所获知的信息置于严格的保密状态。

——方案的隐蔽性。即控制下交付的行动方案从酝酿提出、联系协商、修改定案，到付诸实施都必须处于高度的保密状态，一般应控制在少数领导人这一层面，即使是具体参与行动的侦查人员，也只能在行动开始前和进程中知晓他应该知道的细节。

——过程的隐蔽性。在允许毒品继续运送过程中，侦查人员应以外线监控为主、内线侦查为辅，所有行动均需以秘密的方式进行。

——联络的隐蔽性。实施控制下交付涉及多国侦查人员及一国内部的不同部门，在具体实施过程中，需要大量的交换信息、互通情报、派员协调以至于联合采取行动。由于行动涉及的环节较多，案件信息散失的可能性就比较大，而且，犯罪分子突然改变计划的机会也很多。因此，在方案拟订时必须充分注意此种情况，执行中加强对相关人员的技术培训、纪律教育和行为管理。

五、灵活性

有的学者认为,鉴于毒品犯罪的隐蔽性,犯罪分子大多具有狡猾多变的特点,出于反侦查意识,毒品交易的时间、地点、路线等随时都可能变化,侦查人员如果不能及时调整和应变,极有可能造成无法控制的局面产生,因此,控制下交付具有不可控制性。[①] 还有学者认为,事实上当警方决定实施控制下交付时,也只是在既得信息基础上所作出的一种判断选择,其自身对是否能完好实现侦查目的,也处于一种建构主义的状态中,警方只能对相应的过程予以监视、控制,而对结果来说却是处于一种不确定的状态,此种情况可以表述为控制的不确定性。事实上这两种观点是从不同的角度说明了贩运毒品等犯罪本身具有的多变性,在这一前提下,任何侦查措施都应当根据案情的发展而不断变化,以便始终将犯罪分子和犯罪涉及的标的物置于侦查人员的严密控制之下。上文曾经提到的多种应急方案,就是为适应情况突变而事先预备的,因而,将这种随机应变的侦查谋略表述为灵活性更能体现出控制下交付的本质特征。

六、果断性

基于贩运毒品等犯罪行为的可变性与侦查手段的灵活性,在可能出现无法控制的局面时就应当及时果断终止这一手段的使用。使用控制下交付侦查措施的最终目的,是在确有把握的前提下深入虎穴,顺藤摸瓜,以便最大可能地扩大战果。但贩毒分子大都

[①] 吴红霞:《初探"控制下交付"》,载《湖南公安高等专科学校学报》2002年第5期。

是一些穷凶极恶之徒,他们常常携带武器、凶器贩运毒品,如果他们发觉运送活动已经受到监视,就有可能迅速改变正在进行中的计划,非但运送中的毒品和手持毒资的犯罪分子有失控的可能,还会使执行任务的侦查人员处于危险的境地,甚至在非常情况下对侦查人员的人身安全构成重大威胁。当这种失控存在时,指挥决策人员必须当机立断,果断适时终止监控行动,并以迅雷不及掩耳之势抓捕犯罪分子,确保以最小的代价获得侦查效果。

第三节 控制下交付的实施条件和策略

任何一种侦查手段都有实施的一般条件和策略性方法,认真研究控制下交付的一般条件和策略性方法,有助于在有限资源投入的情况下取得理想的成效。

一、控制下交付的实施条件

《联合国禁毒公约》对使用控制下交付的一些具体问题已经作了明确规定。根据这些规定,使用控制下交付必须具备下列条件:

(一)确有必要并有成功的可行性

使用控制下交付同贩毒等严重犯罪作斗争,是一项风险很大的侦查活动,必须首先考虑其必要性和成功的可行性。尤其是在法制日益深入人心的当今社会,更应当对各种情况进行综合分析并作出全面评估,当认为确有必要并有可行性的前提下才能实施。

为确保控制下交付取得成效,在提出使用这一联合侦查手段之前,提议方应当按照相关国际公约的一般规则,详细研究有关国家的国内法律制度,对是否有充分的证据材料证明犯罪事实确已发生、该行为是否构成犯罪进行分析，只有在案情重大，犯罪嫌疑人的行为应当负刑事责任，而且有成功的把握时才可以使用这一侦查措施。《联合国禁毒公约》规定，各缔约国应采取可能的必要措施，将违反 1961 年单一公约、经修正的 1961 年单一公约、1971 年公约和 1988 年公约（《联合国禁毒公约》）的各项规定有关的 11 种故意行为确定为国内法中的刑事犯罪。也就是说，实行控制下交付侦查手段的先决条件是，有关国家的当局认为查获的毒品或者有关犯罪线索的来源，必须是符合《联合国禁毒公约》所规定的 11 种故意行为之一，并且案情重大，需要采用控制下交付的合作方式，并有实施延伸侦查和取得更大战果的现实可能性时才可以付诸实施。

（二）将行动限定在一定范围之内

《联合国禁毒公约》规定，缔约国应在可能的范围内采取必要措施，根据相互达成的协定或安排，在国际范围内适当使用控制下交付的侦查手段。具体来说，就是有关国家或地区之间相互提供广泛的刑事司法协助，及时准确地交流有关犯罪实行中的详细情报资料，特别是毒品过境国和最终运入国都要尽可能地提供有效的侦查合作。

虽然《联合国禁毒公约》十分明确地强调了"根除非法贩运（毒品）是所有国家的共同责任"，但是根据一些国家的国内立法，警方一旦查获某人的犯罪证据就可能被立即逮捕，而且有的缔约国的国内法对执行控制下交付的责任也未作明确规定，甚至对非法贩运毒品犯罪的制裁尺度也存在明显的差异。因此，联合国在《全球行动纲领》中建议在国际一级的行动中，除非是与宪法存在强烈的抵触之外，各缔约国都必须考虑在事前达成双边或多边协定（安排），执行中需将具体案件的合作事项、监控对象、行动路线、终到地点、各方的责任以及违禁品、运输工具、涉案财物的处理办法等各项内容作明确约定，使这一侦查合作手段在一定范围内有条不紊地逐步推进。

（三）逐案进行

控制下交付毕竟是一种特定的侦查手段，它不同于国家和地区之间的专项联合扫毒行动，也不适合应用于所有毒品犯罪案件的侦查合作。一般而言，当一国警方发现了跨国非法贩运毒品活动时，是采取没收毒品及时破案的方式，还是采取控制下交付这一"放长线钓大鱼"的方式，主要取决于三方面的因素：一是案件本身有无采取控制下交付、深入侦查的必要；二是有无实施控制下交付的条件，这主要应从是否有实用控制下交付的客观因素进行衡量；三是有无实施控制下交付的可行性，即从主观条件上进行分析。比如，毒品运出国是否有足够的时间与过境国和最终运入国的警方及时联系，取得配合和支持。同时，还要考虑到国家之间外交关系的历史与现状，各国警方在刑事司法方面有无相应的协定和较密切的经常性联系，过去在这一方面的合作状况等因素。鉴于上述条件的完整性和毒品案件的复杂性，就要求当事方实施控制下交付的联合侦查行动只能采取逐案合作的方式，不可能在某一时期对毒品犯罪案件的侦查合作进行笼统地规定并毫无选择地盲目使用。

二、控制下交付的实施策略

控制下交付的形式有多种多样，但它在整个侦查过程中都必须紧紧围绕着监视控制毒品的运送，以获取证据，证实贩运毒品

中国区际刑事警务合作

等犯罪行为,缉捕真正的非法贩运毒品和清洗毒资的犯罪嫌疑人,乃至幕后组织者和操纵者这一目的而实施。根据《联合国禁毒公约》等国际性文件的规定和各国的实践,毒品控制下交付的常用策略可以从以下四个方面进行论证。

(一)毒品替代物交付的实施策略

实施控制下交付对侦查组织活动及相应条件等有严格的要求,其中包括侦查人员的素质和通信、交通条件等。侦查人员一旦在监控中出现疏忽,所监控的毒品就会有中途失落的危险。据此,《联合国禁毒公约》规定,在有关缔约国同意下,可以拦截已同意实施控制下交付的非法交运货物,并允许将毒品原封不动地继续运送或在将其完全或部分取出或替代后继续运送。有国家将后一策略称为"干净的控制下交付"。这样做可以避免毒品移交运行后发生意外或被犯罪人识破而使赃证灭失,也有助于更灵活放心地实施监督,以确保控制下的货物安全抵达目的地,防止出现中途掉包现象,致使侦查行动前功尽弃。

然而,如果完全运用毒品替代物实施控制下交付,一旦被犯罪分子察觉,就有可能造成运输毒品的最终收货人乃至幕后组织者和操纵者闻讯后隐匿不出而漏网。所以,世界各国的侦查当局普遍主张采用外真内假的策略,将替代物的外部涂上含有毒品成分的物质,以降低毒品的实际数量,同时又保证具有一定的毒品特征,以迷惑贩毒分子[①],有利于控制下交付的安全和顺利进行。

(二)邮件夹带物交付的实施策略

将毒品伪装成邮件或装入邮件,通过邮局投递,是非法贩运

[①] 林伟平:《谈打击毒品犯罪的"控制下交付"》,载《公安研究》2003年第6期。

毒品的常用伎俩之一。毒品贩运者采用这种手段只要瞒过邮局收件人员的耳目，既能避免海关的监控，又能真正做到"人毒分离"，而一旦接货"马仔"在收取邮件时发现异常，即可弃之逃之夭夭，逃避抓捕。为此，国际刑事警察组织在第54届年会上通过了一项决议，要求各国政府"采取措施预防和监视利用国际邮政系统进行麻醉药品和精神药品的贩运，以保证邮政系统的纯洁性"。但在社会实践中，邮件的收件人姓名、住址与真正收件人的姓名、住址往往不完全相符，也可能极为相似，这就使收件人可以有理由接收邮件或拒收邮件，以便逃避监控和摆脱对自己造成有罪证据。因此，在实施此种形式的控制下交付时，更需要因案施策，巧妙伪装，使鱼上钩，尽一切可能将贩运毒品等犯罪的幕后组织者和操纵者绳之以法。

(三) 非随行托运物交付的实施策略

使用控制下交付手段并不是简单地查扣或没收货主不明的、夹带着毒品的货物和逮捕该货物所牵涉的运输商。特别是对在非随行托运货物中发现毒品时，如果采取没收货物、立即破案的方式，抓获的可能仅仅是承担着毒品运输任务的"马仔"，或被高价收买的雇用人员，也可能是被人利用而根本不知情者。所以，对非随行托运物实施控制下交付的策略，是以钓出更大的鱼为其终端目标。它的意义在于使贩毒集团的更多成员暴露在侦查视线内，有助于选择突破口，摸清贩毒路线、贩毒手法及贩毒活动的规律和特点，抓获参与贩毒活动的主要案犯，直至查获犯罪组织的巢穴，缉拿隐藏在幕后的组织者和操纵者。侦查人员用好这一控制策略，能够最大限度地揭露和打击非法贩运毒品的犯罪活动，从根本上遏制跨境贩运毒品等严重犯罪的继续蔓延。

(四) 随行托运物交付的实施策略

随行托运物是指贩毒分子利用乘坐飞机、汽车、轮船等交通工具的方便，随机（随车船）携带或拖运夹带有毒品的行李物品。应用这种控制下交付的情形，通常是在警方的情报部门有证据证明某旅客有携带毒品的嫌疑，或者有关出入境检查部门对过境旅客的托运行李进行检查时发现毒品后实施的。通过民航货物托运的形式偷运毒品，曾经是非洲的毒品生产地、贩毒集团贩运大麻叶的重要手段。近些年来，在内地也经常发生毒贩将金三角地区生产的海洛因携带乘机，通过昆明、广州、香港转运欧美的个案。由于从旅客登机到起飞时间比较紧迫，随机行李在离境地的机场一般不经过海关的检查，因此，在过境机场分拣行李运往衔接航班时，通常的做法是通过表面观察或根据事先掌握的情报用警犬对重点行李进行检查。一旦发现某行李有夹带毒品的嫌疑时，就应当与航班所属的航空公司合作查明有关旅客的身份，委托乘务组保安人员对其进行暗中监视，并立即与飞机终到地的有关警方联络，作出实施控制下交付的决定。鉴于时间紧迫，各国警方对此类情况绝少采取"干净的控制下交付"的策略。如果载有携带毒品人员的飞机离境，即应将有关旅客情况、航班及抵达时间、行李情况等通报运入国警方，以便使有关警方积极应对，争取时间做好部署，有效地实施控制下交付。

第四节 区际控制下交付的实施

如前所述，中国的区际控制下交付是中国内部多法区应对在行跨法区犯罪的侦查合作形式，也是世界上最为典型的区际控制下交付。

一、实施区际控制下交付的技术分析

一国之内存在着不同社会制度的区域是中国的基本国情，内地（大陆）、香港、澳门、台湾虽然属于不同的法区，但它们之间的关系却是一国内不同法区间的关系，不具有任何国际的属性，这一客观事实上文已进行了充分的论证。在法区间的法律制度存在着明显差异，港澳特别行政区实行高度自治、司法独立的原则，港澳与内地之间各自采取封闭式管理，法区间的人员、物资过境需要接受与国际出入境几乎相同的边防检查的情况下，实施区际控制下交付这一侦查措施，既不同于内地各地区之间的侦查合作，也有别于国与国之间的侦查合作，而是介于二者之间的一种特殊侦查合作，因而具有自身的规律性。

（一）实施区际控制下交付具有优越的环境条件

从地理位置上看，香港、澳门、台湾都是中国大陆向南海延伸的陆块，与内地山水相连，唇齿相依，形成和谐的自然、人文、社会环境。虽然近代以来，港澳台地区曾长期遭受帝国主义的占领和奴役，但它们固有的文化内涵仍然属于中华文明体系。现居住在港澳台地区的居民95%以上的祖籍在广东、福建等内陆省份，相互之间的交流语言主要是粤语、客家话、闽南话和普通话，与中国内地（大陆）存在着割不断的乡土故里关系、亲情血缘关系。在这一深层文化基因的维系下，20世纪80年代以来，内地（大陆）与港澳台之间的交往得到迅速发展，大大促进了相互间的了解、理解和信任。特别是港澳的回归和海峡两岸关系的进一步缓和，又使中国四法区间的联系更加密切。在这样一个良好的社会环境条件下，四法区警方联合实施控制下交付必然大有用武之地，并能在打击在行跨法区犯罪的合作中取得良好的实际效果。

(二) 实施区际控制下交付需持积极和谨慎的态度

在香港和澳门回归祖国后，中国多法区的格局已经形成。由于法区间的刑事法律存在着较大差异，在尽力维护香港和澳门的繁荣和稳定的前提下，各方对联合开展控制下交付应当持积极而谨慎的态度。之所以这样，是因为港澳回归祖国后与内地在新情况下的经济合作、社会管理和刑事司法协助都有一个创新、适应的过程，与内地警方在控制跨法区犯罪上的合作也需要通过实践来进行切磋磨合，力求做到既符合各法区的现实法律规范，又能取得良好的实际效果。另外，"一国两制"正式实施的时间还比较短，港澳的部分社会人士对独立司法权仍存有疑虑，所以，为保持特别行政区的平稳过渡，尽快实现海峡两岸的和平统一，各法区的侦查合作必须建立在稳妥的基础上，各方持积极而又谨慎的合作态度完全符合现实情况的需要。

(三) 实施区际控制下交付的程序应简便易行

由于中国各法区的绝大部分居民都是一脉相承的炎黄子孙，不存在复杂的民族矛盾和宗教冲突，这一有利条件决定了中国实施区际控制下交付这一侦查合作形式，要比国家间的合作更加直接和简便易行。在实践中，不同法区间已尽可能地简化各种审批程序，逐步取消影响合作效率的限制性规定，学术界对此也提出了许多建设性的意见。例如，有学者主张我国的区际侦查合作可以建立在直接通信联系的基础上，把复杂的审查程序简化为对一方逮捕令状的认可程序。[①] 这样,既能避免把区际控制下交付混同于国际控制下交付,从而产生损害国家主权的危险,又有利于不断提高区际侦查合作的效率,促进法区间的刑事警务合作向更深更广阔的领域发展。

(四) 实施区际控制下交付应与个案协查相一致

根据控制下交付的应用特征,中国多法区警方在联合实施这项侦查措施时,只能逐案作出决定,即实行"一案一议一决一预案"的原则。因为控制下交付毕竟是一种特定的侦查手段,并不是每一件在行跨法区犯罪案件都可以采用。一般而言,在国际侦查合作中,当一国警方发现了跨国贩运毒品等犯罪活动时,是立即采取查获并没收的即时破案的方式,还是采取控制下交付这一"放长线钓大鱼"的方式,主要取决于两点:一是案件本身有无采取控制下交付手段深入侦查的必要,如贩运毒品的种类和数量,有无利用的价值等。如果所运输的属于毒品、伪币、淫秽物品且数量很大,就存在着以此作为诱饵,继续深入侦查的必要。二是货物运输过程所涉国家或地区是否有合作的条件。由此可见,实施控制下交付需要有关方面通力合作的前提,所以,中国不同法区警方联合实施控制下交付时,需要充分考虑各法区的合作意向、法律是否准许、客观上有无这种可能等具体因素,并按照各法区在个案协查方面达成的默契和所确立的程序进行。

二、实施区际控制下交付的现状

中国贩运毒品活动的主要特点之一是"两头在外、中间贩

[①] 王铮:《涉外刑事程序与刑事司法协助》,群众出版社1999年版,第151页。

中国区际刑事警务合作

转"。随着国际反毒合作的不断加强，东南亚各国也在对本国内的毒品犯罪进行严厉打击，联手严密控制由"金三角"、"金新月"毒品生产地向世界各地贩运毒品的通道，摧毁了许多毒品生产、加工基地，破获了不少贩毒集团，严惩了一批贩毒犯罪分子。这一合作的初步成效，对各贩毒集团的打击是空前的。然而，贩毒集团为逃避打击并继续维持贩毒所获取的巨大利益，便纷纷将亚洲贩运毒品的路线北移，选择中国作为中转通道，然后再将毒品向外国贩运。从已破获的毒品犯罪案件来看，大多数运送毒品的犯罪都与国际贩毒集团有联系，内地的广东省更成为国际贩毒集团在东北亚的中转通道。内地（大陆）的贩毒分子与港澳台的贩毒集团相勾结，将"金三角"地区产出的毒品先转运至云南、广西、广东等省区，然后再假道香港、澳门、台湾，运入欧美等国际毒品市场。目前，国内外贩毒分子在中国境内相对固定的贩毒路线有两条途经广东：一条是云南—广西—广东—香港；另一条是新疆—甘肃—广东—香港。这种状况已引起了中国政府的高度重视，充分认识到只有加强国际、区际禁毒合作，才能最大限度地打击跨国、跨法区毒品犯罪。在这种思想的指导下，十余年来中国政府积极参与国际间、区域间以及邻国之间的禁毒合作，充分发挥控制下交付在打击跨国、跨法区贩运毒品犯罪中的重要作用。目前我国在这一方面取得的主要成绩有：

——1989年第七届全国人民代表大会常务委员会第九次会议批准我国加入《联合国禁止非法贩运麻醉药品和精神药物公约》。

——多年来，中国通过多渠道积极拓展禁毒国际合作的广度和深度，已初步形成东亚次区域禁毒合作谅解备忘录（以下简称MOU六国），以及"6+2"机制下的中亚次区域和"东盟"10国+中国框架下的禁毒合作机制，为有效实施国际、区际控制下交付措施奠定了基础。

——积极参加有关禁毒的联合国会议、区域性会议、国家间的多边会议或双边会议,就禁毒的理论和实践问题进行研究、探索、交流。还积极参加"提高东亚禁毒执法培训"项目的学习研讨活动,使中国内地与港澳特别行政区缉毒人员运用控制下交付手段的能力和水平得到迅速提高。

——联合国在《加强国际合作以处理世界性毒品问题的措施》中,建议各国"考虑与其他国家特别是邻国缔结协定和安排,以便于采用控制下交付办法"。中国积极响应,先后与泰国、缅甸、老挝、越南四国签署了双边的《禁毒合作谅解备忘录》,与俄罗斯、墨西哥、印度、巴基斯坦、哥伦比亚、塔吉克斯坦、秘鲁等国家签署了禁毒国际合作协议,与东盟国家共同签署了《东盟和中国禁毒行动计划》,与俄罗斯、哈萨克斯坦、乌克兰等国签署了海关合作互助协定等,所有这些双边协定和多边协议,都为有效实施国际、区际控制下交付提供了法律基础。

——在侦查实践中,中国内地的广东、广西警方与香港警方运用控制下交付的技术手段联手侦破了诸如"11·8"特大跨境贩毒案,广州、香港、印度尼西亚三地海关联手侦破的"12·28"国际邮件贩毒大案,中国内地、中国香港与缅甸、泰国、美国等多方联手侦破的"3·30"特大国际贩毒案,严厉打击了国际贩毒集团的嚣张气焰。中国也赢得了良好的国际声望。

就其他在行跨法区犯罪案件来看,实施区际控制下交付也十分必要。其他在行跨法区犯罪案件主要是指贩运人口、枪支弹药、淫秽物品、伪币、文物、贵金属的犯罪案件。据权威部门估计,目前进入中国内地(大陆)的伪币大部分来自于台湾,诈骗分子在内地(大陆)进行"刷卡消费"所持有的假信用卡也主要来自台湾和香港：内地文物偷运出境的通道，主要是通过港澳特别行政区进入欧美市场，向内地走私运送的淫秽物品则大多是来自于东南亚国家或者我国台湾地区。由此可见，对上述在行跨法区犯罪实施控制下交付这一侦查手段，不仅是必要的，而且能够取得理想的效果。

三、实施区际控制下交付的方法

实施区际控制下交付，应当根据携带和运输物品、人员的种类和案件的具体情况采取不同的监控方法。具体来说，可以将被贩运的人员和物品原封不动地监督运送，也可以更换成替代物后继续运送，同时实施有效的跟踪控制。究竟在个案的实施中采取哪一类方法，都需要相关法区警方在商定实施方案时作妥善取舍。

仅上海和广东警方在20世纪80年代，就分别运用这两种运送方法，两次成功破获过境中国的贩毒案件。一起发生在1988年3月，中国警方与香港、美国警方合作，采取原封不动继续运送的方式侦破了"空运锦鲤鱼夹带毒品案"。

案件首犯梁德伦于1971年从内地偷渡香港后定居此地。1987年12月，梁德伦专程从香港到广州，与广州市"新市供销社"蛇皮加工厂的王宗晓等人接头，策划利用上海到旧金山的金鱼出口渠道贩运海洛因。1988年1月中旬，他派人把海洛因交给王宗晓，并向其传授利用锦鲤鱼夹带毒品的方法。后来，王宗晓伙同梁俊华、卢竹良、冯玲等人将用奶粉袋装好的海洛因填入锦鲤鱼肚内，并混装在20箱锦鲤鱼中。1988年3月9日凌晨，由卢竹良将货物运至虹桥机场，交给事先委托的代理商朱昌煜托运美国。在装机前的例行检查中，海关人员发现混装其内的171条死锦鲤鱼体内共藏海洛因3300克，海关人员立即报告民航公安处。3月9日晚，

第三编 展 望

中国公安部通过美国驻华大使馆向美国警方通报了案情,美方表示愿意积极与中方合作破案。他们迅速派美国驻香港总领事馆缉毒专员抵沪,陪同上海市公安局侦查专家一起前往旧金山。上海公安部门又把藏毒品的鲤鱼复原后装入次日的国际航班,并在沿途及目的港对货物进行了跟踪监控。3月12日夜,美国警方在旧金山机场将前来提货的梅坚毅、谭锦强、李进雄三人当场捕获。与此同时,国际刑警组织中国国家中心局又与国际刑警组织香港支局联系,将主犯梁德伦夫妇擒获,中国内地也同时将王宗晓等人拘捕,缴获未装入鱼肚而藏匿在一户居民家中的另外1200克海洛因。在中国内地、香港及美国三方警察通力协作下,该案仅用四天即顺利告破。

发生在珠海的一起案件更具有戏剧性。在本地注册的一家贸易公司,靠一辆挂有广东、澳门两地牌照的小汽车进出关闸的方便条件,每次将几件内地文物藏于车内送到澳门,又从澳门带进一些国际名牌手表,再以低于市场的价格面向全国批发。海关走私犯罪侦查局在接到内地有关方面的举报后,经过两个多月的排查、跟踪、守候,并与澳门警方密切配合,才彻底查清了这一境内外共同实施走私犯罪的集团。在该车再一次进入澳门后,澳门警方对其实施了控制下交付的全程监控,并通报珠海走私犯罪侦查支局。当该车返回驻地与前来接货的内地"商贩"进行交易时,警方以迅雷不及掩耳之势采取境内外与境内不同地区统一实施的突击行动,将遍布内地多个省份和澳门的走私犯罪分子一网打尽。

可见,因案件的具体监督运输方式不同,控制下交付的具体方法也不同。无论采用哪种方法,都需要确保诱饵安全有效,以最终获取最大战果。因为在实施控制下交付的过程中,必须保证货物在符合海关规则的前提下,使货物能够"安全"地通过出入境检查，顺利到达最终目的地，以便在交货过程中或者取货后将罪犯缉拿归案。

从国际惯例和中国公安机关的侦查实践可以看出，区际控制下交付已不是简单的没收货主不明、夹带或隐匿违禁品的货物和缉获该货物所涉及的发货人或押运人员，而是通过相关法区侦查部门之间的协商和有效配合，运用种种必要的侦查技术在严密监视和控制下，允许隐匿或夹带着违禁品的货物在不同法域间继续运输和照常规进行交付，最终依靠各有关法区之间的密切配合，在交付地、发货地、中间转手地全面出击，抓获收货人，进而查明所有涉及犯罪的人。这种侦查手段的实际运用，需要事先进行周密的策划和安排，在不使非法贩运者察觉的状态下实施跨法区运送，随后经过有关方面的连续监控交接，以达到秘密诱捕跨境犯罪分子的目的。与此同时，还可以有效地查明跨境走私犯罪的幕后指挥者，发现犯罪的源头和主谋，能够给跨境毒品犯罪、走私犯罪组织以毁灭性的打击。

四、实施区际控制下交付的重点

对运输中的毒品实施控制下交付的创新性，在于它开创了国际侦查合作使用特殊手段的先例，打破了国家边境和一国之内多法区边境的限制而实施联合侦查，携手应对日益严重的跨国、跨法区犯罪。中国是禁毒国际合作的积极推动者和参与者，也是最早签署和批准《联合国禁毒公约》的国家之一。近些年来，中国在相互尊重、平等互利和真诚合作的原则指导下，积极与有关国家和地区对贩运毒品等犯罪实施控制下交付，所取得的成绩已为世人所瞩目，并为今后的合作奠定了良好的基础。因此，在新形势下继续有效使用控制下交付的合作手段，需要把以下目标作为其工作的重点。

第一，在中国内地各省、自治区、直辖市之间，内地（大陆）与港澳台之间的反贩毒、反走私、反偷渡等犯罪斗争中积极使用控制下交付这一侦查合作手段。

目前，在与贩运毒品和其他违禁品的走私犯罪作斗争中，警方遇到了许多复杂的情况。具体表现是：一个案件因具有跨国性往往需要启动国际侦查合作程序，又因其同时涉及中国内部的不同法区而需要启动区际侦查合作程序，还因其涉及内地的不同省、自治区、直辖市，而需要启动各警管区之间的侦查合作程序。在对涉及三种侦查合作关系的案件使用控制下交付手段时，就需要协调好各有关方面的关系。对此，最常用而且最需要协调好的是内地各省、自治区、直辖市之间的关系，进而需要协调好内地（大陆）与港澳台的关系。在促进内地反毒协作方面，各地公安机关做了大量的工作而且卓有成效，已经形成了多个禁毒协作区，如华东六省一市，中南、西南八省二区一市，粤滇桂二省一区，东北和内蒙古三省一区等有关地区先后召开了禁毒协作会议，并通过了有关章程、协议和制度，为在内地各警管区之间有效实施控制下交付提供了条件。

从另一方面来看，内地的基层侦查人员主动运用控制下交付的意识，与跨越警管区、跨越各法区贩运毒品等犯罪活动的日趋严重趋势仍不相适应，一些地方的部门仍然存在着本位主义和门户之见，配合、协作的意识还不够强，因急功近利而各自为政的做法仍比较普遍。特别是受毒资、违禁品罚没收益问题的影响，阻碍了各地运用控制下交付的整体作战效能的发挥。因此，很有必要进一步加强内地反毒反走私斗争的协作，通过制定有关规章制度，对在实施控制下交付时的情报信息的收集、传递与共享，业务部门的联络与支援，案件管辖权的协调，工作成果的评定与奖励等方面作出明确的规定，使不同地方之间能够严格执行公安部《毒品案件侦查协作规定》的要求，遵循有利于打击犯罪的原则，在有条件时要尽可能多地使用控制下交付手段。

第二，在与东亚次区域、中亚次区域和东盟等国际区域开展禁毒合作中使用控制下交付手段，打好国际缉毒合作中的"中国牌"。

中国是世界上唯一的同时邻近"金三角"和"金新月"这两个世界重要毒品来源地的国家，同时又东临太平洋，是世界毒品走私贩运的理想过境国。当前，"两头在外，中间贩转"是中国贩运毒品犯罪的重要特点。毒品从"金三角"和"金新月"进入中国之后，除一部分就地满足国内消费市场的需要之外，大部分通过中转站出境到达港澳台，再转手国际市场。与此同时，由于特殊的地理位置，中国对跨国、跨法区贩运毒品犯罪实施控制下交付也存在着很多便利条件。因此，充分利用有利的地理位置，加强与联合国有关禁毒机构、世界卫生组织、国际刑警组织等国际机构和缅甸、泰国等东亚次区域，巴基斯坦、孟加拉等中亚次区域以及东盟等有关国家的协作配合，不断开拓禁毒合作的新领域，提升运用控制下交付的水平，争取在国际缉毒等领域的主动权，特别是要在东亚次区域国际缉毒合作中发挥主力军的作用。

第三，积极利用联合国"发展东亚地区执法机构禁毒执法程序"项目和"提高东亚禁毒执法培训"项目的学习交流机会，迅速提高缉毒人员运用控制下交付的能力和水平。

"发展东亚地区执法机构禁毒执法程序"项目是 MOU 六国（中国、柬埔寨、老挝、缅甸、泰国和越南）于 1996 年签署的，并于 1999 年 3 月正式启动。项目的主要活动方式包括举办国家级、地区级研讨会和培训班,组织实地考察和提供设备援助等。自该项目正式启动以来,中国已承办了两次培训班和一次研讨会。通过该项目的进行,中国缉毒人员明确了加强禁毒国际合作对提高打击毒品犯罪效能的意义,了解并学习到世界其他国家运用控制下交付的新方法和新技术。今后,随着项目的逐步开展,要尽可能组织更多的一线缉毒人员参加这样的学习交流活动,以便从中借鉴到其他国家运用控制下交付开展缉毒斗争的成功经验和做法。

"提高东亚禁毒执法培训"项目是由 MOU 六国于 1997 年签署的,旨在根据各国不同的语言、文字、法律和司法程序,为各国编制一套完备的禁毒基础知识多媒体教材。当前,针对基层缉毒人员运用控制下交付侦破毒品案件意识薄弱的实际,需要尽快完成教材的翻译工作,结合缉毒民警全员培训计划,积极开展宣传教育活动,使这支队伍广泛树立"有条件的应当尽可能实施控制下交付"的思想意识。还要通过举办国内培训讲座的方式,使基层广大参与反毒执法的人员,明确使用控制下交付的条件、实施方法和纪律,提高运用控制下交付侦破毒品案件的自觉性。

第四,在区域性禁毒合作协议的基础上,尽快缔结便于采用控制下交付的区域性、区际性安排和实施办法,尽快实现这一侦查合作方式的规范化。

联合国在《加强国际合作以处理世界性毒品问题的措施》中,建议各国"考虑与其他国家特别是邻国缔结协定和安排,以便于采用控制下交付办法"。多年来,中国先后与泰国、缅甸、老挝、越南四国签署了双边的《禁毒合作谅解备忘录》,与世界多个国家签署了禁毒国际合作协议和海关合作互助协定,与东盟国家共同签署了《东盟和中国禁毒行动计划》,所有这些双边协定和协议,都为有效实施国际一级控制下交付提供了法律基础。但是,迄今为止,所签署的相关公约、协定、协议还存在着一个共同的弱点:在对缔约国相关权利作具体规定的同时,对于缔约国不履行其义务应负的相应责任则几乎未作任何规定。这无疑使公约、区域性协议和双边协定的法律效力受到了损害。同时,"由于各国在有些问题上还存在着分歧,再加之个别西方国家经常插手他国的禁毒事务,导致各国间造成一定的隔阂,在实施控制下交付时不够协调,出现此消彼长的'气球效应',阻碍了各国运用这一侦查手段的深入开展。"①

据此,为切实开展对贩运毒品犯罪实施控制下交付措施,有必要对相关公约、多边协议和双边协定进行重新修订,对违反国际义务的缔约国应负法律责任的条款作一些补充,以及设置有权认定违反义务的国际性机构及其工作规则与程序的相关规定。同时,要与"金三角"、"金新月"地区的毒品生产国和周边国家之间订立具体的安排,包括由各国警方、海关之间订立易于操作的措施,将有关国际一级控制下交付的性质由过去的以意向性承诺为主,转变为更实际、更广泛的合作。还需要确定毒品运出国、过境国和最终运入国在控制下交付的过程中所应承担的职责、义务,从而使各国在实施这一手段时能遵守共同的标准,以便能在区域范围内,更有效地对毒品犯罪进行侦查、监控以及冻结、查获和没收贩毒收益,保证整个侦查措施的全面落实。

鉴于中国尚未签订包括控制下交付在内的区际合作文件,建议以后无论是内地(大陆)与港澳台分别签订,还是四地共同签订刑事司法协助和警务合作协议,均应将区际控制下交付纳入其

---

① 林伟平:《谈打击毒品犯罪的"控制下交付"》,载《公安研究》2003年第6期。

中。最理想的结果是,签订包括控制下交付在内的并适用于内地(大陆)、香港、澳门、台湾四地的刑事司法协助和警务合作协议或安排。

第五,加强国际交流和争取国际社会对中国提供更多的项目援助和技术支持,确保新技术在控制下交付中得到有效应用。

控制下交付是一种技术性很强的秘密侦查手段,特别是在各国警方打击毒品犯罪力度不断加强的形势下,贩运毒品的犯罪分子不仅配备了对抗性的致命武器,而且不惜重金购买先进的通信设备、交通工具,以对抗和逃避警方的侦缉。因此,控制下交付对侦查人员的素质和使用的监视仪器及交通工具的先进程度都提出了较高的要求。这就要求警方当局不仅要提供法律协助,而且还要提供必要的技术支持。当前,中国既要通过加强项目的研讨、联络和培训等活动,借鉴其他国家运用现代化侦查手段和查缉技巧开展控制下交付的经验,又要合理引进其他国家已研制成功的可跟踪毒品货运的技术设备和替代毒品的无害物质,以确保控制下交付的安全使用。同时,还要提高中国在国际禁毒领域的声誉,争取联合国提供更多的项目援助,筹集更多的项目资金来购买实施控制下交付所必需的技术设备,以支持中国在同毒品等违禁品犯罪作斗争中取得更加辉煌的成就。

第十二章 区际多边刑事警务合作新机制

现实的中国区际刑事警务合作主要是分别式双边合作,因其存在较大的局限性,致使一些必要的深层次的多边合作无法开展,影响了中国各法区警方共同预防、控制、处置和侦查区际互涉犯罪尤其是跨法区犯罪的效能。未来,除继续在分别式双边合作上加强机制建设之外,还应努力在多边合作机制上寻求新突破,逐步建立多边合作模式。

第一节 共建区际多边综合协商协调机制

根据香港和澳门特别行政区基本法、《海峡两岸共同打击犯罪及司法互助协议》和长期的区际刑事警务合作实践,区际刑事警务合作的各种事项均需通过协商安排,因而区际多边刑事警务合作机制也需要先构建区际多边协商综合协调机制。

一、区际多边刑事警务合作机制的概念

在社会领域中,机制是指为实现一定目标,根据一定原理建立的组织指导系统。机制由制度以及保障制度执行的体制、决策程序等要素组成,并通过决议、决定和计划等规范人的行为。机制有静态和动态之分,静态机制是机制的静态要素体系,主要包

第三编 展 望

括体现机制功能的系列化、形式化的制度和机制主体的组织结构形式（体制）。动态机制，广义包括机制功能、机制要素、机制建立、机制评价、机制运行、机制效果、机制调整等；在狭义上是指运行机制。机制还有横向和纵向之分，横向机制通常称为协调机制，纵向机制通常称为控制机制。

区际刑事警务合作机制也由制度、体制和决策程序等要素组成。其中，制度的表现形式通常为原则、准则、规则等。"原则"是特定时期区际刑事警务合作关系发展内在规律的抽象反映；"准则、规则"是机制主体间达成的协议、安排中的规范，它既可以是成文的，也可以内化于机制主体的思想和行为之中。"体制"是机制主体为了实现某种功能而达成的结构性安排，是机制主体的组织结构形式。"决策程序"是机制主体为建立制度和保障制度执行而设置的协商、决策过程。区际刑事警务合作机制作为一种规范的区际关系模式，其价值不仅在于区际刑事警务合作体制、原则、规则的静态整合性，更在于它能够作用于区际刑事警务合作实践，具有动态性质。

与国际刑事警务合作机制有双边和多边之分一样，区际刑事警务合作机制也有双边和多边之分。所谓区际多边刑事警务合作机制，是由四法区共同协商构建，由各种制度、体制和决策程序组成的动态指导系统。作为一个复杂的动态指导系统，区际刑事警务合作机制既有横向协调功能，也有纵向控制功能。它首先应通过横向协调功能，建立区际刑事警务合作的制度、体制和决策程序，其次再通过制度、体制和决策程序对四法区警方的刑事警务合作行为产生约束力，促使四法区警方通力合作，共同完成特定的任务。由此可见，解决区际多边刑事警务合作的深层次问题，关键应在横向协调上下功夫。

现实中，宏观层面的当务之急是解决以下问题。

二、共建四法区警务合作综合协商协调机构

广泛而言，多边合作中采取的惯例、一般性多边对话、协商等形式，并不是严格意义上的多边机制。严格意义上的多边机制，除应有一套围绕一定的目标形成的、具有普遍意义的、比较稳定和正式的制度体系之外，还需要有保障制度执行的良好体制。良好体制不但直接关系着多边机制的有效性，而且还是机制发育成熟的标志之一。良好体制的核心是机制主体的组织结构形式及其运作方式，其本身也是一种典型的制度性安排。

内地与港澳两地的警务合作从20世纪70年代开始，三方同心携手，克服了种种困难，成功侦破了一系列重特大案件，为港澳的安全顺利回归作出了重大贡献。港澳回归后，内地警方与港澳警方继续保持接触，逐步建立健全定期警务会晤和对口合作机制，有效促进了三地警务合作的良性互动。三地警方从维护三地稳定繁荣的总体目标出发，每年定期举行警务工作会晤和刑侦主管工作会晤，就共同关心的社会治安问题进行认真磋商，努力寻求解决的方法和途径，并达成了许多共识。三地警方在经济犯罪侦查、反黑、缉毒、刑事技术、网络犯罪侦查、出入境管理、打击跨境卖淫及非法赌博违法犯罪等多个业务部门先后建立了直接联络渠道，不断加强情报交流、调查取证、个案合作、联合行动等对口合作。另外，还建立了深圳与香港陆路口岸和珠海与澳门口岸警务合作机制，以加强深港、珠澳边境口岸地区的治安管理，有效预防、控制、处置和侦查跨法区犯罪活动，更好地为香港、澳门及内地居民提供有关服务。随着三地警方沟通联络渠道和方式的不断拓展，合作的广度和深度也在不断增强。中国大陆与台湾签

订的《海峡两岸共同打击犯罪及司法互助协议》，确立的也是由各方主管部门指定联络人的归口联络双边合作制度。

目前，区际警务合作的实践中的归口联络、对口合作方式是由合作各方分别自行设立专门部门，专门管理有关区际警务合作事务。这一体制虽然发挥了积极的作用，但缺点是各自为政、各自管理、各自行动，不利于发挥区际地理优势、资源优势，不利于迅速地掌握情况，不利于集中协调指挥和规范管理。"如此大国没有一个专门的区域协调机构在全球来看是少见的"[①]。因此笔者建议，在经四法区协商一致之后，组建警务合作综合协调机构，统一管理、统一指挥、统一协调区际警务合作事务，推动四法区刑事警务合作向纵深发展。

鉴于中国是一个单一制国家，但区际刑事警务合作又是"一国两制"体制下各法区地位独立平等的合作。这种合作既不存在像联邦制国家内各组成部分警务合作的上位法和上位协调机制，也不具有中国同一法区内警务合作的高度一体化特征。因此，四法区警务合作综合协商协调机构可称为"中国区际警务合作委员会"，由中国内地（大陆）、香港、澳门、台湾四警方的代表机构组成，主席由四警方或主管机关的首长轮流担任或选举产生；或者赋予"中国警察协会"组织协商协调四法区警务合作的职能，在协会之下建立区际警务合作部。该机构除努力实现情报、信息和其他警务资源的共享，协商协调现实的警务合作事务，保证合作的时效性、准确性之外，还应积极提升区际警务合作的价值层级，推动区际多边警务合作制度建设，进一步拓展合作空间，维

---

① 张可云：《区域大战与区域经济关系》，民主与建设出版社2001年版，第506页。

护区域社会安全和秩序的稳定。

三、共建区际多边刑事司法协助和警务合作制度[①]

"现代行政法制必然要求将行政主体之间的公务协作关系固定化、规范化、系统化。"[②] 其实,刑事法制又何尝不是如此。中国区际多边刑事警务合作机制一个成熟的标志是有一套围绕一定的目标形成的、具有普遍意义的、比较稳定和正式的制度体系,它要求每一法区都共同接受与遵守,并在制度框架下调整和规范自己的行为。

然而,中国现实的区际刑事警务合作,既缺乏双边体制,更缺乏多边制度。近些年来,中国区际双边刑事警务合作虽然在制度建设与合作实务中取得了一些成效,但仍存在大量缺陷。如内地与香港、澳门特别行政区的代表进行了长期的磋商,但至今没有形成一个总体的刑事司法协助和警务合作安排,其合作最主要的特征是依靠各方的自觉行为,缺乏法律制度的保障。在这种情况下,各法区犯罪分子一直在利用这一法制过渡期,采取境内外联手的方式实施各类违法犯罪活动。而在处理此类具有跨法区要素的犯罪案件时,因没有被双方认可的规范可依照,不得不继续采用回归前的个案协助、高层协调、行政默契等合作方式。这些

[①] 刑事司法协助和警务合作是既有联系,又不相同的两个概念。从概念的外延看,刑事司法协助和警务合作存在交叉部分。刑事司法协助是程式化的刑事诉讼程序上的协助性合作,其中侦查阶段的合作与警务合作中的侦查合作部分有交叉。但警务合作不仅有侦查合作,还有行政合作、安保合作、服务合作等,它与刑事司法协助是在不同的视角和框架内界定的,在这里并列使用并不产生被刑事司法协助包含的逻辑矛盾。

[②] 张正钊:《行政法与行政诉讼法》,中国人民大学出版社1999年版,第156页。

方式不仅周期长、投入大、效率低,还常常因各方的认识不同或者外部因素的影响而导致合作事宜久拖不决。

现实中,中国区际综合刑事司法互助和警务合作安排或协议的双重缺位,严重影响四法区刑事司法协助的有效进行和警务合作新领域的拓展。因此,中国内地(大陆)、香港、澳门、台湾四法区应在共同利益的立场上,恪守求真务实、积极合作的精神,在协商一致的基础上,建立对四法区普遍适用的刑事司法互助和警务合作制度,以增强共同预防、控制、处置和侦查跨法区犯罪的整体效能。虽然中国的区际警务合作是"一国两制"体制下各法区地位独立平等的合作,但考虑到中国毕竟是一个单一制国家,区际多边刑事司法互助和警务合作制度的名称不应模仿联邦制国家而冠以"协定"、"协议"字样,故不宜将之命名为《区际刑事司法互助协定》和《区际警务合作协议》,而应该称为《区际刑事司法互助安排》和《区际警务合作安排》。

第二节 共建刑事司法资源共享制度

刑事司法资源是一个很宽泛的概念,主要是指那些能为刑事司法活动提供条件、便利和手段的各种资源,其中包括人力资源、财物资源、信息资源、证据资源等。刑事司法合作机制的良好运行还必须有充足的司法资源予以支持。为保障中国区际多边刑事警务合作机制的运行,未来还应通过制度实现刑事司法资源共享。这里重点要谈的是各法区间相互接纳并采信相互移交的证据资源。

一、共建区际相互移交证据和远程视频听证制度

预防、控制、处置和侦查跨法区犯罪的重要环节是能够收集

并占有确实充分的证据。因该类犯罪行为的跨法区性，使犯罪直接遗留下来的证据大多散落在不同的法区。按照各法区司法独立、互不干预的一般原则，这些证据应由所在地警方依法收集，其他法区在刑事司法活动中通过调取采信来实现证据资源的共享。另外，案中证人的出庭作证也有一个条件是否便利的问题，如果证人以怕遭受黑社会或其他犯罪组织成员的报复等原因不能出庭或者不愿出庭作证，控方就会失去主要证据的支持，法院很可能以证据不足而宣告被告人无罪，造成犯罪分子屡犯屡放，长期逍遥法外，继续危害社会的严重恶果。因此，一法区收集到的证据可以移交给他法区使用，居住在一法区的证人按法定程序可以到另一法区为案件作证，接受法区可以按照本法区的证据规则审查采信。很显然，实行这项接纳并采信另一法区移交证据的司法资源共享制度，是减少投入，提高刑事司法效率的最佳途径，将有助于对跨法区犯罪实行最强有力的惩罚。

但考虑到证人到另一法区为案件作证的成本和一些难以克服的困难，中国区际之间还可以参照国际刑事司法合作的做法，实行远程视频听证。关于国际远程视频听证的规则，2001年于斯特拉斯堡缔结的《欧洲刑事司法协助公约第二附加议定书》对远程视频听证方式的采用作出了较为具体的规定。后来，《联合国打击跨国有组织犯罪公约》和《联合国反腐败公约》作出了比较原则性的规定。2005年7月21日缔结的《中国和西班牙刑事司法协助条约》首次将远程视频听证制度引进到我国的双边司法协助条约中，该条约第10条第3款规定："在存在可能性且不违反任何一方的法律规定的情况下，双方可根据具体情况约定通过视频会议获取证词。"借鉴上述国际条约的规定，当有关的证人或鉴定人不可能、不愿意或者不宜前往另一法区作证时，希望进行远程视频听证的一方应当向被询问人所在法区提出正式的刑事司法协助请求并征得被请求方的同意。在有关请求中,请求方应特别说明采用远程视频听证方式的理由,如有关的证人和鉴定人不愿意或者不能够前往请求国接受询问或者出庭及其原因。被请求方主管机关同意后,应当为安排远程视频听证活动提供必要协助,如传唤和帮助有关人员参加听证活动,审核被询问人的身份,根据需要或者请求为被询问人提供译员等。在听证结束后,被请求方主管机关应当制作一份纪要,以注明听证进行的时间和地点、被询问人的身份、其他参加听证活动人员的身份、听证时的有关技术条件以及其他需要说明的问题,该纪要应当由被请求方主管机关提交给请求方主管机关。

二、共建区际电讯犯罪资料和有关电讯资料的共享制度

电讯资料是现代社会进行交往的重要手段,包括电报、传真、可视电话、电视资料、电子邮件、摄像监控资料、专用网络信息、大型电子计算机储存资料等。建立记录犯罪事实情况的电讯刑事档案和共享制度是世界上许多国家刑事司法机关应对跨国犯罪增加、犯罪危害日益严重的一项重要措施,在实践中已经发挥了十分积极的作用。为加强中国各法区警方对互涉刑事案件的协查,对跨法区犯罪实施全面的控制,做到迅速部署、重拳出击,就需要有完善的跨法区犯罪电讯资料和其他电讯资料共享制度,以保障情报来源及时、准确。

首先,各法区警方对跨法区犯罪分子,不论其是外国人、他法区居民还是本地居民,不论其最后是否受到刑事处罚,都应当及时将其个人的身份资料、近期照片、体貌特征、指纹笔迹以及其他相关事实情况,如实录入刑事犯罪综合信息系统之中,以便

各法区刑事司法机关相互交流、查询和传输。同时，各法区警方应积极协调有关部门将出入境人员的证件、签证（注）资料、在出入境口岸的登记资料和申报出口进口业务的部门、公司、企业以及每次进出口岸的人员、货物资料纳入警方的信息系统中，使不同法区警方可以根据需要通过互联网随时进行异地查询核对，实现对出入境人员、物资信息的联动管理。

其次，进一步完善信息互动的网络查询和传输系统。各法区警方的侦查部门要确保有准确、全面的情报来源，就必须对跨法区犯罪情报资料和其他资料的收集、储存、处理到查询、传输形成完整的管理体系。此外，还要充分利用互联网、电子计算机等先进的科技手段，在各法区警方之间建立起专用的通信网络，每一法区又可根据实际需要在有关部门设立适当数量的网站，并在确保安全的前提下实现有关情报资料的网上查询、网上传输，对重大的案件和案犯实行网上通报、网上通缉。

相比之下，港澳台地区的电讯资料建立早于内地，但随着内地经济的快速发展，内地的机关、企业、事业单位办公自动化的进程在不断加快，公安机关已装备了比较先进的办公、通信设施和自动收集、储存、检索设备，并实现了大型电脑控制和网络传输，各法区警方实现电讯资料共享的技术障碍已不存在。

第三节 共建特殊侦查手段使用制度

制度所设立的手段也是机制的要素之一。由于跨法区犯罪的有组织性、智能性、隐蔽性、快捷性的不断增强，传统的区际侦查合作方式和手段已显得力不从心，区际多边刑事警务合作机制应在这方面有所作为，以有效遏制跨法区犯罪的发生和蔓延。

第三编 展 望

一、国际社会已立法和实践的特殊侦查手段

在调查取证方面,有关的国际刑事公约允许采用一些特殊侦查手段。例如,《联合国打击跨国有组织犯罪公约》第20条规定:"各缔约国应在其本国法律基本原则许可的情况下,视可能并根据本国法律所规定的条件采取必要措施,允许其主管当局在其境内适当使用控制下交付并在其认为适当的情况下使用其他特殊侦查手段,如电子或其他形式的监视和特工行动,以有效地打击有组织犯罪。"综合一些国家的实践,与国际刑事警务合作有关的特殊侦查手段主要有以下几种:

(一)跨境跟踪

跨境跟踪(Cross-border Observations)是指一国警方为实现特定的侦查目的,而借助另一国警方的协助对跨越本国与该另一国边境的犯罪嫌疑人继续进行跟踪监视的一种侦查活动。跨境跟踪的适用一般应具备以下两项条件:其一,被跟踪人所犯之罪行属于可引渡的犯罪,即属于特定的犯罪类型并且达到一定严重程度、应判处较重的刑罚;其二,有证据认定被跟踪人是上述犯罪的嫌疑人或被告人。

跨境跟踪一般由请求国主管机关向跟踪地国主管机关提出请求并获得批准。执行跨境跟踪任务的侦查人员必须携带随时表明其官方身份的证明文件,遵守跟踪地国的法律和当地警方的指令,不得进入私人住宅和不向公众开放的场所,并向跟踪地国主管机关报告他们的一切活动。

在紧急情况下,请求国正在执行跟踪任务的侦查人员需要越境继续进行跟踪,并且不能预先获得被请求国主管机关批准的,

请求国主管机关应当立即将有关越境的情况向被请求国主管机关汇报并立即提出协助请求。根据《欧洲刑事司法协助公约第二附加议定书》第17条第2款的规定,如果请求方侦查人员在越境执行跟踪任务后的5个小时内没有获得被请求方主管机关的批准,则应当立即终止跨境跟踪。

(二) 特工侦查

特工侦查 (Covert Investigations) 是指侦查人员采用隐瞒真实身份或者使用虚假身份的方式侦查犯罪人行踪或者获取有关证据的一种侦查活动。在国际刑事警务合作中,被请求国主管机关可以为请求国主管机关的特工侦查活动提供协助,如允许请求国主管机关派出侦查人员在被请求国境内开展特工侦查,派遣本国侦查人员参加在本国境内开展的特工侦查活动,为有关的侦查活动提供必要的条件和技术保障,采取措施以保护请求国侦查人员的安全等。

一国警方在另一国境内开展特工侦查活动,应当向该另一国提出请求。被请求国主管机关应当依照本国的法律和有关程序逐案审查有关的请求。请求国和被请求国应就特工侦查的期限、具体条件、有关人员在特工侦查期间的法律地位等问题进行磋商并达成协议。侦查人员应当遵守所在地国的法律和相关程序。如果请求国的侦查人员在被请求国执行任务期间造成损害,应当按照被请求国的有关法律承担责任;但是,被请求国应当像赔偿由本国侦查人员造成的损害那样对受害方进行赔偿,然后再由请求国向被请求国补偿有关的花费。[1]

---

[1] 参见《欧洲刑事司法协助公约第二附加议定书》第22条。

方共同市场就四国警察联合侦查、共同办案达成了一项新的协议。协议规定，为了便于追捕逃犯和对方领域内的贩毒分子，四国警察可以自由进出各自的边境地区。这是南方共同市场在加强经济一体化的同时，促进警察系统一体化的一个实际步骤。① 紧急情况下越境追捕在欧洲早已有先例。

(二) 共建紧急情况下的区际海上追缉和围捕制度的必要性

与国际上的跨国追缉不同的是，中国的区际追缉逃犯是在一个国家之内且主要是在海上进行，而国际上的跨国追缉是在国家间且大多是在陆地上进行。

台湾是位于我国东南沿海的第一大岛，香港、澳门由我国领土南端的半岛和若干岛屿组成。我国四个法区之间的边界，除了粤港、粤澳之间有少量的陆地边界之外，其他多为海域相连。在粤港、粤澳之间的陆地边界上有防护铁丝网和出入境口岸等设施，还有边防武装警察昼夜巡逻和出入境管理警察、海关人员对出入境人员、物资的检查检验，因而偷渡人员与走私物品从陆地边界出入境的总量比内地与港澳之间的海上要少得多。大陆与台湾的情况也大致如此。但是，在我国四法区之间的海上边界线上，根本就无法设置防护铁丝网和出入境口岸以实行有效控制，再加上粤港、粤澳和福建与台湾金门岛等岛屿之间的有些海面并不宽广，游泳跨越的事件已屡见不鲜，若用船舶趁夜色进行走私、运送偷渡人员和逃犯就更不在话下了。因此，如何加强海上巡查，对发现的走私、运送偷渡人员和逃犯的船舶进行跨海域追踪，截获犯罪分子已成为警方的一大难题。

---

① 向党：《加入世贸组织对公安工作的影响》，中国人民公安大学出版社2002年版，第242页。

针对上述问题，著名法学家马进保教授在一次关于跨境犯罪的学术报告会上，提出了"建立事先通报并取得对方同意的越境追捕制度"的建议，受到与会人士的热烈鼓掌欢迎。马进保教授认为：控制海上偷渡和走私难就难在，按照现行的管理体制，当一方水上巡逻警察在追缉非法出境人员或走私船舶时，犯罪分子就开足马力拼命向边境线逃去，只要非法出境人员或走私船舶进入另一法域的行政管辖区，追缉方的水上警察就无法再继续向前追去，眼看着即将被缉获的犯罪分子从容跑掉。据此，马进保教授建议：应在推进陆上警察过境联合追捕逃犯的侦查制度的同时，建立水上跨境追逃、联合围捕逃犯的新机制，允许在各自水域进行巡逻的水上警察为缉拿水上逃犯的需要，可以在事先通报的情况下实行越境追捕、各方联合围捕的司法合作制度。①

第五节 共建区际多边刑事警务合作机制的路径

共建中国区际多边刑事警务合作机制涉及方方面面的问题，但关键问题有三个：一是四法区相互间的高度互信，二是不伤害各法区刑事法律的基本精神和基本原则，三是刑事司法权的合理让渡。这三个问题相互联系，相互影响，缺一不可，需要我们开创新思路，寻求解决的办法和方案。

一、以"一国两制"为前提，在发展现有合作的基础上，建立和巩固四法区相互间的高度互信

概观国际社会林林总总的警务合作，大致有三种类型。一是

---

① 马进保：《中国区际侦查合作》，群众出版社2003年版，第287~288页。

国际警务合作，即不同主权、不同法律的国家之间的警务合作，这种合作可简单概括为"异权异法"警务合作；二是一个主权国家内，实行相同法律制度的不同地区之间的警务合作，这种合作可简单概括为"同权同法"警务合作；三是一个主权国家内部，实行不同法律制度的地区之间的警务合作，这种合作可简单概括为"同权异法"警务合作。我国的区际刑事警务合作即属于"同权异法"警务合作，它是以"一国两制"为根本前提的警务合作。

以"一国两制"为根本前提的主要内涵有两个：第一，区际刑事警务合作是在"一个中国"内部的刑事警务合作，即在中华人民共和国统一主权下，各个法区间的刑事警务合作。这一内涵使区际刑事警务合作的基本原则与"两个国家"的国际刑事警务合作的基本原则区别开来。第二，区际刑事警务合作是"两种制度"前提下的警务合作，即实行不同的政治制度、经济制度和社会制度的各个法区间的刑事警务合作。各个法区间在政治和法律上，"两种制度"应当相互宽容，互不干涉，和平共处。

现在"一个中国"原则在台湾重新得到确立，两岸关系正在发生重大改变。《海峡两岸经济合作框架协议》将使得目前两岸经济关系从由市场主导到政府主导，从由市场机制决定到政府合作机制参与，在两岸经济关系的制度性合作机制上产生重大转变，对两岸经济将产生积极影响。随着两岸四地经济联系的不断加强，人员来往的日益频繁，跨法区犯罪也愈演愈烈，严重侵害了各法区的发展和秩序。因而，共同利益的一致性要求各法区建立高度互信，共同合作打击跨法区犯罪。内地（大陆）、香港、澳门和台湾都是中国统一大家庭中的组成部分，一荣俱荣，一损俱损，每一法区的秩序都关乎整个国家的秩序，每一法区秩序的维护理应得到他法区的支持和协助。

在上述背景下，2009年4月26日，两岸签订了具有里程碑意义的《海峡两岸共同打击犯罪及司法互助协议》，两岸警方应紧紧抓住这一历史机遇，建立直接联络方式，实现大陆与台湾警方的定期会晤与经常性合作的紧密结合。与此同时，香港、澳门也应乘势而上，积极发展与台湾的警务合作关系，扩展合作的范围和途径。相信各法区在地理、文化、血缘和经济紧密联系的现实基础上，随着对预防、控制、处置和侦查跨法区犯罪、维护发展和秩序共同需求的不断提升，各法区对区际多边刑事警务合作机制的态度和价值观也会逐步转变和趋同化，继而各法区间的互信也会大大提升，并必将推动区际多边刑事警务合作机制的逐步建立和有效运作。

二、相互尊重法律差异，求同化异，共建四法区共同认可的原则和规则

区际多边刑事警务合作机制所涉及的原则不仅仅是刑事司法领域需要贯彻的重要原则，而且其最终目标是需要四个法区在刑事立法上应当尽可能地对相同的事项作出大致相同的规定，从而体现各法区对于法律所保护的利益的共识，表明法律所保护的价值有趋同性。对这一方向性的发展，也有少数法律界人士认为这样做违背香港、澳门特别行政区基本法的精神，担心会损害各法区的独立司法权。为此，必须在相互尊重各法区法律差异的基础上，求同化异，建立四法区共同认可的原则和规则。

（一）相互尊重与平等协商，维护各法区法律的基本精神

这一原则要求四法区在刑事司法合作领域地位平等，共同协商，不存在也不允许一方单独说了算。由于区际刑事警务合作机

制涉及对有关个人的权利保护问题、各法区法律基本制度和原则的维护问题，甚至可能涉及相关法区具有一定敏感性的政治问题，所以，更需要中国四法区正视多种法律制度共存的客观现实，通过共同协商的方式处理和解决区际刑事警务合作机制在建立和运作过程中遇到的问题和困难，任何一方都不得以法律制度上的差异作为否定对方合理要求的理由，更不得为保护当地的局部利益来损害任何相对一方的合法权益。

在维护各法区法律基本精神的同时，各法区还应通过平等协商，逐步趋同区际多边刑事警务合作的态度和价值观，并在此基础上加强共同和各自的立法，以打击那些侵害四法区共同法益的犯罪活动。例如，在开展移交逃犯合作时，应当将追求法律的公平、正义以及打击共同的犯罪行为放在首位；当区际刑事警务合作尤其是区际统一逮捕令的签发方和执行方在某些具体法律问题上产生分歧时，可以通过不同层面的磋商彼此达成妥协，确定能够遵守的执行条件。诸如此类的对司法裁决的相互承认均产生于维护四法区法律秩序的共同需要和利益。

（二）严格范围和规则，合理平衡保护人权与打击犯罪的两个法律公平、正义的关系

区际多边刑事警务合作机制的建立与运作，无疑有利于防止犯罪分子利用各法区刑事司法资源独享和司法管辖权的划分和限制逃避制裁。即使从人权保障的角度看，特殊侦查手段和统一逮捕令等，只要使用得当还有利于保障被追诉人员在不同法区得到相同的刑事司法保护。问题的关键是如何严格范围和规则，并在此基础上正当地运用这些手段和统一逮捕令。

首先，严格限制特殊侦查手段、统一逮捕令和海上越境追捕的适用范围和对象。特殊侦查手段只能适用于根据开展区际侦查

合作的实际需要，即运用一般侦查方法难以收集到确实充分的证据，或者已经采取的其他侦查方法未能取得预期的成效，必须采用某种特殊侦查手段才能侦破的案件。而且还需要将此类侦查手段的适用范围限定在那些社会危害严重的刑事案件以及没有直接被害人的犯罪案件。特殊侦查行为一般只能针对犯罪嫌疑人，这是保护公民合法权益的必然要求。但在特殊情况下，基于一定的事实可以判断出被秘密监控的对象与犯罪嫌疑人之间有联系，而查明这种联系将有助于及时破获案件，如长期潜逃的犯罪嫌疑人同亲友保持秘密联络，为了在亲友与犯罪嫌疑人会面时将其抓获，可以对亲友、联络人和联络工具采用秘密监控的手段。区际统一逮捕令的缉捕对象只能是被指控或者被判决有犯并经中国各法区刑事司法机关共同指定的犯罪，且可能在中国四法区范围内潜逃、藏匿或者居留的在逃犯，既包括正在接受刑事追诉的犯罪嫌疑人或被告人，也包括正在服刑期间的被判刑人。因而各法区不能只针对自己单方面确定而未经他法区共同指定的行为签发区际统一逮捕令。至于水上越境追捕和各方联合围捕的合作方式，则只能适用于海上正在发生的跨法区犯罪和正在进行逃跑的犯罪分子。

其次，严格限定特殊侦查手段、区际统一逮捕令和海上越境追捕的适用条件。使用区际统一逮捕令的证据标准不能低于签发一法区逮捕令所需的证据标准。使用特殊侦查手段必须有初步的证据证明该案属于法定的适用范围，而且确有采用的必要，决不允许凭主观臆断，在缺乏必要证据的前提下，就直接适用此类特殊侦查手段。对于海上越境追捕和各方联合围捕的合作，只有在紧急情况下特殊使用，一般海上巡逻活动不得越界进行。越境后的追捕活动仍然以犯罪人或犯罪船舶所在地的警力为主，过境警察主要起堵截等辅助性作用，包括提供案件线索、指认目标、辨别犯罪嫌疑人等,特殊越境追捕结束后,越境船舶及人员应立即退回到边界线另一侧。

最后,对特殊侦查手段适用证据补强规则,对区际统一逮捕令和越境追捕适用司法救济措施。证据补强规则是指运用普通证据来支持特殊证据,使用从证据来证明主证据的运用证据规则。现代证据理论认为,补强证据的证明力有两个标准:一是较高标准,即要求补强证据大体上能够独立证明犯罪事实的存在;二是较低要求,即能够与被补强的证据基本一致,无明显的矛盾存在,能共同证明案件事实。考虑到运用此类侦查手段的特殊性,只要达到较低的证明标准即可得到确认。因此,当使用特殊侦查手段破获的案件侦查终结移送起诉后,检察机关和审判机关在对使用特殊侦查手段取得的证据材料进行审查的时候,应当结合本案的其他证据进行综合分析判断,只有在这些证据的证明方向一致,可能出现的矛盾得到合理排除之后,才能认定该案的成立,不能仅仅依据通过特殊侦查手段取得的证据对被告人定罪量刑。至于区际统一逮捕令的适用,除多方约定的情况外,允许被执行人向执行地的司法机关提出异议,并要求得到一定的法律保护。被执行人可提出异议的理由一般应限制在:被执行人不是逮捕令所针对的人;该逮捕令所列举的犯罪不属于统一逮捕令犯罪清单中的罪行或未达到严重程度;有关犯罪已过追诉时效等。对越境追捕适用司法救济措施则应按照属人管辖原则进行,若被追捕人属于协助方居民,捕获地又在协助方的,被追捕人可向本法区的司法机关提出异议,并要求得到一定的法律保护。

(三)借鉴国际已有立法和实践,维护各法区刑事司法权的独立性

相对于在一法区使用的特殊侦查手段和逮捕令,区际特殊侦

查手段、区际统一逮捕令和越境追捕的作用也应是特定的。尤其是区际统一逮捕令，它不仅被用来临时剥夺或限制在逃人员的人身自由，也不能成为认可统一逮捕令法区向签发地法区移交或遣返被逮捕者的法律根据。区际统一逮捕令的签发只意味着移交逃犯请求的提出和相关合作程序的启动。因此，有法律界人士认为这样做违背香港、澳门特别行政区基本法的精神，担心会损害认可并执行特殊侦查手段和统一逮捕令一方独立的刑事司法权和刑事司法秩序。

从国际社会已有的立法和协商司法实践看，有关国家无不在允许采用这些特殊侦查手段、统一逮捕令和越境追捕的同时，运用细致的立法对其适用权限、力度、程序实行严格的控制。结合中国区际刑事警务合作的特殊性，应在确立使用这些侦查手段、统一逮捕令和越境追捕的必要性和可行性的同时，要根据案件的实际情况，综合考虑犯罪的种类和罪行的严重程度，以便做到决策的准确与适当。

首先，严格限定越境追捕的使用程序。执行中请求一方根据实际需要应事先向对方发出通报和请求，只有在对方同意的情况下才能实施水上越境追捕行动，而作出是否同意的表示正是当事方在行使自己的独立司法权。

其次，严格限定使用特殊侦查手段、统一逮捕令的批准或签发机关以及执行人员的权限。批准特殊侦查手段和签发统一逮捕令的机关是特定的，只能由中国各法区获得专门授权的刑事司法机关批准或签发，该机关不仅有批准特殊侦查手段和签发逮捕令的法定权限，而且应当在本法区的刑事司法程序中享有一定的把关地位和权力。由于特殊侦查手段是在被侦查对象不知晓的情况下进行的，为防止侦查人员对这一"敌明我暗"特殊条件的不恰当利用，必须限制直接执行人员权限，包括时间、方法和地点限制以及需要报告的情况和事项等。

最后，切实加强对运用特殊侦查手段的监督。(1) 应当在制定规范中明确规定，为应对跨法区犯罪的需要，各法区警方的侦查部门可以根据实际情况作出采用特殊侦查手段的决定，进而规定对特殊侦查手段实施严格监督，明确监督的主体、监督的方式、监督的程序等具体问题，使参与区际侦查合作的机关做到有法可依。(2) 不断强化检察机关对运用特殊侦查手段的实施情况进行监督的力度。在实际执行中，必须适当调整事前监督与事后监督的比例，要求侦查部门在对跨境犯罪案件采取特殊侦查措施之前，必须事先知会检察机关或者取得检察机关的许可。(3) 检察机关应当对运用特殊侦查手段于涉境外案件实施特殊监督，即人民检察院可以在侦查活动的进行中，通过一定程度的参与来了解情况，纠正违法，实施对特殊侦查手段运用过程的监督和制约。

三、先易后难，循序渐进，积极稳妥地推动区际多边刑事警务合作机制建设的进程

区际多边刑事警务合作机制的建设是一个复杂的过程，不可能一蹴而就。各法区警方以及其他刑事司法机关均应本着先易后难、循序渐进、积极稳妥、逐个解决的原则，通过沟通协商，认同一项建立一项，即使一项制度也可先在较小的范围开始，再扩展到全部四个法区。例如，四法区可先互相订立双边的《跨境刑事司法协助协定（安排）》和《警务合作协议（安排）》，然后通过摸索，积累经验，并吸收借鉴适合于我国基本国情的国际惯例，在"一国两制"框架下，由四法区立法机关制定适合四法区未来发展需要的《区际刑事司法协助安排》和《警务合作安排》。

中国区际刑事警务合作

　　构建区际统一际逮捕令制度，可以参照欧洲统一逮捕令的一些规定：（1）在适用的初期，可以将相互承认逮捕令的适用范围限于比较严重的犯罪，以后再相机逐步扩大适用范围。在各方协商的基础上，将各方公认的严重犯罪列出一个犯罪清单，并对其可判处的刑罚予以限定，如根据签发地的法律应判处3年以上剥夺自由的刑罚。因为在协商过程中，各方都已经充分考虑了本地区的法律规定，所以，在执行统一逮捕令时，犯罪清单上的严重犯罪，不需要再进行双重犯罪和证据的审查，以便简化审查程序。（2）为提高移交逃犯的成功率，应将强制性的或任意性的拒绝移交的事由限制在一个较小的范围内，排除适用政治犯罪不移交原则和死刑犯不移交原则，充分尊重各地区的司法传统和司法制度。（3）去除烦琐复杂的类似引渡审查的移交审查程序，直接由司法机关之间建立合作关系。通过设计统一逮捕令的格式和递交、审查程序，使司法机关之间对逮捕令的认可和执行简便易行。

第四编　附　录

公安部关于对《关于港澳台人员刑事拘留或逮捕后家属通知书如何送达的请示》的批复

(公法〔1993〕38号)

北京市公安局：

你局《关于港澳台人员刑事拘留或逮捕后家属通知书如何送达的请示》〔京公法字（1993）156号〕收悉。经研究，同意你局的建议，即对港澳台人员（中国籍）在京犯罪被刑事拘留或者逮捕后，需要通知家属的，其家属通知书由国际刑警中国国家中心局（公安部五局六处）代为发送。

公安部
1993年4月3日

中国区际刑事警务合作

公安部关于加强对内地公安机关赴港澳调查取证工作管理的通知

(公刑〔2000〕1047号)

各省、自治区、直辖市公安厅、局,新疆生产建设兵团公安局:

  关于内地公安机关与香港警方等纪律部队交往合作的有关事项,在《公安部关于加强公安机关涉香港工作集中统一领导的通知》(公通字〔1998〕47号)和《公安部关于地方公安机关与香港警方等纪律部队交往问题的通知》(公通字〔1999〕89号)中已有明确规定,各地执行情况总体是好的。但仍存在一些问题,一是一些地方公安机关擅自派人赴香港调查取证,未按规定程序报批,引起香港有关部门的关注,造成不良影响。二是一些赴香港调查组人员对"一国两制"的方针理解把握不准,在与香港警方人员交往中不够谨慎、妥当;有的调查组存在组成人员过多、在香港停留时间长、工作效率不高等现象。这些问题不仅给香港警方的接待工作带来压力,而且已经影响到香港警方对内地公安机关赴港调查取证的协助力度,对工作十分不利。

  为了维护内地公安机关与香港、澳门警方的良好合作关系,提高赴港澳调查取证的效率和质量,有必要进一步加强对内地公安机关赴港澳调查取证工作的统一协调管理,规范请求港澳警方协查案件的办理程序。现就有关注意事项通知如下:

一、内地公安机关赴港澳调查取证人员必须严格执行中央关于"一国两制"的方针政策和基本法，按照"互不隶属，互相联系，互相支持"的原则处理与香港、澳门警方的交往事宜。

二、凡需赴港澳做必要调查或会见证人的地方公安机关，应报请本省、自治区、直辖市公安厅、局审核后，向公安部提交赴港澳调查取证的请示，详细列明调查取证的内容和目的。

请示主要包括以下内容：

1. 简要案情。

2. 案件性质，适用法律条款。

3. 涉案人资料（如需调查时）。尽可能包括：姓名、别名、性别、出生日期及地点；身份证号码；旅行证件号码（护照或赴港澳通行证等）；在港澳住址及电话；办公地址、电话及传真号码；手机和传呼机号码；最后入出香港、澳门的时间等。

4. 公司资料（如需调查时），尽可能包括：公司中英（葡）文全名（如被调查公司为在港澳注册公司）；业务性质；公司在港澳地址；电话及传真号码；公司注册日期；董事/股东/经理的详细情况等。

5. 银行账户资料（如需调查时）。尽可能包括：开户银行名称、银行账号；开户日期；销户日期；需要调查的交易日期等。

6. 调查提纲，包括赴港澳调查取证的目的及其具体调查内容等。

7. 其他有关情况。

三、地方公安机关要求赴港澳调查取证的请示经公安部批准后，由公安部刑事侦查局根据情况通知公安部驻港澳警务合作联络官，由该联络官通报香港警务处或澳门司警局。待港澳警方同意并完成前期调查工作或做好会见证人的安排后调查小组方可成行。广东省公安机关赴港澳调查取证工作由广东省公安厅审批，并报公安部备案。

四、赴港澳调查小组必须是熟悉案情的办案人员，人数以2～4人为宜。

五、调查小组赴港澳前应对调查细目、需要携带的有关资料以及工作方式等做好充分的准备工作。公安部主管业务局负责对准备情况检查把关。

六、调查小组在港澳停留时间原则上不超过5天，在港澳期间应注意礼仪，尊重对方的习惯，工作期间不得喝酒，一般不向对方赠送礼品。

七、在港澳期间禁止将非办案人员带入工作场所，不得要求港澳警方提供工作以外的方便。工作中如遇困难或意外情况，应及时与公安部驻港澳警务合作联络官联系，并接受其指导和帮助。

八、港澳警方协助内地公安机关办理的案件需要对外宣传时，有关省、自治区、直辖市公安厅、局应报请公安部审核同意。

九、凡港澳警方可代为调查取证的，各地不派赴港澳调查小组。各地需港澳警方协查的案件，有关公安机关应逐级向公安部提交协查请示，经公安部主管业务局审核后，通过公安部刑事侦查局向香港警务处或澳门司警局发函协查。

以上事项，请各地严格执行，执行中有何问题请及时报部

公安部
2000年6月16日

公安部 国务院台湾事务办公室关于协调处理涉台重大刑事案件的通知

(公通字〔1993〕32号)

各省、自治区、直辖市公安厅、局,台湾事务办公室:

为了进一步加强公安机关与台湾事务办公室(简称台办)在处理涉台重大刑事案件中的协调和配合,妥善处理重大涉台刑事案件,维护海峡两岸同胞的合法权益,促进海峡两岸关系的顺利发展。现就有关问题通知如下:

一、处理涉台刑事案件,要严格执行《中华人民共和国刑法》、《中华人民共和国刑事诉讼法》等刑事法律、法规。对触犯刑律者,必须依法惩处。

二、凡发生涉台重大刑事案件,当地公安机关要认真勘查现场并用录相、照相等方法记录原始现场状况,依法调查取证,对提取的各种物证要及时检验鉴定和妥善保管。

遇有台湾居民被害身亡或者其他非正常死亡的案(事)件,为查清死因需要对尸体解剖的,由当地公安机关决定。有条件的应通知死者家属到场。

对查明的死者遗物应予妥善保管;死者的尸体处理要征得家属同意。

三、涉台重大刑事案件发生后,当地公安机关应立即上报省、自治区、直辖市公安厅、局,同时通报当地台办。必要时,由省、自治区、直辖市公安厅、局报告公安部。

各地台办对于重大涉台刑事案件的发生和处理情况，要及时报告国务院台湾事务办公室，抄报海峡两岸关系协会（简称海协）。

四、各地公安机关在侦办涉台刑事案件中，凡需与台湾警方联系，核查有关犯罪人或者被害人事项的，一律上报公安部，由公安部商国务院台办后决定与台方交涉的方式。

五、海协是受权协调大陆各部门和各地与台湾海峡交流基金会（简称海基会，台湾当局授权与大联系的"民间机构"）进行联系的机构。各地公安机关需要通过海协与台方联系或交涉的事项，由公安部、国台办与海协协商统一口径。

台方反馈的情况，海协应及时通报公安部和国台办。

涉及两岸双向遣返刑事犯罪分子的事项，执行公安部《关于实施大陆与台湾双向遣返工作的通知》（公发〔1991〕3号文件）。

六、台湾警方通过海基会与海协联系，请求大陆公安机关予以协查的事项，由公安部商国台办后通知有关地区公安机关办理；需要当地台办协助的，由当地公安机关提出，各地台办应积极配合。

七、各地公安机关发布有关涉台重大刑事案件的新闻，必须上报省、自治区、直辖市公安厅、局，由省、自治区、直辖市政府审批；需通过中央新闻媒介报道的，必须报经国务院台湾事务办公室商公安部后方能发布。

八、处理涉台重大治安事件，参照本规定的原则执行。

公安部、国务院台湾事务办公室
1993年4月2日

公安部关于实施大陆与台湾双向遣返工作的通知

（公发〔1991〕3号）

各省、自治区、直辖市公安厅、局：

一九九〇年九月十二日，台湾海峡两岸红十字组织就双向遣返问题达成协议，建立了海上遣返渠道。遣返工作现已开始。根据中央、国务院领导同志批准的《公安部、国务院台湾事务办公室、卫生部关于实施遣返工作几个问题的请示》精神，遣返工作由公安部归口负责。为保证这项工作的顺利进行，现对公安机关实施双向遣返工作的有关问题通知如下：

一、工作原则

做好双向遣返工作，既有利于两岸关系的发展，推动祖国和平统一大业，也有利于维护大陆的稳定。遣返工作应采取周密稳妥、循序渐进的方针和内紧外松、严密防范、确保安全的原则。要把遣返工作与保卫人民民主专政、反渗透、反颠覆、反分裂、反破坏斗争，与打击刑事犯罪、维护社会治安、加强沿海地区的边防管理等项业务工作结合起来。

二、遣返人员范围

（一）我方接收人员：经核查属实的私自渡海的大陆公民；我方通缉的刑事犯罪分子；偷渡逃台的其他违法犯罪分子。

对我已遣返至台湾的人员坚决不予接收。

（二）向台湾遣返人员：利用非法途径、没有合法证件进入大陆的台湾人员；经甄审上报同意遣返的台方通缉的犯罪分子；台湾人员在大陆犯罪依法审理后认为可以遣返的，或在侦查过程中拘捕经甄审同意遣返的；在大陆有嫖娼、套汇、赌博、走私等违法行为，尚不构成犯罪的，依法给予行政处罚后，在大陆继续居留有碍社会安定的台方人员；滞留大陆、证件过期或因其他原因不适宜在大陆居留必须遣返的台方人员。

三、公安机关各业务部门的分工

大陆与台湾双向遣返是一项长期的、综合性的工作，涉及公安机关的各部门。各有关业务部门要按职责分工，各司其职，相互配合，共同做好这项工作。

遣返工作中的任务分工为：对台湾拟遣返的大陆人员名单，由各有关业务部门负责核查。台湾遣返大陆人员接收后的审查处理工作，由被遣返人员的户口所在省、自治区、直辖市公安机关接收审查。如被审查人员负案在身，又涉及其他省、自治区、直辖市公安机关的，按照办案规定办理，有关公安机关应予以积极配合协作。对需要遣返的台湾人员，分别由各省、自治区、直辖市公安机关有关业务部门提供被遣返人员的基本情况（姓名、性别、出生年月日、职业、台湾身份证号码、在台详细地址、直系亲属情况）、遣返的理由和事实材料。具体遣返作业归口边防部门负责，必要时以红十字会名义与台方接触商谈遣返有关事宜，同时负责与中央有关部门联系。遣返工作中涉及的法律问题由法制部门研究，提供咨询。

四、遣返工作程序

（一）遣返工作的组织。福建省公安厅统一组织实施遣返工作，各地公安机关密切配合。目前由我红十字会出面与台方保持联系，在遣返过程中，红十字会人员参与见证，协助交接。

（二）遣返人员的审核。福建省公安厅负责接收省红十字会转交的台湾红十字组织提供的拟遣返大陆的人员名单和有关资料，涉及其他省、自治区、直辖市的人员和资料，由福建省公安厅转有关省、自治区、直辖市公安厅、局进行核查，核查的情况和处理意见速告福建省公安厅。我方拟遣返的台湾人员，由各省、自治区、直辖市公安厅、局审核后报公安部，公安部核准后通知福建省公安厅。

（三）遣返工作的实施。遣返工作由福建省公安厅统一指挥，成立陆上指挥部和海上指挥所，并通报当地驻军，提供必要的支持和帮助。福建省公安边防部门派出船艇、人员承担海上接运、人员交接、航行保障和安全警卫任务，并根据情况制定具体的实施方案和各种情况处置办法。对遣返的人员要逐一核对，验明正身，宣传党的政策，稳定情绪，采取必要的安全检查和防范措施，防止发生各种事故。遣返人员在押解过程中如有反抗，可使用戒具。接收遣返人员的交接地点在福建省福州、厦门市口岸。

五、具体工作要求

（一）各级公安机关要在当地党委、政府的统一领导下，对台湾遣返回来的人员认真审查，区别情况，依法处理。对不需要作出处理的一般人员，可报请当地政府妥善安置。

（二）各级公安机关有关部门要紧密配合，防止扯皮、推诿。对遣返人员的情况通报要及时核查、反馈，不得延误。要按要求及时接送遣返人员。

（三）福建省公安厅要抓紧遣返人员的收容场所的规划和建设。要密切注意情况变化，及时掌握动向，并研究解决出现的问题。在遣返工作中，要坚持多做少说，严格遵守新闻采访、报道的有关规定。要制定接运工作方案，严明纪律。随船到台湾岛屿参加遣返工作的人员，要经福建省公安厅批准，佩带红十字会和省公安厅制作的统一标志。

严格履行一九九〇年九月十二日的"金门协议"。在与台方交接人员过程中，如发生违背协议和其他问题，接运工作负责人要立即向指挥部报告，依照上级指示会同我红十字会代表与台方交涉。

（四）各级公安机关要掌握遣返工作情况，在工作中发现的问题及时报公安部。

公安部
1991 年 12 月 31 日

第四编 附 录

海峡两岸红十字组织在金门商谈达成有关海上遣返协议

海峡两岸红十字组织代表韩长林、陈长文等于1990年9月中旬在金门就双方参与见证其主管部门执行海上遣返事宜举行工作商谈，经充分交换意见后，达成协议。协议如下：

一、遣返原则：

应确保遣返作业符合人道精神与安全便利的原则。

二、遣返对象：

（一）违反有关规定进入对方地区的居民（但因捕鱼作业遭遇紧急避风等不可抗力因素必须暂入对方地区者，不在此列）。

（二）刑事嫌疑犯或刑事犯。

三、遣返交接地点：

双方商定为马尾—马祖（马祖—马尾），但依被遣返人员的原居地分布情况及气候、海象等因素，双方得协议另择厦门—金门（金门—厦门）。

四、遣返程序：

（一）一方应将被遣返人员的有关资料通知对方，对方应于二十日内核查答复，并按商定时间、地点遣返交接。如核查对象有疑问者，亦应通知对方以便复查。

（二）遣返交接双方均用红十字专用船，并用民用船只在约定地点引导。遣返船、引导船均悬挂白底红十字旗（不挂其他旗帜，不使用其他的标志)。

（三）遣返交接时，应由双方事先约定的代表二方签署交接见证书。

五、其他：

双方应尽速解决有关技术问题，以期在短期内付诸实施。如有未尽事宜，双方得另行商定。

1990 年 9 月 20 日

第四编 附 录

海峡两岸共同打击犯罪及司法互助协议

为保障海峡两岸人民权益,维护两岸交流秩序,海峡两岸关系协会与财团法人海峡交流基金会就两岸共同打击犯罪及司法互助与联系事宜,经平等协商,达成协议如下:

第一章 总 则

一、合作事项

双方同意在民事、刑事领域相互提供以下协助:

(一)共同打击犯罪;

(二)送达文书;

(三)调查取证;

(四)认可及执行民事裁判与仲裁裁决(仲裁判断);

(五)移管(接返)被判刑人(受刑事裁判确定人);

(六)双方同意之其他合作事项。

二、业务交流

双方同意业务主管部门人员进行定期工作会晤、人员互访与业务培训合作,交流双方制度规范、裁判文书及其他相关资讯。

三、联系主体

本协议议定事项,由各方主管部门指定之联络人联系实施。

必要时，经双方同意得指定其他单位进行联系。

本协议其他相关事宜，由财团法人海峡交流基金会与海峡两岸关系协会联系。

第二章 共同打击犯罪

四、合作范围

双方同意采取措施共同打击双方均认为涉嫌犯罪的行为。

双方同意着重打击下列犯罪：

（一）涉及杀人、抢劫、绑架、走私、枪械、毒品、人口贩运、组织偷渡及跨境有组织犯罪等重大犯罪；

（二）侵占、背信、诈骗、洗钱、伪造或变造货币及有价证券等经济犯罪；

（三）贪污、贿赂、渎职等犯罪；

（四）劫持航空器、船舶及涉恐怖活动等犯罪；

（五）其他刑事犯罪。

一方认为涉嫌犯罪，另一方认为未涉嫌犯罪但有重大社会危害，得经双方同意个案协助。

五、协助侦查

双方同意交换涉及犯罪有关情资，协助缉捕、遣返刑事犯与刑事嫌疑犯，并于必要时合作协查、侦办。

六、人员遣返

双方同意依循人道、安全、迅速、便利原则，在原有基础上，增加海运或空运直航方式，遣返刑事犯、刑事嫌疑犯，并于交接时移交有关证据（卷证）、签署交接书。

受请求方已对遣返对象进行司法程序者，得于程序终结后遣返。

受请求方认为有重大关切利益等特殊情形者，得视情决定遣返。

非经受请求方同意，请求方不得对遣返对象追诉遣返请求以外的行为。

第三章 司法互助

七、送达文书

双方同意依己方规定，尽最大努力，相互协助送达司法文书。

受请求方应于收到请求书之日起三个月内及时协助送达。

受请求方应将执行请求之结果通知请求方，并及时寄回证明送达与否的证明资料；无法完成请求事项者，应说明理由并送还相关资料。

八、调查取证

双方同意依己方规定相互协助调查取证，包括取得证言及陈述；提供书证、物证及视听资料；确定关系人所在或确认其身份；勘验、鉴定、检查、访视、调查；搜索及扣押等。

受请求方在不违反己方规定前提下，应尽量依请求方要求之形式提供协助。

受请求方协助取得相关证据资料，应及时移交请求方。但受请求方已进行侦查、起诉或审判程序者，不在此限。

九、罪赃移交

双方同意在不违反己方规定范围内，就犯罪所得移交或变价移交事宜给予协助。

十、裁判认可

双方同意基于互惠原则，于不违反公共秩序或善良风俗之情况下，相互认可及执行民事确定裁判与仲裁裁决（仲裁判断）。

十一、罪犯移管（接返）

双方同意基于人道、互惠原则，在请求方、被判刑人（受请求方及受刑事裁判确定人）均同意移交之情形下，移管（接返）被判刑人（受刑事裁判确定人）。

十二、人道探视

双方同意及时通报对方人员被限制人身自由、非病死或可疑为非病死等重要讯息，并依己方规定为家属探视提供便利。

第四章　请求程序

十三、提出请求

双方同意以书面形式提出协助请求。但紧急情况下，经受请求方同意，得以其他形式提出，并于十日内以书面确认。

请求书应包含以下内容：请求部门、请求目的、事项说明、案情摘要及执行请求所需其他资料等。

如因请求书内容欠缺致无法执行请求，可要求请求方补充资料。

十四、执行请求

双方同意依本协议及己方规定，协助执行对方请求，并及时通报执行情况。

若执行请求将妨碍正在进行之侦查、起诉或审判程序，可暂缓提供协助，并及时向对方说明理由。

如无法完成请求事项，应向对方说明并送还相关资料。

十五、不予协助

双方同意因请求内容不符合己方规定或执行请求将损害己方公共秩序或善良风俗等情形，得不予协助，并向对方说明。

十六、保密义务

双方同意对请求协助与执行请求的相关资料予以保密。但依请求目的使用者，不在此限。

十七、限制用途

双方同意仅依请求书所载目的事项，使用对方协助提供之资料。但双方另有约定者，不在此限。

十八、互免证明

双方同意依本协议请求及协助提供之证据资料、司法文书及其他资料，不要求任何形式之证明。

十九、文书格式

双方同意就提出请求、答复请求、结果通报等文书，使用双方商定之文书格式。

二十、协助费用

双方同意相互免除执行请求所生费用。但请求方应负担下列费用：

（一）鉴定费用；

（二）笔译、口译及誊写费用；

（三）为请求方提供协助之证人、鉴定人，因前往、停留、离开请求方所生之费用；

（四）其他双方约定之费用。

第五章 附 则

二十一、协议履行与变更

双方应遵守协议。

协议变更，应经双方协商同意，并以书面形式确认。

二十二、争议解决

因适用本协议所生争议，双方应尽速协商解决。

二十三、未尽事宜

本协议如有未尽事宜，双方得以适当方式另行商定。

二十四、签署生效

本协议自签署之日起各自完成相关准备后生效，最迟不超过六十日。

本协议于四月二十六日签署，一式四份，双方各执两份。

     海峡两岸关系协会　财团法人海峡交流基金会
      会长　陈云林　　　董事长　江丙坤
         2009 年 4 月 26 日

参考文献

[1] 高铭暄,赵秉志. 中国区际刑法与刑事司法协助研究［M］. 北京：中国方正出版社,2000.

[2] 赵秉志,何超明. 中国区际刑事司法协助探索［M］. 北京：中国人民公安大学出版社,2003.

[3] 赵秉志. 中国区际刑事司法协助新探［M］. 北京：中国人民公安大学出版社,2010.

[4] 梁玉霞. 中国区际刑事司法协助研究［M］. 北京：中国人民公安大学出版社,2009.

[5] 马进保. 跨境犯罪研究［M］. 北京：群众出版社,2002.

[6] 马进保. 中国区际侦查合作［M］. 北京：群众出版社,2003.

[7] 许细燕,郑东. 中国区际警务执法合作研究［M］. 北京：中国人民公安大学出版社,2013.

[8] 刘为军. 博弈论视野下的区域警务合作研究［M］. 北京：时事出版社,2015.

[9] 魏永忠. 跨区域警务合作论［M］. 北京：中国人民公安大学出版社,2009.

[10] 张杰. 反恐国际警务合作——以上海合作组织地区合作为视角［M］. 北京：中国政法大学出版社,2013.

(三) 电子监听监视

电子监听监视（Electronic Surveillance）是指采用电子侦听、视频监视设备对犯罪特定人员（在我国可称为嫌疑对象和犯罪嫌疑人、被告人）的通信或者活动进行监测并获取犯罪相关证据的一种侦查活动。

电子监听监视属于收集和提供证据材料的特殊方式。根据2000年缔结的《欧盟成员国刑事司法协助公约》的规定，电子监听监视可分为自行和委托两种方式。自行方式：如果请求国的电信服务商在被请求国境内设有地面卫星通信设施，并且有关的监听监视行为不需要被请求国的技术协助，请求国也可以通过本国的电信服务商实施监听监视。委托方式：一国主管机关根据另一国主管机关的请求，对处于本国境内的特定人员或场所实行电子监听监视，并将截获或者摄取的信号或图像等监听监视资料提供给请求方，提供的方式既可以直接传输，也可以进行录制后提交给请求方。

电子监听监视涉及个人隐私权的保护和侦查手段合法性问题，因此，无论是自行或者委托电子监听监视，其请求都应当由被请求国主管机关根据本国的有关法律进行审查和执行，特别是应遵守被请求国法律为电子监听监视规定的适用条件和相关程序。如果一国对有关人员的监听监视因该人向另一国转移而发生在后一国境内，即使继续监听监视不需要后一国的技术协助，前一国也必须通知后一国。

（四）控制下交付（详见本书第十一章）

二、区际侦查合作借鉴特殊侦查手段的必要性

在犯罪组织严密化、犯罪行为隐蔽化和快捷化以及犯罪手法

中国区际刑事警务合作

智能化的现实和未来,对一些特定犯罪实行以快制快、以隐蔽制隐蔽、以科技制科技的特殊侦查对策,是各国警方的一项重要的战略和战术原则。一些全球性和地区性刑事公约之所以将上述特殊(秘密)侦查手段引入到对跨国犯罪的国际侦查合作中,其目的在于通过建立快捷化的国际联系方式和程序,使侦查过程与犯罪过程保持同步且不间断,以此来提升侦查的效率和效果,取得全面有力的证据,破获全案,将犯罪分子一网打尽。

面对与一般犯罪具有相同特点,即组织严密化、行为隐蔽化、快捷化和手法智能化日益突出的跨法区犯罪,各法区警方的侦查部门也应携起手来,实行跟踪监视、特工侦查、电子监听监视、控制下交付等与犯罪过程同步且不间断的特殊侦查手段。因为,上述特殊侦查手段都有很高的技术含量,将这些特殊侦查手段使用于跨法区犯罪,不仅可以实现管理与取证一体化,寓侦查于管理之中,按照"欲擒故纵"的战略原则来进一步查明隐蔽的犯罪事实,掌握更全面的犯罪线索,发现更多的犯罪组织成员,以便寻找时机将其一网打尽。而且,还可以在突袭破案后,运用手中的证据促使犯罪嫌疑人认罪服法,在一定程度上减少讯问和采取其他取证方式的难度。即使从人权保障的角度看,特殊侦查手段只要使用得当还有利于保障被追诉人员在不同法区得到相同的司法保护。另外,提倡使用特殊侦查手段,以取得更多证明力很强的科技证据,还有助于推动从事侦查、预审的警务人员尽快转变以"人证"为主的办案观念,克服口供是"证据之王"的情结,在证明过程中提高客观证据的数量和质量,以确保定案裁判的准确性和公信度。

跨法区犯罪案件大多数没有明确具体的被害人,与一般的暴力犯罪、侵财犯罪有直接被害人区别明显。例如,贩毒、走私、偷渡、洗钱、贩运淫秽物品、骗取出口退税以及环境资源方面的犯罪，危害的客体是国家的管理职能和社会的正常秩序，被害人应当是全社会，代表者却是国家和地区。如果对新形势下跨法区犯罪的这些特征认识不足，仍然使用委托调查、协查等一般的取证方式或依靠被害人和证人的控告、举报等传统途径破案，已经难以有效地遏制跨法区犯罪的发生和蔓延。

第四节 共建新的区际追逃制度

在中国内地（大陆）、香港、澳门和台湾四法区之间建立区际移交逃犯合作制度是中国法学界和各刑事司法部门长期探讨和谋求解决的一个重大议题。现实中，这种区际合作制度的缺失严重影响着四法区追诉犯罪法律程序的运作，影响着各法区刑事管辖权的相互维护和协调。例如，澳门终审法院于2007年3月和2008年2月就分别作出裁决宣告：在不存在关于区际移交逃犯的法律规范和安排的情况下，澳门执法机关不得将受到内地通缉的在逃人员移交给内地。① 显然，实践发展已使得通过个案合作方式处理区际移交逃犯问题的权宜之计变得越来越难以奏效，建立规范、稳定和高效的区际移交逃犯合作制度变得越来越必要和紧迫。

一、共建区际统一逮捕令（证）制度

国际刑事警务合作的组织化、效率化的更进一步发展，日益成为各国警察机关进行合作的常见形式，成为国际社会在惩治犯

---

① 方泉：《澳门与内地移交逃犯的若干法律问题——兼议澳门〈刑事司法互助法〉的原则规定》，载《中国刑法法杂志》2009年第7期。

中国区际刑事警务合作

罪领域合作向深层次发展、进入崭新阶段的标志。随之各种跨国联合侦查措施开始不断运用于对国际性犯罪的调查和对犯罪分子监视、追踪、缉捕等活动中。

(一) 国际上相互承认和执行逮捕令的启示

国家间以相互承认和执行逮捕令的方式开展移交逃犯合作,这在某些有着特别密切关系的国家之间已有成功经验。早在1965年,英国和爱尔兰就在国际引渡合作之外创设了一种仅适用于两国之间的"逮捕令签注"制度,即通过"签注"的方式相互认可对方司法机关签发的逮捕令,以使该逮捕令在两国均具有相同的执行效力,并依据经签注的逮捕令对逃犯实行羁押和移交。① 20年前,澳大利亚与新西兰之间也建立了这样的相互承认和执行逮捕令的制度,如果其中一国受到刑事指控的人逃到了另一国,则另一国司法机关将在请求国司法机关签发的逮捕令上进行"签注",据此对逃犯采取羁押措施并将其移交给请求国。② 英国《2003年引渡法》将引渡合作伙伴划分为"第一类法域"和"第二类法域"③,在引渡案件的审理程序上,第一类法域和第二类法域享受着不同的待遇;对于第一类法域,以英国的"指定机关"收到由该法域司法机关签发的逮捕令作为启动引渡程序的第一步,并且英国执法机关可以直接执行该法域的逮捕令,无须英国法院重新

---

① 参见英国《1965年签注(爱尔兰共和国)逮捕令法》和爱尔兰《1965年引渡法》第三部分"签注和执行特定逮捕令"。
② 参见澳大利亚《1988年引渡法》第三部分第28条"签注新西兰逮捕令"和新西兰《1999年引渡法》第四部分"从新西兰向澳大利亚等指定国家引渡"。
③ 这里所说的"法域(territory)"不仅是指主权国家,而且还包括某些不具有主权地位的地区,如该法将我国的香港特别行政区列为"第二类法域"。参见黄风、王君祥:《关于建立我国区际逮捕令制度的设想》,载《法学》2009年第6期。

针对有关逃犯签发逮捕令①。上述对请求国逮捕令实行签注的做法也存在于马来西亚、文莱与新加坡之间的移交逃犯合作中②，并且在英联邦国家之间的引渡合作中广泛存在③。

美国"9·11事件"事件发生不久，欧盟司法与内政理事会的最初措施是敦促成员国尽可能地采取必要措施批准1995年和1996年引渡公约，以使这两个引渡公约在2002年1月1日生效，但遗憾的是并没有取得明显效果。于是，欧盟理事会以及欧盟委员会开始在相互承认刑事决定方面寻求突破，即成员国之间相互承认彼此签发的移交犯罪嫌疑人或罪犯的司法请求。2001年9月19日，欧盟委员会提交了一份《关于欧盟成员国之间实施欧洲统一逮捕令及其移交程序的框架决定》（以下简称《框架决定》）的建议。2002年6月13日欧盟理事会通过了该《框架决定》。根据第31条规定，《框架决定》自2004年1月1日起取代1957年《欧洲引渡公约》及其两个附加议定书、1977年《惩治恐怖主义犯罪欧洲公约》中的引渡条款、1989年《欧洲共同体十二国有关简化引渡请求传递方式协议》、1995年《欧盟成员国间简易引渡程序公约》、1996年《欧盟成员国间引渡公约》等法律文件的适用。自此，欧盟成员国以一种全新的合作方式突破了适用多年的国际引渡规则，在欧盟成员国之间建立起以相互承认和执行刑事司法裁决为基础的欧洲统一逮捕令制度。

---

① 参见英国《2003年引渡法》第一编"向第一类法域引渡"，中译本见许文琼等译的《英国2003年引渡法》，中国政法大学出版社2007年版。

② 参见马来西亚《1991年引渡法》第26条"签注由文莱或新加坡签发的逮捕令"。

③ 参见2002年11月在英国金斯敦修订的《关于英联邦范围内引渡的伦敦安排》第3条第1款；印度《1962年引渡法》（1993年修订）第15条。

中国区际刑事警务合作

在欧洲理事会看来，相互承认司法裁决原则是欧盟民事和刑事司法合作的基石。1999年欧洲理事会坦佩雷会议明确提出：将努力把各成员国相互承认刑事裁决作为欧洲引渡新策略的理念之一。① 欧盟统一逮捕令制度正是构建在相互承认司法裁决原则基础之上的，而且相互承认原则被欧盟赋予了全新的解释："尽管相互承认原则在刑事司法适用中为人知悉，但是一直被限制于最终判决，大部分情况下作为其执行的前提。然而，在欧盟背景下，相互承认原则被赋予了新的意义，主要是将其延伸到刑事诉讼中作出的所有决定中，而不是仅仅适用于刑事制裁。"② 因此，欧盟成员国不仅彼此相互承认具有既判力的刑事判决，而且相互承认审判前有权司法机关作出的各种决定，如关于扣押财产的决定，涉及限制犯罪嫌疑人和被告人人身自由的决定等。③

长期以来，通过引渡程序移交逃犯要经历一个复杂而漫长的过程，为解决这一问题，欧盟国家一直在改善和简化成员国引渡程序方面进行着不断的探索，欧洲逮统一捕令制度的建立和实施就是其具有里程碑意义的举措。根据《框架决定》，欧盟一成员国为追诉或执行刑罚的目的而出具的、要求另一成员国逮捕或移交被请求人的欧洲统一逮捕令，应作为紧急事务在另一成员国得到执行；被请求国警察机关在收到逮捕令后，只进行简单的合法性审查就应执行逮捕令。

---

① 黄风、王君祥：《关于建立我国区际逮捕令制度的设想》，载《法学》2009年第6期。

② 黄风、王君祥：《关于建立我国区际逮捕令制度的设想》，载《法学》2009年第6期。

③ 黄风、王君祥：《关于建立我国区际逮捕令制度的设想》，载《法学》2009年第6期。

2006年评估报告显示，目前所有的欧盟成员国都已经实施了欧洲统一逮捕令，执行的效率较高。到2004年9月止，各国共签发了2603个统一逮捕令，653人被逮捕，104人被移交。从总体的执行情况看，执行国拒绝执行的数量被控制在一个合理的范围内。从执行的效率上看，框架协议中的全套司法决定程序、单一的逮捕令形式、多渠道的移交方式以及对实施移交时间的限定等规定较好地保证了统一逮捕令的快速执行。全部执行完毕的平均时间从起初的9个月降至43天。此外，如果被请求人同意移交，整个程序平均只用13天。①

（二）共建区际统一逮捕令（证）制度的必要性

欧洲统一逮捕令制度以及某些国家间实行的逮捕令签注制度告诉我们：传统的引渡制度以及比照引渡制度的逃犯移交②制度正在经历着一场变革。传统的国际引渡和逃犯移交合作比较注重"国际礼让"规则，请求国应向被请求国提交正式的引渡或移交请求书，并将逮捕令等法律文件作为支持其引渡或移交请求的附件材料，而统一逮捕令制度则更加注重程序的简捷和高效，它以一纸统一格式的逮捕令取代了请求书和其他附件材料，并将对逮捕令执行效力的审查限定在该逮捕令的形式要件上，无须对案件的实体问题甚至证据问题进行审查，从而大大简化了对移交请求的

---

① 参见《2006年欧洲统一逮捕令评估报告附件》英文版第5页。
② 就其内容而言，国际法上引渡和移交是相同的。不过，引渡的主体双方都是国家，而移交逃犯的主体双方，则有一方是国家，另一方是非主权地区实体，如中国香港与十多个国家签订的移交逃犯协定。英联邦国家之间相互引渡逃犯的合作，虽然主体双方都是国家，但英国1967年的《逃犯法》对此种合作却回避使用"引渡"二字，而以"遣返"（return）一词取而代之，这或许是为了体现英联邦成员国之间的特殊关系，其成员国之间互不称外国。

审查程序。传统的国际引渡和逃犯移交合作通常表现为行政程序与司法程序的结合，被请求国对引渡请求实行双重审查，即行政审查和司法审查，从而可能使引渡或移交程序变得漫长和复杂，而统一逮捕令制度特别突出移交逃犯合作的刑事司法性质，在合作中只对逮捕令的形式要件进行司法审查，免除行政审查；警察机关相互直接传递逮捕令并进行联系和磋商，无须任何行政机关作为中介或联系途径；各国警察机关或其他司法机关对统一逮捕令可执行性问题作出的决定是最终的决定，并立即生效。

综上所述，统一逮捕令和逮捕令签注制度首先发生在那些有着特殊共同利益和特别密切联系的国家之间。在这些国家中，作为传统引渡和移交逃犯合作基石的"绝对国家主权"和"国际礼让"正在被对法律制度的相互信任和维护所取代，维护共同利益和秩序的需要促使这些国家尝试建立一种特殊的共同刑事司法区。在现实的中国，香港和澳门回归祖国之后，邓小平提出的"一国两制"伟大构想正式进入了实施阶段，且运行良好。台湾与大陆之间的经贸关系越来越紧密、人员往来越来越多、各种文化交流日趋频繁；尤其是双方对"九二共识"的认同，使两岸关系中长期存在的"一中"困境有了突破，"一国两制"在台湾也已成为现实存在。既然在不同的主权国家之间都可以实行如此简便的统一逮捕令制度，那么，为什么在中华大地全面形成"一国两制"新局面的情况下，就不能把相互间移交逃犯合作设计得比较简捷呢？显然，中国四法区应共同借鉴这一比较成熟的合作模式，构建具有中国特色的区际统一逮捕令制度。仿效欧洲统一逮捕令，可以将区际统一逮捕令定义为：各法区在相互信任的基础上，对某一法区针对逃到另一法区的逃犯而签发的剥夺自由的命令、决定或裁判，经过另一法区简单易行的认可程序后，后一法区就应将该逃犯拘捕并移交给签发逮捕令的法区。

二、共建紧急情况下的海上追缉和围捕制度

从广义上说，利用国际合作通缉、引渡、移交和追捕逃犯都应属于跨国追捕的范畴。狭义的跨国追捕逃犯，是指一国警方的侦查人员按照犯罪嫌疑人在本国实施犯罪后逃窜的方向、路线或地方，而进入与本国相邻的另一国境内继续进行的追捕行动。为区别于一般的跨国追捕，在本书中我们将之称为"跨国追缉"，这种跨国追捕方式最突出的特征有两个：一是一国侦查人员可进入相邻的他国境内实施追捕；二是通常适用于正在发生或刚刚发生的犯罪案件，一国警方在进入相邻的他国境内实施追捕之前已经在本国内开始了追捕。当然，如果国际条约允许，也可适用于发生较久的犯罪案件，一国警方在进入相邻的他国境内实施追捕之前是否已在本国内开始了追捕也就无所谓了。

（一）国际上可借鉴的跨国追缉制度和实践

跨国追缉逃犯的合作方式，已在国际刑事司法和警务合作实践中得到成功应用，并逐渐被更多的国家所接受而成为国际惯例。按照传统的国际法准则，为尊重国家主权，一国侦查人员只能在本国领域内行使追缉权，不得擅自进入他国境内追缉本国逃犯。这一国际刑事司法制度在限制强权国家推行治外法权，确保国际法律秩序稳定中发挥了积极的作用。然而，当它被跨国犯罪分子恶意利用后便产生了另一种结果，即国际性犯罪组织骤然激增，跨越国境实施的恐怖、贩毒、绑架、诈骗、洗钱、贩卖人口等恶性案件不断上升，犯罪分子在一国犯罪后迅速逃往他国隐匿或寻求庇护，使受害国惩处这些犯罪分子的愿望频频受挫。因此，自

中国区际刑事警务合作

20世纪中期开始,这种不利于对跨国犯罪进行侦查和影响打击跨国犯罪力度的司法制度受到了广泛的质疑。特别是20世纪80年代以来,在跨国犯罪案件频发的背景下,为了动员国际社会的力量来共同应对日益严重的跨国犯罪,有关国家之间开始签订相关协议,并以执行协议的方式对跨国追缉逃犯实行超常规警务合作,取得了比较理想的效果。就这方面的立法来看,在国际社会已经生效的国际条约中,已有比较具体的规定。

1. 比利时、荷兰、卢森堡之间的跨国追缉制度

这是欧洲最早的小区域警务和司法合作,合作的法律基础是1962年6月27日《关于引渡和刑事互助条约》、1968年9月26日《关于执行刑事判决条约》以及1965年3月31日《关于实现比利时、荷兰和卢森堡经济联盟宗旨以及行政、司法合作公约》。[①] 三国之间已经统一了引渡规则,废除了彼此的边境控制,形成了共同的外部边境。三国还允许彼此的警察进入对方领土实施调查、拘留和逮捕等活动。三国的实践对国家主权观念构成了重大挑战,因为在传统国际法理论上,任何一国的警察和司法当局都不允许到另一国行使执法权,国家享有排他的刑事管辖权。在许多具体的合作领域,三国的实践确实为世界上具有相同文化背景和法律制度的国家开展警务与司法合作提供了可供借鉴的先例。[②]

2. 北欧五国的跨国追缉制度

继比利时、荷兰、卢森堡之后,以1962年3月23日缔结的

[①] 关于这些条约及其议定书的详细情况和内容,参见赵秉志主编的《国际区际刑法问题探索》,法律出版社2003年版,第246~252页。

[②] 刘为军:《欧盟警务一体化的现状、制约因素与发展趋势》,载《欧洲研究》2004年第6期。

《丹麦、芬兰、冰岛、挪威、瑞典合作协定》（又称《赫尔辛基条约》）及此后的一系列共同法律或国际条约为基础，北欧五国开展了广泛的刑事司法合作。根据该协定，北欧五国开始实行统一的刑事政策，尤其是统一了对各种犯罪行为的认定，实行犯罪情报资源共享，实行武装跨境执法，任何一国的警察都可以着装并携带武器进入其他四国领土执法；实行简易引渡程序，彼此间签订简明扼要的引渡条约；在预防和控制非法出入境方面，实行严格的控制，但对移民限制不像西欧国家那样僵硬。[①]

3.《申根协定》中的跨国追缉制度

1985年6月14日，比利时、荷兰、卢森堡与法国、德国在卢森堡的申根市缔结了《比荷卢经济联盟国家与德国和法国关于逐步废除共同边境检查的规定》（以下简称《申根协定》）。在该协定相关条款中，广泛包括跨国联合侦查、跨越边界追捕逃犯在内的区域警务合作方式。此后，申根缔约国又于1990年6月19日签署了《关于执行申根协定的协定》（以下简称《执行协定》）。《执行协定》给予警察合作以更高的重视，既有原则性的规定，也有较为详细的规定。其中第40条和第41条等条款对跨境监控本国嫌疑犯、（紧急情况下）越境追捕等警察行为进行了较为详细的规定。[②] 如过境监视权、过境追捕罪犯权、可携带仅能用于自卫的武器。又如，法国警察可在德国和比利时的全部领土内行使追捕权；其他国家间追捕权限于越过其边境10公里地带内行驶。这些适用

---

① 许燕：《全球化时代的跨国犯罪与国际警务合作》，暨南大学2005年硕士学位论文。

② 刘为军：《论申根协定体系与欧盟警务合作》，载《法学杂志》2006年第6期。

于能提出引渡依据的那些犯罪或诸如谋杀、强奸、纵火、伪造货币、绑架和劫持人质、毒品交易,有关武器、炸药的犯罪、制造爆炸、非法运输有毒物品等严重犯罪。①

4. 欧盟国家的跨国追缉制度

1997年10月2日,欧盟首脑会议通过的《阿姆斯特丹条约》,以增添"一项议定书"(包含阿姆斯特丹条约申根议定书)的方式,将已有13个成员国(除英国与爱尔兰)的申根合作纳入欧盟框架之中。根据该议定书,从1999年5月1日起,申根合作正式在欧盟框架下运作。2004年5月1日,欧盟东扩,新加入欧盟的10个国家也被纳入申根协定体系,由此,申根协定体系的适用领域进一步扩大。② 截至2009年,执行《申根协定》和《执行协定》的国家已有25个。由此可以认为:欧洲联盟为建立更为方便的警察合作制度进行了不懈的努力,侦查案件、追捕逃犯无国界的设想正在逐步成为现实。③

5. 美洲国家的跨国追缉制度

1996年7月,美国同9个拉美国家达成了"紧急追捕"协议。这是打击加勒比海地区毒品走私跨国犯罪的司法合作的重要进展。④ 美国海岸警卫队根据该协议在跟踪有嫌疑船只时可进入缔约国领海,在那些领海登船并扣押任何可疑的船只。

1995年9月初,由巴西、阿根廷、乌拉圭和巴拉圭组成的南

---

① 李福臻:《欧共体内的警务合作》,载《公安论坛》1997年第2期。
② 刘为军:《论申根协定体系与欧盟警务合作》,载《法学杂志》2006年第6期。
③ 青山:《论跨境追逃之侦查方略》,载《铁道警官高等专科学校学报》2004年第3期。
④ 张波:《国际刑事司法协助及在我国的实践》,大连海事大学2005年硕士学位论文。